中经"精品课程"系列

中经新文科·财经类系列规划教材/多功能精品课程

高等职业教育业财融合系列教材

中小微企业业财融合会计实务

主　编：叶梁军　高　洋　周　艳

副主编：林盈盈　林嘉伊　王文漪　阮士芳

　　　　陈　晨　李　婷

编　委：高　平　张　颖　曾丽萍　白月芬

　　　　高　维　谢林妍　鲍乐东

中国经济出版社　中国石化出版社

·北京·

图书在版编目（CIP）数据

中小微企业业财融合会计实务／叶梁军，高洋，周艳主编．--北京：中国经济出版社：中国石化出版社，2025.6．-- ISBN 978-7-5136-8159-9

Ⅰ．F276.3

中国国家版本馆 CIP 数据核字第 20252487LT 号

选题策划	雷 生
责任编辑	贾轶杰
责任印制	李 伟
封面设计	任燕飞

出版发行	中国经济出版社
印 刷 者	宝蕾元仁浩（天津）印刷有限公司
经 销 者	各地新华书店
开 本	889 mm×1194 mm　1/16
印 张	13.25
字 数	328 千字
版 次	2025 年 6 月第 1 版
印 次	2025 年 6 月第 1 次
定 价	59.00 元

广告经营许可证　京西工商广字第 8179 号

中国经济出版社 网址 http://epc.sinopec.com/epc/　社址 北京市东城区安定门外大街 58 号　邮编 100011
本版图书如存在印装质量问题，请与本社销售中心联系调换（联系电话：010-57512564）

版权所有　盗版必究（举报电话：010-57512600）
　　国家版权局反盗版举报中心（举报电话：12390）　　服务热线：010-57512564

PREFACE 前言

《中小微企业业财融合会计实务》是会计与财经管理类等专业课程的教材，强调实践性、可操作性。本书根据数字时代下企业对会计人才的能力需求而编写，体现了业务与财务管理的融合、企业内部与外部会计业务的结合及转型需求；以中小微企业真实经营业务活动为前提，再现会计业务核算、流程和方法管理，对在互联网时代下高等院校会计与财务管理等专业教材建设与改革中的应用具有较强的实际意义。

本书结合业务与财务中的业务经营管理、财务预算、资产管理等相关综合管理及计算，将财务会计和管理会计等知识与技能融入具体的任务之中，引导学生循序渐进地学习和掌握相关知识与技能。培养高等院校会计专业及财经管理类专业学生的业务分析和财务分析等管理能力，将学生培养成为懂业务、懂分析、懂管理的复合型高端技术技能型专业人才。通过对本课程的学习，学生既能深刻体会到中小微企业会计岗位特点，培养"一岗多能""一专多能"的综合素质，又能了解财务会计和现代管理会计的发展方向，提前进入职业角色，具备业财融合的基本理念，实现从学校到工作岗位的有效对接。

本书由叶梁军、高洋、周艳担任主编，浙江长征职业技术学院林盈盈、浙江师范大学附属泗门实验中学林嘉伊担任副主编，浙江方大通信有限公司营运总监高平，浙江经济职业技术学院张颖教授，上海立达学院会计专业主任曾丽萍副教授，春华教育集团德清校区校长白月芬、高维，浙江建德农村商业银行股份有限公司保卫保障部副总经理谢林妍，上海澜亭（杭州）律师事务所主任鲍乐东博士等参编。本书由第一主编叶梁军负责统筹及课件、习题、课标等撰写与设计。

本书的主要特色是紧密结合高职教育的特点，以培养会计类专业的复合型人才为核心目标，以就业为导向，以全面提升学生的综合专业素质、职业素质、职业能力与发展能力为原则；教材内容按照项目化教学的要求，以当下企业经营业务为主导，以基本理论为基础，重视业务与财务融合管理，实用性较强，根据知识、能力、素质协调发展的原则，每一项目都明确标识知识要点或者技能点，这些要点涵盖了每一项目教学的所有重点、难点问题。要求学生勤于思考、善于总结、勇于创新；培养学生的团队合作精神，包括如何与他人相处、交流和沟通等；培养学生做人做事的良好心态，具有自我相处的能力；在完成任务、解决问题的过程中，培养学生按时、按质、按量完成工作任务的责任心。

  本书以高校财经类、管理类专业学生为使用对象，也可在成人教育及社会企业管理内训等方面使用。由于编写时间仓促，编者水平有限，书中难免存在错漏和欠妥之处，恳请读者提出批评和意见，以帮助我们改正和补充。

CONTENTS 目录

项目一　业财融合概述　001

1.1　认知岗位职责 ··· 001
　1.1.1　学习目标 ··· 001
　1.1.2　岗位分析 ··· 001
　1.1.3　素质目标 ··· 001
1.2　知识储备 ··· 001
　资源一　业财融合基本概念 ·· 001
　资源二　业财融合实现路径 ·· 005
　资源三　业财融合在中小微企业中的应用框架规划 ························· 009
　资源四　业财融合在中小微企业中的战略分析 ······························ 010
　资源五　业财融合在中小微企业中的应用对策 ······························ 012
　资源六　业财融合在中小微企业中的应用意义 ······························ 013
1.3　完成岗位任务 ·· 015
1.4　课后训练 ··· 016

项目二　精细化预算编制　017

2.1　认知岗位职责 ··· 017
　2.1.1　学习目标 ··· 017
　2.1.2　岗位分析 ··· 017
　2.1.3　素质目标 ··· 017
2.2　知识储备 ··· 018
　资源一　精细化全面预算概述 ··· 018
　资源二　精细化全面预算的编制程序 ··· 020

资源三　销售预算编制分析……………………………………………… 021
　　资源四　生产预算编制分析……………………………………………… 023
　　资源五　直接材料预算编制分析………………………………………… 026
　　资源六　直接人工预算编制分析………………………………………… 027
　　资源七　制造费用预算编制分析………………………………………… 028
　　资源八　销售费用和管理费用预算编制分析…………………………… 029
　　资源九　现金预算编制分析……………………………………………… 033
　2.3　完成岗位任务………………………………………………………………… 036
　2.4　课后训练……………………………………………………………………… 040

项目三　销售业务融合应用管理　　041

　3.1　认知岗位职责………………………………………………………………… 041
　　3.1.1　学习目标………………………………………………………………… 041
　　3.1.2　岗位分析………………………………………………………………… 041
　　3.1.3　素质目标………………………………………………………………… 041
　3.2　知识储备……………………………………………………………………… 042
　　资源一　销售业务管理制度编制说明…………………………………… 042
　　资源二　销售管理流程与内容建立要求………………………………… 045
　　资源三　建立"财务与销售"部门良好关系…………………………… 052
　　资源四　销售折扣与折让的税务处理…………………………………… 056
　　资源五　销售内控案例分析……………………………………………… 062
　3.3　完成岗位任务………………………………………………………………… 063
　3.4　课后训练……………………………………………………………………… 068

项目四　精细化成本融合管理　　069

　4.1　认知岗位职责………………………………………………………………… 069
　　4.1.1　学习目标………………………………………………………………… 069
　　4.1.2　岗位分析………………………………………………………………… 069
　　4.1.3　素质目标………………………………………………………………… 069
　4.2　知识储备……………………………………………………………………… 069
　　资源一　精细化成本管理的基本概述…………………………………… 069
　　资源二　精细化成本管理的方法………………………………………… 072
　　资源三　作业成本法运行关键…………………………………………… 075

资源四　降本增效与精细化管理……076
资源五　企业成本融合案例分析……079
资源六　大智移云时代下成本管理的创新……081
4.3　完成岗位任务……085
4.4　课后训练……087

项目五　营运资金应用融合管理　088

5.1　认知岗位职责……088
　5.1.1　学习目标……088
　5.1.2　岗位分析……088
　5.1.3　素质目标……088
5.2　知识储备……089
　资源一　营运资金管理概述……089
　资源二　供应链视角下营运资金管理……091
　资源三　供应链管理理念对营运资金管理绩效的影响分析……094
　资源四　营运资金计算分析……099
　资源五　营运资金内部控制体系……101
5.3　完成岗位任务……103
5.4　课后训练……104

项目六　采购数字化应用管理　105

6.1　认知岗位职责……105
　6.1.1　学习目标……105
　6.1.2　岗位分析……105
　6.1.3　素质目标……105
6.2　知识储备……106
　资源一　数字化采购背景……106
　资源二　传统采购模式与数字化采购模式概念……109
　资源三　数字化采购管理系统的优势……110
　资源四　制定采购数字化战略步骤……112
　资源五　制订采购业务内部控制原则及方案……116
　资源六　数字化采购如何引领采购转型……122

6.3 完成岗位任务 …………………………………………………………… 123
6.4 课后训练 ………………………………………………………………… 125

项目七　实物资产流程设计与应用融合管理　　126

7.1 认知岗位职责 …………………………………………………………… 126
　7.1.1 学习目标 …………………………………………………………… 126
　7.1.2 岗位分析 …………………………………………………………… 126
　7.1.3 素质目标 …………………………………………………………… 126
7.2 知识储备 ………………………………………………………………… 126
　资源一　实物资产流程设计与应用融合管理定位 ………………………… 127
　资源二　固定资产预算编制分类说明 ……………………………………… 128
　资源三　固定资产管理编制说明 …………………………………………… 130
　资源四　库存管理体系编制说明 …………………………………………… 138
　资源五　固定资产管理成功案例 …………………………………………… 146
　资源六　艾永亮：超级产品战略如何让优衣库做到"零库存" ………… 147
7.3 完成岗位任务 …………………………………………………………… 148
7.4 课后训练 ………………………………………………………………… 152

项目八　多维度融合财务分析　　153

8.1 认知岗位职责 …………………………………………………………… 153
　8.1.1 学习目标 …………………………………………………………… 153
　8.1.2 岗位分析 …………………………………………………………… 153
　8.1.3 素质目标 …………………………………………………………… 153
8.2 知识储备 ………………………………………………………………… 154
　资源一　如何编制财务分析 ………………………………………………… 154
　资源二　多维度财务分析师主要职责内容 ………………………………… 154
　资源三　多维度财务分析目标和基本指标 ………………………………… 155
　资源四　杜邦体系编制分析 ………………………………………………… 161
　资源五　企业财务报表分析的内容与要求 ………………………………… 163
8.3 完成岗位任务 …………………………………………………………… 171
8.4 课后训练 ………………………………………………………………… 175

项目九　绩效管控方案设计　　176

- 9.1 认知岗位职责 ·· 176
  - 9.1.1 学习目标 ·· 176
  - 9.1.2 岗位分析 ·· 176
  - 9.1.3 素质目标 ·· 176
- 9.2 知识储备 ·· 177
  - 资源一　黑熊和棕熊的绩效管理思考 ··· 177
  - 资源二　绩效考核相关定义及特点 ·· 177
  - 资源三　绩效管理分析方法与标准 ·· 181
  - 资源四　绩效管理与财务管理关联性 ··· 186
  - 资源五　平衡计分卡四个维度 ··· 188
  - 资源六　绩效管理体系薪酬分配 ·· 189
  - 资源七　绩效考核案例分享 ··· 192
- 9.3 完成岗位任务 ··· 195
- 9.4 课后训练 ·· 201

项目一 业财融合概述

1.1 认知岗位职责

1.1.1 学习目标

(1) 了解业财融合的基本内涵；
(2) 熟悉业财融合的流程；
(3) 理解、掌握业财融合的实施路径；
(4) 能够利用SWOT方法进行分析。

1.1.2 岗位分析

(1) 明确业财融合的作用及重要性；
(2) 熟悉业财融合的实施路径；
(3) 利用SWOT方法，熟练地进行分析。

1.1.3 素质目标

(1) 培养学生"一岗多能""一专多能"的综合素质；
(2) 培养学生的科学观、社会责任感。

1.2 知识储备

资源一 业财融合基本概念

随着我国经济由高速增长阶段进入高质量发展阶段，传统的规模扩张、资源消耗等发展模式迫切需要作出改变。许多企业基于自身战略和发展现实的需求，主动适应经济发展新常态，选择自主创新、持续稳健作为新的发展战略。中小微企业作为民营经济的重要组成部分，对经济增长和扩大就业具有重要作用。当前企业面临融资难、税费负担重等问题，需要政府、金融机构和行业协会加大支持力度，优化营商环境，拓宽融资渠道，减轻税费负担，促进人才和技术交流。同时，企业需要提高管理水平和经营能力，注重人才培养和品牌建设。各方共同努力才能提升中小微企业的核心竞争力和市场地位，为经济持续健康发展贡献力量。

中小微企业是我国民营经济的重要组成部分，它们在国民经济中占据着举足轻重的地位。作为国民经济的生力军，中小微企业为经济增长注入了源源不断的活力，成为推动我国经济发展的重要力量。

中小微企业在促进创新方面也具有重要作用。由于规模较小，中小微企业更容易进行创新尝试，也更容易接受新技术和新思想。在激烈的市场竞争中，中小微企业不断探索新的商业模式、新的产品和服务，为市场注入了新的活力。同时，不同类型企业都需要运用组织、财务、人力资源、信息等方面管理的新理论、新实践，将价值创造作为企业战略目标，将业务、财务融合一体化作为提升企业内生动力、促进企业内涵发展的重要模式，开始建立业财融合信息化平台，重塑管理流程和业务流程，将财务管理嵌入业务运营过程，通过整合和提升企业内部资源运用效率来实现企业创造价值的最大化。

一、业财融合属性特征

业财融合基本目标定位是财务部门由管理者向服务者转型，由事后核算和反映向事前预测和指导转型，最终实现财务会计向管理会计的转变。业财融合具有以下四个维度的属性特征：全程属性、时效属性、控制属性和集成属性。

（一）全程属性

全程属性是指在企业生产经营所有环节实现业财融合。财务部门主要依托信息化系统收集企业从研发、生产到销售整个环节的有效信息，完成对全程业务节点的管控。

（二）时效属性

业财融合提升了业务数据的传递时效，帮助管理人员及时掌握市场和企业业务信息。当业务发生时，会触发管理信息系统的接收程序，系统会自动收集业务信息，并进行加工整理，再借助专业的核算处理程序对业务信息进行会计语言的二次加工，形成会计凭证。该系统通过对庞大和复杂的数据进行分析汇总，得到多种角度的财务报告。业财融合的时效性可以改变传统财务控制"信息逐层上报"的滞后性，由"事后控制"转变为"实时控制"，提高财务决策的效率。

（三）控制属性

业财融合的控制属性主要是通过在企业的财务处理中加入控制模块，使财务人员在实际操作中有规范可依，有标准以保障，同时控制模块可以帮助企业的经营管理者加强对业务以及业财融合过程的控制。因此，业财融合的控制属性满足企业组织架构垂直建设的需要，财务从业务触发端收集数据，避免了中间环节的信息加工，保证了信息数据的准确性和及时性。

(四) 集成属性

财务和业务信息割裂会使企业内部逐渐形成"信息孤岛",不利于企业深化管理。业财融合通过利用网络技术、打通数据接口和构建数据库的技术,实现分布式计算机环境下多个子系统的无缝集成,达到从供销到人财物的全流程管理,最终实现集成数据的准确传递。

业财融合模式的核心环节是财务与业务的互相嵌入,即财务流程与业务流程的互相嵌入,这一核心环节通常是通过业财融合平台实现的。在中小微企业管理中,全面预算管理是非常有效的财务管理手段,也是业财融合的重要环节,但业财融合更注重日常的运营、财务的结合。财务部门需要通过平台数据对业务实施监督、核算、反馈等,而业务部门则需要及时提供数据、保障财务共享、及时修正偏差。其流程嵌入如图1-1所示。

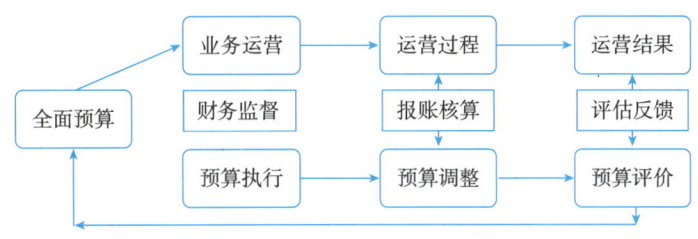

图 1-1 业财融合流程嵌入

二、业财融合实施原则

(一) 价值最大化的原则

企业的最终目标是创造价值,直接表现为创造利润。因此,业财融合应以持续创造价值为目标,以促进企业可持续发展为宗旨,而不是为了迎合趋势、获取"虚名"而进行融合。业财融合的根本目的是促进企业运营有序、资产增值,实现企业资源的最优化配置,最大限度地减少损失和浪费,有效提升企业的运营效率和经济效益。因此,在业财融合模式的设计中,决策层要始终立足价值创造,结合企业实际,围绕效率提升和效益提高,不能求快求全,更不能好高骛远。

(二) 效率优先原则

业财融合主要通过业务数据与财务数据的共享,实现资源的及时有效配置,从而提高企业的运行效率。主要表现为财务对业务需求的反应速度更快,资源配置用时更短,业务运营的资源消耗更少。通过财务支撑,业务经营以相同的时间、相同的成本创造更大的价值,或者同等的价值节约更多的成本。由于现代企业的商业模式、内部管理运营模式、IT系统较为固定,因此在业财融合实现过程中,要准确评估企业内部环境、资源状况变化和制度规范化水平。业财融合看似增加了企业运行环节,实则是对企业运营流程的优化,要牢牢把握这一原则,不能为了融合而设置更多的壁垒,特别是在财务权限、运营调整权限等方面,要适当予以放宽。

(三) 成本效益匹配原则

业财融合的推进应根据企业实际情况进行,与企业行业属性、自身特征等基本条件相适应,包括企业规模、发展阶段、内控水平、客户情况等。业财融合是一项管理变革,必然会短时间增加企业的运营成本。这就需要企业对自身能力有正确的评估,包括具体执行中的全面预算、财务控制、风险管理等各个方面。大、中、小型企业在业财融合中采用的路径并不相同，应结合实际情况，避免盲目进行。全面估算成本和效益状况，确保可控、合理有效地推进业财融合。

（四）可扩展原则

信息与平台建设是业财融合极其重要的一个环节，业务、财务的所有数据均需在信息平台进行双向流动。企业产生的数据越来越多，对平台系统的存储、运算、分析等需求也会越来越高。而随着企业的发展，财务管理、业务运营也会不断产生新的变化，业财融合系统也需要随之进行调整优化。特别是对于大、中型企业而言，业务范围较广，流通地域较多，还会涉及跨行业、跨国别的情况。因此，业财融合应具有必要的扩展性，能够根据业务流程的变化、业务范围的扩大而随时调整，确保能够满足各类信息的传输、运算，为企业发展提供强大的支撑能力。

（五）信息共享原则

业财融合的实施需要业务、财务信息充分共享，企业的研发、采购、制造、销售、营运、财务等各部门，均需向业财平台及时、有效地传送和接收信息。在实施过程中，部门间信息能够及时、有效共享是关键环节，也是核心环节。既要确保有信息需求的部门第一时间获取到准确、可靠的信息，又要保证信息的安全、一致，避免因信息不对称、不准确、不完整而造成低效传输。不同部门间的高效协同是信息共享的组织保障，而全面融合的信息平台建设是信息共享的技术保障。

三、业财融合应用背景

业财融合是指业务与财务的深度融合，通过业务发展与财务管理的结合，从企业的整体角度去思考业务开展是否符合集团发展的目标方向。业务部门在业务开展的过程中要有经营思维和风险意识，财务部门则要深入业务活动，通过对数据的预测和分析，反馈给业务部门及决策层，使企业的管理决策更加科学。

中小微企业财务人员通常不受重视，在企业管理中发挥不了作用，在和各个部门沟通的过程中被其他部门排斥，很多工作无法推行，让他们感到无比苦恼，这种状况是谁造成的呢？是老板，公司的同人，还是财务人员自身造成的呢？跳出财务看财务，回到财务做财务。

（一）要成为懂基本业务的财务部门

要解决问题，首先财务部门要成为懂基本业务的财务部门。目前财务部门存在的问题是与其他部门的分隔和界限太明显，财务是财务，业务是业务，两者之间交流的时候基本上是"鸡同鸭讲""对牛弹琴"。财务会计人员接受的教育大多是财务会计知识，而对企业的业务知识懂得太少。大家可以试着回答：公司的前十大客户是谁？公司的竞争对手是谁？我们跟竞争对手比较有什么优势？公司所处行业未来面临的挑战有哪些？如果上述问题财务部门都不知道，那就是一个不懂业务的传统财务部门，基本就是进行财务和会计处理，很少能参与到企业价值创造的过程中。我们不需要成为业务专家，但是需要懂企业的基本业务知识。

（二）要培养业务部门的财务思维和知识

财务部门除了懂业务，还要成为培训师，培养业务人员的基本财务思维和知识。财务管理不只是财务部门的事情，而是要公司所有部门、人员都参与其中。业务人员不需要成为财务专家，但是需要懂得基本财务思维和知识。现在的问题是，很多业务人员认为财务是非常专业难懂的，是财务部门的事情，而财务人员也以专业人员沾沾自喜。我们要用非常简单、通俗的语言，把财务思维、知识传递给大家，而千万不要以自己掌握难懂、拗口的专业术语为傲。

（三）要成为动态、发展的财务部门

财务部门最大的问题是，会计专业知识掌握有余，而动态和发展观念不足。有关公司财务的经典理论现在看来是太简单、太苍白了。它们已经谈不上有什么贡献，反而成了进步和理解的障碍。这些理论并没有立足于动态均衡，而是把竞争和决策视作静态经济中的静态均衡现象。经典理论建立在抽象的成本行为模式基础之上，而这些成本行为模式在现实生活中几乎是不会出现的。这些理论对企业竞争行为所作的种种假设在现实中根本观测不到，也无助于竞争行为的预测。因此，业财融合又被称为业务财务一体化，是以信息技术为实现路径，以实时共享业务与财务信息为中心的企业管理活动，目标是实现业务与财务的相互配合，完成（大、中、小）企业的规划、决策、考核以及反馈等其他活动，协同达到企业创造价值最大化的目标。

业财融合的具体实施路径和方法：

（1）双向融合：业财融合不仅是财务要懂业务，业务也要懂财务。企业应要求业务管理人员掌握基本的财务知识，财务人员则需具备业务管理能力，通过部门之间双向交流，实现财务与业务的深度融合。

（2）参与经营分析：财务人员应参与经营分析，了解业务流程和关键控制点，通过数据分析反馈给业务部门及决策层，降低运营风险。

（3）信息化手段：通过信息化手段，将财务工作嵌入采购、研发、生产、销售等业务活动，提供预算、核算、成本、绩效等财务支持，实现业务流、资金流、物资流、信息流和数据流的动态优化。

业财融合不是单向的，而是双向的，财务要靠近业务，业务也要靠近财务。业财融合是公司层面管理理念的融合，如果只是把这一要求压在财务部门或财务人员头上，实际上不能真正起作用；只有同时对业务工作与财务工作提要求，才能较好地实现业财互信与理解。以此为基础，业财融合才有可能实现。

资源二　业财融合实现路径

业财融合是所有企业管理模式变革的过程，涉及企业组织、机制、资源等各个方面，需要财务、业务、人力等各个部门共同完成。同时，业财融合是对企业内在运行机制优化的过程，需要在制度、流程方面作出许多适应性的调整。

一、建设业财信息共享平台

在信息化背景下，业财融合的核心是打造一套自动、高效的业财信息交互平台。作为业务部门和财务部门共享的信息管理系统，能够把业务流程和会计流程融合、连接在一起，支撑业财信息标准化记录、自动化采集、频道化展示，从根本上解决由于财务、业务信息分条块存放形成的"信息孤岛"问题。

在业财融合中，业务与财务数据是融合的基础，依靠传统的信息体系很难完成双方信息的共享。这就要求企业在财务服务中心建立业财融合信息平台，通过平台整合业务与财务数据，通过技术手段收集和统计业务数据。通过财务部门的识别、分析、核算，把这些信息转化为企业可用的信息，再反馈到业务、财务部门和经营管理层，经营管理层根据信息作出正确的决策。信息平台是企业数据到信息的加工工厂，要求公司在组织机构、系统模板、业务流程等方面进行规划，按照统一的标准格式，将公司的不同系统集中到业财融合平台系统之内，统一进行核算和数据处理。

业财信息共享平台既是业财融合的关键，又是部门协调的节点，还是信息交流处理的中心。其承担的主要职能是收集、汇总、处理、反馈信息。其主要实现三个功能：一是提高信息时效。通过信息共享平台，业务、财务等各个部门的信息以统一的标准、流程、格式进行交换和处理，业务数据与财务数据可以相互验证，财务的核算、汇总能力，特别是核算的精确性、完整性能得到有效提高。二是形成基础数据。企业所有的信息通过前置端传输到信息平台，汇总成为企业的业务数据库。财务人员根据大数据管理作出准确的财务分析，业务部门根据财务、业务数据作出准确的判断和及时的修正，而决策层可以借此进行业务指导和科学决策。三是发现解决问题。业财融合既是一个数据分析、处理的过程，又是一个流程、制度梳理的过程。通过业财平台，业务部门与财务部门可以对项目采购、费用报账、原料供应、库存核算等企业经营进行多视角的分析，进而对业务流程进行不断改造，使其更科学、更优化。

二、对会计流程和业务流程再造

会计流程再造的核心是按照业财融合要求对固有的会计流程中不能满足融合需求的部分进行全面的优化升级改造。在业财融合中，不同部门对数据的需求角度有一定差异，财务部门需要业务数据做到准确和及时，而业务部门更关注业务量和业绩指标的完成情况，忽视业务量背后的不合理财务支出。因此，业财融合的实现路径之一是会计流程再造。通过建立数据平台，聚合双方的数据需求，实现财务信息与业务信息的实时交互，在降低交流成本的同时，保障财务获取业务数据的真实性、及时性和全面性，强化财务数据的统计分析功能。简化会计科目，丰富管理维度，确保价值信息记录方式同时满足财务与业务的管理要求，价值信息反映方式可贴近业务管理的信息需求。

在业财融合的实践中，业务流程再造主要是按照业财融合目标要求对传统的业务操作流程进行优化升级。一方面，在满足外部监管和内部管理需求的前提下，通过详细筛查经营业务流程中的每一个环节，剥离其中冗余环节或消除无法产生增值的环节，完成对业务流程的解构、设计、整合及优化；另一方面，业务流程再造要基于财务职能的需求，做到业务处理与财务处理相互嵌入，确保业务数据在传输过程中的标准性和实时性。

三、强化全面预算管理

全面预算管理是诸多企业业财融合的重要措施。企业预算是连接企业财务和业务的重要桥梁，涉及企业的经营、投资和财务等各种活动，是对企业经营管理各环节事前、事中和事后控制管理的有效手段。首先，预算的编制、确定，是自上而下和自下而上的反复沟通过程，财务部门在其中承担着主导和组织的功能，编制年度预算的过程本身就是财务与业务的沟通和交流过程。其次，通过全面预算管理，企业决策层、财务、业务等各个层级能够全面地了解业务活动的全貌，准确掌握业务的真实情况，有助于各部门提高对业财融合工作的认识。再次，全面预算管理通过编制动态的滚动预算，可以实现对项目、产品的实时跟踪，通过对指标、资源进行分析，可以查找企业的问题和短板，同时，有利于各部门将风险控制纳入其中，便于企业统筹各类资源，减少内部消耗，增加经济价值。最后，全面预算管理的实施需要业务与财务高度协同。预算的编制、执行管控、偏差分析、绩效考评等都需要各个部门的通力合作，财务可以通过全面预算，充分融入业务部门，将资产、负债、风险管理等各种管理会计工具应用到业务环节，并提出建议和意见，帮助业务部门实现集约化经营。

四、建立科学的绩效评价考核体系

科学的绩效评价体系有助于业财融合实现企业全流程的覆盖。绩效评价体系包括绩效考核、评价、反馈、改进等一系列环节，有利于将企业目标落实到各岗位、各环节、具体人，实现个人目标、组织目标与企业目标的统一，这个统一的过程就是业财融合的落实过程。业务活动最终要反映到财务信息中，而每个人、每个组织创造的价值最终也需要财务数据证实。因此，绩效评价与业财融合是互相促进、互相推动的过程。一方面，绩效评价为业财融合创造了基础条件。科学的绩效评价通过传导目标与压力，增强个人与组织的内生动力，通过平衡前、中、后的利益分配，让各环节积极地参与企业经营管理。另一方面，业财融合为绩效评价提供依据。业财平台的数据能够对个人和组织的价值创造给予精准核算，特别是价值创造指标，改变了传统的量收指标，更具引导作用，从而为职级晋升、薪酬分配等提供依据和导向。

五、培养高素质团队

业财融合的有效实施离不开优秀的团队，企业可以根据规模，设置独立的团队或分散的团体。独立集中的团队有利于快速反应、快速决策，但成本较高。分散的团队有利于互相沟通、加强协同，但反应较慢、壁垒较多。无论哪一种方式，企业都应做好以下三个方面的工作：一是明确目标、统一思想认识和价值评判标准。由于职能分工不同，业务与财务部门在工作内容、方法、目标上存在一定差异，短期内充分快速融合相对困难，这就需要业财团队首先达成理念一致，从企业价值目标出发，紧紧围绕战略目标，整合各类资源，主动推进财务与业务的融合。二是互相学习、取长补短。业财融合是财务与业务共同服务的过程，要求业财团队不仅要精通财务，掌握财务范围内的专业技能，而且要熟悉各业务流程，还要熟悉行业政策、发展趋势、客户需求以及市场环境等方面，具有数据收集、加工和解读能力，能够从大量的数据中熟练运用管理工具和会计工具，汇总、分析出有价值的信息，并进行分析与预测，为企业经营决策提供支持。三是要沟通合作、共同推动。业财团队需要具备很强的沟通能力。要本着为企业、财务服务的态度，主动听取业务部门的需求，充分考虑业务发展的困难，同时，要坚持财务规章制度底线，在原则与灵活之间准确达到融合的目的。在反馈业务缺陷时，要有针对性、公正性和真实性；在帮助决策时，要做到不偏不倚、客观冷静。

业财融合是双向融合，站在财务角度，首先，要做到流程上财务可视，财务要有说话的机会；其次，财务要参与到业务流程中，了解合同、了解产品、了解客户，知道该说什么话。站在业务角度，要时刻树立保证利润与现金流双赢的理念，能正确理解财务结果导向，能识别财务风险。

业财融合的实现路径在实际应用中有很多成功案例，以下是一些具体的案例。

案例一

中兴通讯：财务管理成熟度模型

中兴通讯独创了财务管理成熟度模型（FCMM），该模型借鉴了CMM（能力成熟度模型）的理念，将财务管理分成不同的领域，并作一些标准化的评判。由此，FCMM模型就可以有标准去衡量那些看似缺乏衡量标准的管理对象。通过FCMM模型，中兴通讯实现了财务管理的精细化、标准化和系统化，从而推动了业财融合的实现。

案例二

中煤建设集团：五维解码管理会计应用

中煤建设集团通过五维解码的方式推动管理会计应用，进而实现业财融合。这五维包括：

价值创新：以价值创新为核心，创新财务理念，实现三要素，通过价值链拓展来提升企业价值。

财务战略：以财务战略为主线，创新融资策略，利用EVA模型与可持续增长率（SGR）模型相结合的财务战略矩阵，既节省融资费用和所有投资的成本，又使企业的可持续发展与企业价值增值成为共同目标。

预算考核：以预算考核为引领，创新绩效评价，致力于以全面预算为引领的集成式绩效考核工作。

标杆管理：以标杆管理为基础，创新精益管理，通过企业内部持续评价最佳组织的实践，制订和实施规划，建立市场领袖地位。

ERP系统：以ERP系统为抓手，创新业务融合，在ERP系统调研和设计论证阶段，将ERP系统的业务蓝图规划作为实施前的重中之重，在各个环节充分体现未来财务活动与业务活动的高度融合。

案例三

宝钢集团："四位一体"管理会计框架

宝钢集团建立了以全面预算管理为基本方法，以成本管理为基础，以现金流量控制为核心，以信息技术为支撑的"四位一体"管理会计框架。通过这一框架，宝钢集团实现了财务与业务的深度融合，推动了企业的精益成本管理，并提升了企业的成本竞争力。

案例四

J公司：财务共享平台下的业财融合

J公司位于广东省珠海市工业园区，主营天然气生产和销售。该公司通过建设财务共享平台，实现了业务信息和财务信息的实时、安全交互。在财务共享管理模式下，J公司实现了业财融合的快速落地。

资源三　业财融合在中小微企业中的应用框架规划

中小微企业管理体系是一个不断循环交叉反复的过程,如图1-2所示。可大致分为以下四个步骤:

第一步:企业为实现经营目标制订相应的战略规划;

第二步:根据战略规划进行经营决策与决策执行;

第三步:在执行过程中对企业经营管理的各项细节进行不断的调整、控制以确保企业向经营目标不断地靠近;

第四步:根据经营管理结果进行评价并反馈,从而对新一轮的经营目标、经营决策、战略部署等内容进行优化,并进入下一轮执行过程。

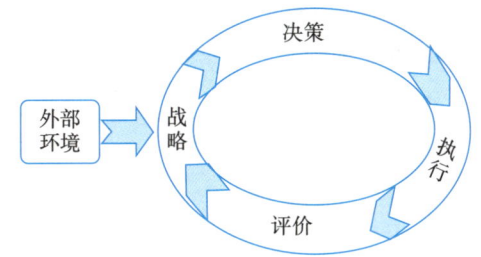

图1-2　中小微企业管理体系

业财融合的应用就是解决企业管理的问题。因此,与企业管理相对应,业财融合的应用体系包括参与企业战略规划、参与企业战略执行决策制定、参与企业日常经营管理控制、参与企业经营管理结果评价四个方面的内容。

一、参与企业战略规划

在战略规划环节,建立竞争情报评价体系是业财融合较为关键的内容。竞争情报评价体系是企业对战略目标、经营策略进行制定与评估的基础。竞争情报评价体系作为宏观的评估系统,可以帮助企业评估行业周期以及企业自身需要调整与注意的点。企业管理层则需要通过对竞争情报评价体系的内容进行分析,从而以此为依据对企业战略作出规划。与业财融合后的财务部门职能一致,竞争情报评价体系通过数据收集、汇总整理并转换为有用的决策信息,为战略决策的制定提供依据。

二、参与企业战略执行决策制定

企业战略确定后,业财融合参与落实相应的战略,包括投资决策会计和筹资决策会计。宏观概念中的企业决策是链条式的关系,即企业经营目标方向与资金匹配需求同企业战略挂钩,而资金匹配需求又进一步影响企业筹资行为,筹资结果推进企业日常经营工作有序开展并最终形成经营管理结果评价。投资决策会计是落实公司战略最重要的环节,筹资决策会计应与投资决策会计保持协调,以实现资本结构和投资结构相匹配。

三、参与企业日常经营管理控制

在日常经营管理控制中,业财融合应用内容包括:

(1)预算控制,即根据企业战略规划与目标,预测并规划企业未来一定经营周期内的经营活动以及对应的财务活动，通过对经营、财务活动的监控，以及在此过程中不断地与前期设定的预算目标进行对比分析，从而及时了解相关信息并作出控制与调整，在成本与经营活动领域最大限度地实现战略目标。

（2）价值链会计管理，其内容是从企业自身角度出发，将市场与客户需求作为导向，同时将目标设定为价值链整体价值提升，进而全面地提升价值链整体竞争力，并获得最大利润，依托现代化信息技术，最终实现价值链上资金流、物流、信息流等多方面的整体规划与控制。

（3）需求导向型管理，其内容是在企业价值定位上，企业生产行为由根据用户需求决定的生产价值来推动，做到用户需求带动企业生产。

（4）成本管理，其内容是依靠各种可行的成本管理手段确保企业经营成本的下降以及企业竞争力的提升。

（5）流程梳理，其内容是构建一个标准规范的业务流程作为内部运营的核心，该核心的载体可以是具有相应权力的一个部门或一个岗位，其目的是通过该核心加强对企业全流程的把控，达到持续提高企业经营水平的目的。

四、参与企业经营管理结果评价

绩效管理与激励机制是业财融合参与企业经营管理结果评价过程的应用，其在企业目标、资源投入以及业务流程之间架设桥梁，明确职工对企业经营管理状况与企业未来发展走势的认知，进而实现企业战略规划，并建立不断的循环优化过程。业财融合应用框架属开放闭环式的管理体系，在动态变化的外部环境影响下，系统内各组成部分互相影响、彼此促进。执行落实战略规划细项，日常经营管理保障战略执行结果，经营管理结果反馈战略规划、战略执行以及日常经营效果，并提供修正的依据，从而实现系统内的持续优化改进。

资源四　业财融合在中小微企业中的战略分析

中小微企业实施业财融合是为了提高企业的管理效率，减少业务部门与财务部门的摩擦，从而实现企业最终的战略目标，增强企业核心竞争力。在实施业财融合过程中，财务人员不仅要充分参与公司的业务运营，还必须站在战略的角度，全面参与公司的治理，为企业战略发展提供财务技术支持，制订出适宜的公司战略发展规划。公司战略的制定也不是一蹴而就的，它既需要综合各方面的因素，也需要应用合理的分析方法。

SWOT 分析是一种综合考虑企业内部条件和外部环境的各种因素，进行系统评价，从而选择最佳经营战略的方法。SWOT 研究法最早是由美国旧金山大学的管理学教授在 20 世纪 80 年代初提出来的。20 世纪 60 年代就有人提出过 SWOT 分析中涉及的内部优势、弱点、外部机会、威胁这些变化因素，但只是孤立地对它们加以分析，而 SWOT 分析用系统的思想将这些独立的因素相互匹配起来进行综合分析。运用这个方法，有利于对组织所处情境进行全面、系统、准确的研究，有助于制定发展战略和计划，以及与之相应的发展计划或对策。企业管理者可以运用 SWOT 分析，了解当前企业环境，未来竞争状况，制定一套既能适应当前，也能面向未来的企业策略。

所谓 SWOT 分析，又称态势分析、知己知彼战略，就是将与研究对象密切相关的各种主要内部优势因素（Strengths）、弱点因素（Weaknesses）、机会因素（Opportunities）和威胁因素（Threats），通过调查罗列出来，并按照一定的次序及矩阵形式排列起来，然后运用系统分析的思维方式，把各种因素相互匹配起来加以分析，从中得出一系列相应的结论或对策。一般而言，企业的机会和威胁是由企业所处的外部环境赋予的，而企业的优势和劣势是对企业内部资源而言的。

S 是指企业内部的优势（Strengths），W 是指企业内部的劣势（Weaknesses），O 是指企业外部环境的机会（Opportunities），T 是指企业外部环境的威胁（Threats）。具体内容见表 1-1。

表 1-1　SWOT 分析法

内容	表现	评价范围
优势	一般表现在企业的资金、技术设备、员工素质、产品、市场、管理技能等方面	内部条件
劣势		
机会	政府支持、高新技术的应用、良好的购买者和供应者的关系等	外部环境
威胁	新竞争对手出现、市场增长缓慢、购买者和供应者讨价还价能力增强、技术老化等	

SWOT 分析法中最核心的部分是评价企业的优势和劣势、判断企业所面临的机会和威胁并作出决策，即在企业现有的内外部环境下，如何最优地运用自己的资源，并且考虑建立公司未来的资源。下面我们通过一个实际案例来进行 SWOT 分析，以便更好地理解和运用这一工具。

案例五

案例背景：

某家电子科技公司是一家新兴的中小型企业，主营业务为生产和销售智能家居产品。公司成立不久，市场竞争激烈，面临着诸多挑战和机遇。接下来，我们将对该公司进行 SWOT 分析，以便为其未来发展提供参考和建议。

优势（Strengths）：

该公司拥有一支技术精湛、富有创新精神的研发团队，能够不断推出具有竞争力的产品。此外，公司在市场推广方面也有一定优势，通过与知名电商平台合作，产品销售情况良好。另外，公司在供应链管理方面也有一定的优势，能够保证产品的质量和交货期。

劣势（Weaknesses）：

该公司在品牌知名度和市场份额方面存在一定的劣势，与行业内的知名品牌相比，公司的产品在消费者心目中的认知度较低。此外，公司在成本控制和资金管理方面也有一定的劣势，导致盈利能力不足。

机会（Opportunities）：

随着智能家居市场的不断扩大，公司面临着巨大的市场机遇。消费者对智能家居产品的需求不断增加，公司可以通过不断创新，推出更加智能、便捷的产品，以满足市场需求。此外，政府对智能家居产业的支持力度也在不断加大，为公司的发展提供了政策机遇。

威胁（Threats）：

市场竞争激烈、技术变革快速是公司面临的主要威胁。行业内竞争对手层出不穷，市场份额的争夺异常激烈，公司需要不断提升自身竞争力。此外，技术变革的速度也是公司的威胁之一，如果公司无法及时跟上技术发展的步伐，将会被市场淘汰。

通过 SWOT 分析，我们可以清晰地看到该公司的优势、劣势、机遇和威胁。在未来发展中，公司应充分利用自身的技术优势和市场推广能力，不断创新产品，提升品牌知名度，拓展市场份额。同时，需要关注市场的变化和技术的发展，及时调整发展战略，以迎接市场挑战。最后，建议公司加强内部管理，提高盈利能力，确保公司的稳健发展。

SWOT分析是一种简单而有效的战略管理工具，通过对企业内外部环境进行分析，帮助企业把握发展机遇，应对挑战。在实际运用中，我们需要充分了解企业的实际情况，客观分析，以便为企业的发展提供科学的决策依据。

资源五　业财融合在中小微企业中的应用对策

一、积极转变思想观念，充分重视业财融合

中小微企业要想有效应用业财融合模式来打破传统束缚，提升管理水平，首先需要积极转变思想观念，认识到应用业财融合模式的重要性和必要性。立足宏观发展，着手细微之处，坚持以人为本，从员工视角阐述业财融合模式的优点。如此，可使企业员工积极倾听企业宣传，更快速、更详细地了解业财融合模式。其次思想基础固牢之后，企业更需做好全面的培训工作。具体而言，针对管理人员应该重点对其培训成本管理、内控管理、风险管理等宏观层面的应用知识，以促使管理人员懂得评判财务指标，懂得分析财务报表，进而基于业财融合模式可对企业的现金流量和营运资本做到更加科学的管理。

二、科学部署融合结构，稳步推进业财融合

基于中小微企业的实际发展状况，要想有效发挥业财融合模式的既有价值，更需因地制宜，做好企业结构的科学部署，以确保各层级、各部门、各岗位均可有效发力，稳步推进业财融合，实现企业资源的价值最大化。具体而言，初创阶段的中小微企业，人员少、规模小，虽然盈利范围有限，但是运作风险可控。在此阶段，应用业财融合模式，更多的应该做到紧抓契机，抢占市场，将业财融合的焦点与力度瞄准对业务部门的服务和支持。待中小微企业走入成长阶段，更多的应该注重企业规模和市场份额的迅速扩张。此时，针对企业全局的掌控，需要以业财融合模式为引子，制订刚性化、制度化的企业管理框架与方案，以确保企业发展的合法性、合理性。

三、加强财务和业务融合，统一价值目标

在财务和业务融合过程中，要重点关注双方的协调配合，确保双方对企业价值目标的认同。财务部门应深入了解业务活动，对业务部门进行财务知识培训，规避风险。通过沟通和互动，增加双方互信，明确各自部门工作在整体目标中的具体体现，形成统一的价值目标。

四、提升风险意识，健全内控制度

企业需加强风险意识，建立健全内控制度。具体措施包括不兼容职权的分离、完善内控体系、定期进行流程风险评估、加强企业文化建设、完善监督评价机制等。这些措施可以有效提升企业的风险管控能力和运营效率。

企业管理高层协同各部门负责人员，梳理漏洞，防范风险，完善不同部门的权限表和流程图，并建立健全各项制度。只有如此，成长阶段的中小微企业，才能通过业财融合模式的应用有效提高风险管控能力和业财各部的协调效率。此外，成熟阶段的中小微企业依然拥有较多的管理层级和较大的管理半径，在此阶段应该重点维持企业现状，确保企业各项效益的稳定增长。

资源六　业财融合在中小微企业中的应用意义

如何在中小微企业中应用业财融合呢？中小微企业需要重视财务管理，并将其纳入企业的整体管理体系。业财融合在中小微企业中的应用意义和作用主要体现在以下五个方面。

一、业财融合可以加强中小微企业的财务风险管理能力

中小微企业由于规模较小，资金紧张，面临的财务风险较高。通过业财融合，企业可以将财务管理与风险管理有机结合起来，通过有效的预测和分析，及时发现和应对各种财务风险，保障企业的财务安全。

二、业财融合可以优化中小微企业的资源配置和资金利用效率

通过业财融合，企业可以将资金管理、投资决策与业务需求有机结合起来，实现优化资源配置和提高资金利用效率的目标。通过合理规划和管理企业的财务活动，可以实现资金的高效运作和资源的最优配置。

三、业财融合可以提升中小微企业的竞争力和可持续发展能力

中小微企业要想在竞争激烈的市场中立于不败之地，就需要不断提高自身的竞争力和可持续发展能力。通过业财融合，可以将企业的战略规划和财务目标有机结合，提高企业的核心竞争力和可持续发展能力。

四、提升财务管理水平

通过业财融合，中小微企业可以实现运营信息的网络化、数字化流转，快速打通业务部门与财务部门的对接渠道，实现实时付款、实时开票、实时凭证等功能，从而全面提升企业的生产效率和管理水平。

五、优化资源配置

业财融合有助于企业更好地掌握运营情况，协助完成有效的资源配置。例如，通过全面预算管理和绩效管理，将财务的监督和控制嵌入业务的事前、事中和事后，促进企业资源的合理分配和利用。

业财融合可以精简流程、明确制度，帮助企业突出经营重点，及时把控、消除风险，有效避免经济损失。这种模式能够确保各项涉税事项的有序开展，优化税收安排，防范税收风险。在数字化时代，业财融合能够推动中小微企业由传统的财务管理向现代企业管理转型。通过信息化手段，企业可以实现业务流程、财务核算和管理流程的有机整合，提升企业的整体竞争力和市场适应能力。

案例六

业财融合的典型案例

丁公司是一家小型制造业企业，专注于生产家具产品。由于成本控制不当和资金流问题，该公司一直面临着困扰。为了解决这些问题，丁公司决定进行业财融合，引入金融服务，以改善业务运营并获得更好的资金管理。

首先，丁公司与 A 银行合作，建立了一个定制化的融资方案。通过与银行共同制订的销售订单融资方案，丁公司能够在销售订单确认后，即获得一定比例的融资。这使丁公司能够及时补充运营资金，解决了成本控制不当和资金流问题。

其次，丁公司与 B 物流公司合作，设立了一个供应链融资平台。通过物流公司提供的供应链金融服务，丁公司可以在采购家具原材料时获得供应链融资，减轻了现金流压力。这种供应链融资的方式不仅有利于丁公司提升资金周转速度，还能降低采购成本，提高生产效率。

再次，丁公司与 C 电商平台进行合作，利用其平台的在线销售和推广能力，扩大产品销售渠道。通过与电商平台的合作，丁公司能够迅速拓展市场份额，增加销售额，提高企业盈利能力。与此同时，通过电商平台提供的银行账户资金管理功能，丁公司能够更方便地管理和控制企业的资金流动。

最后，丁公司引入了智能财务管理工具，以提高财务运作效率。这些工具可以自动化处理会计、财务报告和税收申报等业务，减少了人力资源成本，同时确保了财务数据的准确性和及时性。丁公司可以根据这些财务数据作出更明智的决策，优化运营成本和资金利用效率。

通过业财融合，丁公司成功解决了成本控制和资金流问题，实现了业务发展和资金管理的转型。这个案例充分说明了业财融合的重要性和成效：通过业财融合，中小微企业可以更好地应对市场变化，提升企业的灵活性和响应速度。这种模式有助于企业在激烈的市场竞争中保持优势，实现可持续发展。当企业发展到一定规模时，应在财务部门的主导下建立相关的内控制度，确保各项业务的有序开展。这些制度应涵盖合同管理、人事管理、固定资产管理、费用报销等。业务部门和财务部门应加强沟通，确保双方在数据需求和目标上达成一致。财务部门应主动了解业务需求，提供相应的财务支持和服务。通过 ERP 系统等信息化工具，企业可实现业务流程、财务核算和管理流程的有机整合，提升企业的信息化水平和运营效率。

案例七

某中小微企业业财融合实践

背景：某中小微企业在应用业财融合模式之前，存在部门间沟通不畅、财务目标差异等问题，导致运营效率受限。

应用情况：

企业首先完善了内部管理制度，梳理了组织架构，确保业财融合模式能够顺利推进。其次通过培训和学习，提升了全体人员的业财融合意识和技能。最后实现了网上银行、财务软件与业务流程的密切关联，如实时付款、实时开票等。

效果：

打通了业务部门与财务部门的沟通渠道，提升了协同效率；解决了部门间财务目标差异的问题，实现了共同的目标导向；提升了企业的整体运营效率，降低了运营成本。

案例八

基于价值链的全方位成本管理

背景：中小微企业在成本管理方面往往存在局限性，难以实现全方位的成本控制和优化。

应用情况：

企业借鉴了大型企业的价值链成本管理方法，对供应链、生产线、销售渠道等环节进行了成本控制和优化。

企业通过引入先进的信息系统和库存管理方法，提高了价值链效率，降低了各个环节的成本。

效果：

实现了企业成本管理的全方位覆盖，提高了盈利能力；通过优化价值链各环节的成本，实现了成本的精细化管理；提升了企业的市场竞争力，为长期发展奠定了坚实基础。

业财融合在中小微企业中的应用案例表明，这一管理模式能够显著提升企业的运营效率，降低成本并增强竞争力。然而，企业在应用业财融合模式时也需要根据自身实际情况进行定制化调整和优化，以确保其发挥最大的作用。业财融合在中小微企业中的应用不仅能够提升企业的财务管理水平，优化资源配置，提高经营效率，还能够推动企业的转型升级，增强市场竞争力。

1.3 完成岗位任务

通过 SWOT 分析，能促使企业思考以下问题：①在业财融合过程中，需对企业的资源采取哪些调整行动？②是否存在需要弥补的资源缺口？③企业需要从哪些方面拓展其资源？④要实施业财融合必须采取哪些行动？⑤在分配公司资源时，哪些机会应该最先考虑，便于企业较好地实施业财融合？

项目名称	SWOT 分析
任务情境	××酒店有限责任公司（以下简称酒店）是一家布局一线城市的经济型连锁酒店。截至2024年，公司在北上广深等一线城市开设了400多家连锁酒店，凭借较高的市场占有率成为国内知名的全国性连锁酒店品牌之一。 　　酒店将商旅人士定位为目标客源，尽量在餐馆、商场、停车场及洗衣店等周边选址，重点打造"简洁、舒适、快捷"的主题酒店。为了降低初期投资成本，酒店放弃了自建酒店的传统商业模式，而是采用租赁旧厂房或写字楼进行酒店改造的轻资产模式。在设施方面，酒店不断简化酒店要素，精减了豪华大堂、KTV等传统酒店设施，客房仅提供简单整洁的洗漱用品，配以淋浴、分体式空调等基本设施。在舒适性方面，酒店引进国外功能床垫，以增加床的舒适度，配备可调节工作椅，为商旅人士提供舒适的工作环境。在服务方面，遵循快捷原则，酒店前台人员须在5分钟内为客人办理完入住或结账手续，客服中心为顾客提供24小时便利服务。 　　酒店利用互联网技术，率先在经济型连锁酒店推出官网订房系统。公司为了对连锁酒店进行规范化经营，在销售、采购、投资等10个方面推出管理手册。分店的所有经营决策，均需分店店长、总部分管负责人、总部职能部门负责人及集团总经理的审核批准。为了进一步降低成本，部分分店开始与其他餐饮娱乐公司租用同一栋楼宇。2021年12月，酒店大连分店由于同一栋楼宇中的娱乐场所发生火灾而被殃及。在酒店准备进一步巩固一线城市市场并大力发展二、三线城市市场的时候，管理层发现其轻资产模式导致银行融资越来越困难。 　　我国一线城市的经济型酒店经过近十年的发展，初步形成了全国性连锁品牌、区域性连锁品牌、国际品牌三足鼎立的局面。在关注度较少的二、三线城市则涌现出大量民宿酒店，这些民宿酒店模仿经济型酒店，但质量参差不齐，难以满足住客的需求。在房屋租赁及人工成本逐年上涨的情况下，因顾客对房价敏感度较高，酒店住宿价格上涨空间有限，经济型酒店的利润空间逐年收紧。但由于国内居民可支配收入不断提高，老百姓越来越注重改善生活质量，旅游也逐渐成为老百姓改善生活质量的重要选择，旅游住宿需求依然旺盛，再加上国内举办大型展销会或博览会逐渐增多的良好契机，风险投资公司均看好经济型酒店的发展潜力，并陆续对大型经济型连锁酒店进行投资。
任务目标	进行SWOT分析
任务点拨	分析酒店内部环境，确定优势、劣势 分析酒店外部环境，确定机会、威胁
点评	

1.4 课后训练

通过对本项目内容的学习，请同学们完成一篇中小微企业业财融合需求现状调研分析。

思考：中小微企业是否需要"业财融合"？

项目二 精细化预算编制

2.1 认知岗位职责

2.1.1 学习目标

(1) 了解精细化预算管理的基础知识；
(2) 熟悉全面预算的精细化编制流程；
(3) 理解、掌握全面预算的精细化编制方法；
(4) 明确销售业务内部控制制度建设目标和要求；
(5) 能够根据企业的经营情况和管理要求，编制企业的经营预算。

2.1.2 岗位分析

(1) 明确全面预算的作用及重要性；
(2) 熟悉经营预算（包括销售预算、生产预算、费用预算和资金预算）的编制方法；
(3) 利用业务与财务融合切入点，结合企业的经营特点，熟练地编制企业的经营预算。

2.1.3 素质目标

(1) 理解业务与财务关联重要性；
(2) 培养学生的企业预算意识及社会经济责任感。

2.2 知识储备

资源一　精细化全面预算概述

精细化全面预算是通过对企业内外部环境的分析，在预测与决策基础上，调配相应的资源，对企业未来一定时期的经营和财务等作出一系列具体计划。预算以战略规划目标为导向，它既是决策的具体化，又是控制经营和财务活动的依据。预算是计划的数字化、表格化、明细化的表达。全面预算体现了预算的全员、全过程、全部门的特征。

一、精细化全面预算管理的内涵

精细化全面预算管理强调预算的精确性、细致性和全面性。它要求企业在全面预算管理的过程中，对预算目标设定、预算编制、预算执行与控制、预算分析、预算考核等关键环节进行精细化管理，确保预算的准确性和有效性。同时，精细化全面预算管理注重与企业战略的一致性和业务计划的衔接，形成闭环管理。

二、精细化全面预算管理的特征

精确性：预算的制定需要基于准确的数据和科学的预测，确保预算的精确性。

细致性：预算需要细化到各个部门和具体项目，确保预算的细致性。

全面性：预算需要覆盖企业的所有业务和活动，确保预算的全面性。

动态性：预算需要根据企业的实际情况和市场变化进行调整和优化，确保预算的灵活性和适应性。

三、精细化全面预算管理的关键环节

预算目标设定：根据企业的战略目标和业务计划，设定合理的预算目标，确保预算与战略的一致性和业务计划的衔接。

预算编制：采用科学的方法和工具进行预算编制，如滚动预算、弹性预算等，确保预算的准确性和适应性。同时，预算编制需要细化到各个部门和具体项目，明确预算的用途和支出计划。

预算执行与控制：建立有效的预算执行和控制机制，确保预算的严格执行和及时调整。通过定期监控和评估预算执行情况，及时发现和解决问题，确保预算目标的实现。

预算分析：对预算执行情况进行深入分析，找出预算差异的原因和影响因素，为预算调整和优化提供依据。同时，通过预算分析可以发现企业经营管理中存在的问题和潜在风险，为企业的决策提供支持。

预算考核与激励：建立科学的预算考核和激励机制，对预算执行情况进行考核和评价，并根据考核结果给予相应的奖励和惩罚。通过预算考核和激励，可以激发员工的积极性和创造力，推动预算目标的实现。

四、精细化全面预算管理的实践应用

建立全面预算管理体系：企业需要建立完善的全面预算管理体系，包括预算管理制度、预算流程、预算组织等，确保预算管理的规范化和制度化。

引入先进管理工具：企业可以引入一些先进的管理工具和方法，如平衡记分卡、作业成本法等，来提高预算管理的效率和准确性。

加强信息化建设：通过信息化建设，实现预算管理的自动化和智能化，提高预算管理的效率和准确性。例如，建立预算管理信息系统，实现预算数据的实时采集、分析和监控。

注重人才培养：企业需要注重预算管理人才的培养和引进，提高预算管理人员的专业素质和业务能力。通过培训和学习等方式，不断提升预算管理人员的综合素质和专业技能。

五、精细化全面预算体系中各项预算之间的关系

全面预算是由资本预算、经营预算和财务预算等类别的一系列预算构成的体系，各项具体预算之间相互联系、关系复杂。图2-1以制造业企业为例，勾画了全面预算体系中各项预算之间的关系。

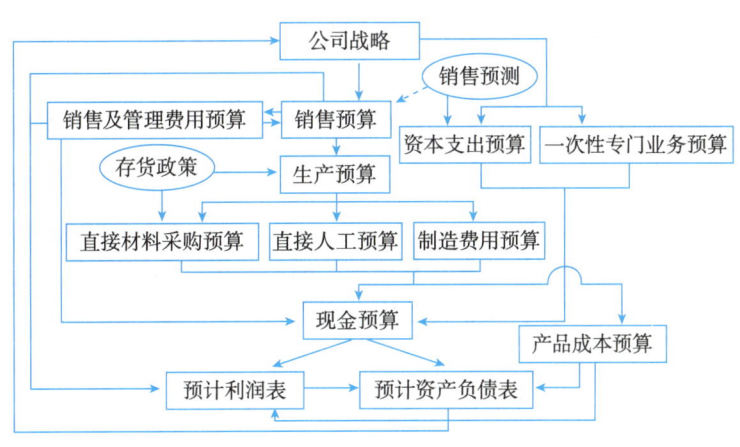

图2-1 全面预算体系

企业应根据长期市场预测和生产能力，编制长期销售预算，以此为基础，确定本年度的销售预算，并根据企业财力确定资本预算。销售预算是年度预算的编制起点，根据"以销定产"的原则确定生产预算，同时确定所需要的销售费用。生产预算的编制，除考虑计划销售量外，还要考虑期初存货和期末存货。根据生产预算来确定直接材料、直接人工和制造费用预算。产品成本预算和现金预算是有关预算的汇总。利润表预算和资产负债表预算是全部预算的综合。

全面预算按其涉及的预算期分为长期预算和短期预算。长期预算包括长期销售预算和资本预算，有时还包括长期资本筹措预算和研究与开发预算。短期预算是指年度预算，或者时间更短的季度或月度预算，如直接材料预算、现金预算等。通常长期和短期的划分以1年为界限，有时把2~3年的预算称为中期预算。

全面预算按其涉及的业务活动领域分为投资预算（如资本预算）、营业预算和财务预算。营业预算又称经营预算，是关于采购、生产、销售业务的预算，包括销售预算、生产预算、成本预算

等。财务预算是关于利润、现金和财务状况的预算，包括利润表预算、现金预算和资产负债表预算等。本项目主要讨论营业预算和财务预算。

综上所述，精细化全面预算管理是企业实现资源优化配置和战略目标推进的重要手段。通过精确、细致、全面的预算管理，企业可以更好地控制成本、提高效益、降低风险，为企业的可持续发展提供有力保障。

资源二　精细化全面预算的编制程序

精细化全面预算的编制，涉及企业经营管理的各个部门，只有执行人参与预算的编制，才能使预算成为他们自愿努力完成的目标，而不是外界强加于他们的枷锁。

全面预算的编制程序如下。

一、前期准备

企业诊断：对企业当前的经营状况、财务状况、市场环境等进行全面的调查和诊断，找出存在的问题和潜在的风险。

企业规划：根据企业诊断和外部环境分析，制定企业的发展战略和年度经营计划，明确预算年度的主要目标和任务。

组织框架梳理：明确企业内部各部门和岗位的职责与权限，确保预算编制工作的顺利进行。

二、预算编制

下达预算目标：企业决策层根据长期规划和市场环境，利用科学的方法（如本量利分析等）确定预算年度的总目标和主要财务指标，如销售收入、成本费用、利润和现金流量等，并将这些目标下达给各预算单位。

设计预算编制模板：根据企业的实际情况和预算编制要求，设计适合各预算单位的预算编制模板，包括销售预算、生产预算、成本预算、管理费用预算、销售费用预算、财务费用预算等。

编制上报预算：各预算单位按照下达的预算目标和预算编制模板，结合自身的实际情况，编制详细的预算方案，并上报给全面预算管理工作小组。

三、审查平衡

审查预算方案：全面预算管理工作小组对各预算单位上报的预算方案进行审查，包括预算的合理性、准确性和完整性等。

平衡预算：在审查的基础上，对预算进行平衡和调整，确保各预算单位之间的预算相互衔接、协调一致，并符合企业的整体战略和目标。

四、审议批准

编制总预算方案：全面预算管理工作小组在平衡各预算单位预算的基础上，编制出企业的总预算方案。

审议批准预算：将总预算方案提交给企业决策层进行审议和批准。在审议过程中，决策层可以对预算方案提出修改意见，并要求全面预算管理工作小组进行调整和完善。最终，经过审议和批准的预算方案将成为企业预算年度的执行依据。

五、下达执行

分解预算指标：将批准的年度预算分解成一系列指标，如销售收入指标、成本费用指标、利润指标等，并逐级下达给各预算单位。

执行预算：各预算单位根据下达的预算指标，制订具体的行动计划和控制措施，确保预算的有效执行。同时，建立预算执行情况的跟踪和监控机制，及时发现和解决问题。

六、预算调整与考核

预算调整：在预算执行过程中，如果因市场环境、企业内部条件等发生重大变化，导致预算无法执行或执行效果不佳时，需要对预算进行调整。调整预算需要经过严格的审批程序，并确保调整后的预算仍然符合企业的整体战略和目标。

预算考核：预算年度结束后，对各预算单位的预算执行情况进行考核和评价。根据考核结果给予相应的奖励和惩罚，以激励员工积极参与预算管理工作，提高预算的执行效果。

总之，精细化全面预算的编制程序是一个循环往复、不断优化的过程。企业需要不断总结经验教训，完善预算编制和管理制度，提高预算的准确性和有效性，为企业的可持续发展提供有力保障。

资源三　销售预算编制分析

销售预算是整个预算的编制起点，其他预算的编制都以销售预算为基础。

销售预算的主要内容是销售数量、销售单价和销售收入。销售数量是根据市场预测或销货合同并结合企业生产能力确定的。销售单价是通过定价决策确定的。销售收入是两者的乘积，在销售预算中计算得出。销售预算通常要分品种、分月份、分季度、分销售区域、分推销员来编制。

销售预算中通常还包括预计现金收入的计算，其目的是为编制现金预算提供必要的资料。

一、销售预算编制的关键点

（1）销售预测：销售预算的编制首先需要基于销售预测。销售预测是制定销售预算的基础，它帮助企业了解市场需求和销售潜力，从而为预算编制提供依据。

（2）避免过高风险：销售预算的编制需要考虑风险因素，通常销售预算会略低于企业的销售预测值，以避免过高的风险。

（3）客户评价：客户评价是销售预算编制中的重要步骤，通过客户评价可以帮助企业确定未来的销售额，从而更准确地编制销售预算。

（4）编制方法：销售预算的编制可以采用自上而下或自下而上的方法。自上而下的方法是由主管根据公司战略目标进行预测和分配，而自下而上的方法是由销售人员根据上年度的数据和习惯方法进行计算并提交。

二、销售预算的编制过程

（1）确定销售目标：根据公司的战略目标和市场环境，确定销售部门的销售目标。这可以通过市场研究、历史数据和管理层的决策来确定。

（2）制订销售计划：根据销售目标，制订销售计划，包括销售额、销售数量、销售价格等方面的计划。这通常需要考虑市场需求、竞争情况、产品定价策略等因素。

（3）制定销售预算：根据销售计划，制定销售预算。销售预算，是指在一定时期内预计实现的销售收入。销售预算通常根据销售目标、市场需求、历史数据和管理层的决策来确定。

（4）制定销售费用预算：根据销售预算，制定销售费用预算。销售费用预算包括市场推广费用、销售人员薪资、销售奖励等费用。这些费用的制定通常需要考虑市场推广策略、销售人员数量和绩效等因素。

（5）制定销售渠道预算：根据销售预算，制定销售渠道预算。销售渠道预算包括销售代理商费用、分销商费用、物流费用等。这些费用的制定通常需要考虑销售渠道的选择、合作伙伴关系和物流成本等因素。

（6）编制销售预算报告：将销售预算的各项预算数据整理成报告，包括销售额、销售成本、销售费用等方面的数据。这样可以帮助管理层了解销售预算的情况，并进行决策和控制。

三、销售预算编制的内容

（1）销售费用预算：销售费用预算是为了实现销售预算所需支付的费用预算。它以销售预算为基础，分析销售收入、销售利润和销售费用的关系，力求实现销售费用的最有效使用。销售费用预算通常包括变动性销售费用预算和固定性销售费用预算。例如，销售人员费用包括销售人员的工资、提成、津贴以及差旅费等，差旅费又包括住宿、餐饮、交通、杂费等。

销售费用预算模板通常包括以下内容：

①预算编制方法。

自上而下：主管根据公司的战略目标，预测可利用的费用，然后分配给各部门。

自下而上：销售人员根据上年度预算和销售配额，使用习惯的方法计算预算，提交给销售经理。

表格通常包含每月的销售业绩、销售费用等详细信息。例如，某月的预算费用占该月业绩的比例、工资奖金、社保及津贴福利、培训费用等。

②预算编制步骤。

确定销售目标和战略。

预测销售量和价格，计算销售收入。

估计销售费用，包括广告、促销、人员工资等。

编制预算表格，包括月度、季度和年度预算。

监控和调整预算执行情况，确保与实际销售业绩相符。

③预算编制的注意事项。

确保预算与公司的长期和短期目标一致。

考虑市场变化和竞争环境的影响。

定期审查和调整预算，以适应变化的情况。

通过以上步骤和方法，可以有效地编制和管理销售费用预算，确保公司的销售活动在预算范围内顺利进行。

（2）销售量预测：通过市场调研和历史数据分析，预测未来一定时间段内的产品或服务的需求量。这将作为制定销售预算的基础。

（3）销售价格：考虑产品或服务的定价策略，结合市场竞争情况和成本考虑，制定销售价格，并在预算中列出。

（4）销售渠道：确定销售渠道和策略，包括直销、分销、代理等方式，并对不同渠道的预期销售额进行预估。

（5）销售活动费用：包括市场推广费用、广告费用、促销费用等，根据销售策略确定，并列入销售预算中。

（6）销售组织结构和人员成本：考虑销售组织的人员数量、工资福利及培训等成本，并将其列入预算中，还需考虑招聘、培训、绩效奖励等费用。

资源四　生产预算编制分析

生产预算是在销售预算的基础上编制的，其主要内容有销售量、期初和期末产成品存货、生产量。通常企业的生产和销售不能做到"同步同量"，因此，需要设置一定的产成品存货，以保证能在发生意外需求时按时供货，并可均衡生产，节省赶工的额外支出。

生产预算在实际编制时是比较复杂的，产量受生产能力的限制，产成品存货数量受仓库容量的限制，只能在此范围内来安排产成品存货数量和各期生产量。此外，有的季度可能销量很大，可以用赶工方法增产，为此要多付加班费。如果提前在淡季生产，会因增加产成品存货而多付资金利息。因此，要权衡两者得失，选择成本最低的决策方案编制生产预算。

一、生产预算的编制过程

确定业务计划的范围：明确企业将来一定时期内要安排的生产活动和需要考虑的财务资源。

计算原材料、活动人员、产品价格等生产费用：根据业务需求，用预估的数据计算确定的原材料、活动人员等生产费用。

预计资金支出：确定原材料和生产费用的预计投入，以及财务方面需支出的资金，包括本金、利息等支出。

汇总和报表：将预算结果汇总和统一，以及生产预算的报表提交给企业决策者及各部门。

复核报表并监督执行：对生产预算报表进行审计，检查生产进度和投入，以实现计划。

二、生产预算的编制方法

（1）增量预算法：以历史期实际经济活动及其预算为基础，结合预算期经济活动及相关影响因素的变动情况,通过调整历史期经济活动项目及金额形成预算。增量法是结合历史的数据、预算期业务量水平及有关影响成本因素的未来变动情况,通过调整有关原有费用项目来编制预算的一种方法。

该方法应用前提:

①现有的业务活动是企业必需的。

②原有的各项开支都是合理的。

③增加费用预算是值得的。

案例分析实施步骤:

例如:××食品公司假设成立6年,以往经营过程中未出现重大经营失败事件,并且在成本效益管理上,符合企业日常发展水平,公司在制定2024年财务预算时,准备采用增量预算法编制预算。

①先确定以往业务活动的必要性。针对业务特征,确定产品生产开发成本费用开支的必要性(研发费、材料费、人工费用的开支等),一一盘点公司现行业务,确定开展实施的必要性。

②考虑合理必要的业务行为后,针对每一个业务,分析其往期费用开支的合理性。

③确定各个项目的费用增量开支,2024年度预计增加的业务量情况,合理增加开支。

④将具体指标分配给不同的职能部门,不同部门根据自身情况,上报回复。

⑤汇总预算情况,调节预算指标,形成具体的预算执行方案。

⑥检查及反馈预算执行情况。

(2)零基预算法:不以历史期经济活动及其预算为基础,以零为起点,从实际需要出发分析预算期经济活动的合理性,经综合平衡形成预算。零基预算法不受历史数据的影响,从零开始,重新分析每一项业务活动支出的必要性和合理性,然后进行成本效益的分析,进而分配资源。

一般初创的企业适用此方法。

案例分析实施步骤:

案例一

A公司是一家食品公司,于2024年11月成立,主营业务是生产食品及销售,目前公司采用零基预算法,对2025年财务预算进行编制,步骤如下:

①把公司各个部门划分为基本的预算单元,如研发部门、生产部门、销售部门、采购部门、财务部、人力部门等,根据不同的部门来界定预算的内容。

②根据公司的实际业务状况,分析和制订预算的计划,编制方案。

③和公司各个部门之间进行沟通,协调各部门之间的问题,对成本和效益进行分析,对A公司而言,产品的生产成本和销售费用预算应该重视起来。

④对资金进行合理审核、分配,保证资金使用的有效性。

⑤制订最终的预算方案并实施,实施过程中有重大的偏差和问题应该及时反馈,查明原因。

(3)固定预算法:在编制预算时,只以预算期内正常、可实现的某一固定的业务量(如生产量、销售量等)水平作为唯一基础来编制预算。只是这种方法过于机械呆板和可比性差。

案例分析实施步骤：

①A 公司是制造企业，年度生产计划表见表 2－1。

表 2－1　年度生产计划

产品名称	预测销售（件）	期初存货（件）	预计期末量（件）	计划产量（件）	单位工时（小时）	定额计划产量总工时（小时）
A 产品	1160	200	40	1000	60	6000
B 产品	420	500	300	4000	80	320000

②材料预算。

一般是以生产计划和单位产品消耗定额和材料计划单价进行计算的。

假如 A 产品定额消耗 A 材料是 200 件，材料的单价是 10 元，那么，A 材料的预算为 $1000 \times 200 \times 10 = 2000000$ 元；

假如 B 产品定额消耗 B 材料是 120 件，材料的单价是 11 元，那么，B 材料的预算为 $4000 \times 120 \times 11 = 5280000$ 元。

③人工预算。

假设人工费每小时 15 元，要根据计划产量的工时来预测人工费用。

A 产品预算的人工费用为 $60000 \times 15 = 900000$ 元；

B 产品预算的人工费用为 $320000 \times 15 = 4800000$ 元。

对于制造费用的预算，首先要编制辅助生产车间费用预算，该预算多按成本项目编制，多个项目指标的确定可依据不同的情况处理。固定预算适用于编制相对稳定的预算，一般在计划与实际不会有较大出入的情况下，可采用固定预算。

固定预算的计算比较直接也比较简单。

（4）弹性预算法：用弹性预算的方法来编制成本预算时，其关键在于把所有的成本划分为变动成本与固定成本两大部分。变动成本主要根据单位业务量来控制，固定成本则按总额控制。成本的弹性预算方式如下：

成本的弹性预算 = 固定成本预算数 + Σ（单位变动成本预算数 × 预计业务量）

在成本性态分析的基础上，依据业务量、成本和利润之间的联动关系，按照预算期内相关的业务量（如生产量、销售量、工时等）水平计算其相应预算项目所消耗资源的预算。

编制弹性预算的步骤如下：

①选择和确定各种经营活动的计量单位消耗量、人工小时、机器工时等。

②预测和确定可能达到的各种经营活动业务量。在确定经营活动业务量时，要与各业务部门共同协调，一般可按正常经营活动水平的 70%～120% 确定，也可将过去历史资料中的最低业务量和最高业务量作为上下限，然后划分若干等级，这样编出的弹性预算较为实用。

③根据成本性态和业务量之间的依存关系，将企业生产成本划分为变动和固定两个类别，并逐项确定各项费用与业务量之间的关系。

④计算各种业务量水平下的预测数据，并用一定的方式表示，形成某一项的弹性预算。

这种方法适用于各项随业务量变化而变化的项目支出，如学校的货物采购项目，由于学生的招生规模变化很大，因而可以根据预算年度计划招生人数、在校学生人数测算应添置的课桌椅凳数量、床的数量、教学楼防护维修或其他采购项目费用。

资源五　直接材料预算编制分析

直接材料预算是以生产预算为基础编制的，同时要考虑材料存货水平。直接材料预算是企业在生产过程中对直接材料的需求进行估算和计划安排的过程，是企业生产经营管理中非常重要的一环。直接材料预算的编制，可以有效地控制企业的生产成本，提高生产效率，从而增强企业的竞争力。

直接材料预算的主要内容有直接材料的单位产品用量、生产需用量、期初和期末存量等。"预计生产量"的数据来自生产预算，"单位产品材料用量"的数据来自标准成本资料或消耗定额资料，"预计生产需用量"是上述两项的乘积。年初和年末的预计材料存货量，是根据当前情况和长期销售预测估计的。

预计各季度"材料采购量"根据下式计算确定：

预计材料采购量 ＝（预计生产需用量 ＋ 预计期末材料存量）－预计期初材料存量

为了便于以后编制现金预算，通常要预计材料采购各季度的现金支出。每个季度的现金支出包括偿还上期应付账款和本期应支付的采购货款。

直接材料预算的编制方法一般包括历史数据法、工程估算法和标准成本法。历史数据法是以历史数据为基础，通过对过去几年的直接材料使用情况进行分析和比较来确定未来直接材料的需求量与价格。工程估算法是根据产品的工艺流程和材料配方，通过对每个工序所需的材料数量和成本进行估算来确定直接材料的需求量与价格。标准成本法是以产品的标准成本为基础，通过对产品的设计规格和材料配方进行分析与计算来确定直接材料的需求量及价格。

案例二

A 公司预计材料采购金额（货款）的 50% 在本季度内付清，50% 在下季度付清，期末材料存量按下期生产需用量的 20% 确定。材料的年初存量为 300 千克，年末存量为 400 千克。依据上述资料，在生产预算的基础上，编制 A 公司直接材料预算如表 2-2 所示。

表 2-2　直接材料预算

项目	第一季度	第二季度	第三季度	第四季度	全年
预计生产量（件）	105	155	198	182	640
单位产品材料用量（千克/件）	10	11	12	13	14
生产需用量（千克）	1050	1550	1980	1820	6400
加：预计期末存量（千克）	310	396	364	400	400
减：预计期初存量（千克）	300	310	396	364	300
预计材料采购量（千克）	1060	1636	1948	1856	6500
单价（元/千克）	5	5	5	5	5
预计采购金额（元）	5300	8180	9740	9280	32500
预计现金支出					
上年应付账款（元）	2350				2350
第一季度（采购5300元）	2650	2650			5300

续表

项目	第一季度	第二季度	第三季度	第四季度	全年
第二季度（采购8180元）		4090	4090		8180
第三季度（采购9740元）			4870	4870	9740
第四季度（采购9280元）				4640	4640
合计（元）	5000	6740	8960	9510	30210

预计年末材料存货额＝预计年末材料存量×材料计划单价＝400×5＝2000（元）

预计年末应付账款＝第四季度采购金额×当季未付款比例＝9280×50%＝4640（元）

或者：

预计年末应付账款＝期初应付账款＋全年预计采购金额（应付账款增加额）－全年预计现金支出（应付账款减少额）＝2350＋32500－30210＝4640（元）

资源六　直接人工预算编制分析

直接人工预算也是以生产预算为基础编制的。其主要内容有预计产量、单位产品工时、人工总工时、每小时人工成本和人工总成本。预计产量的数据来自生产预算。单位产品工时和每小时人工成本的数据按照标准成本法确定。人工总工时和人工总成本是在直接人工预算中计算出来，由于工资需要使用现金支付，所以无须另外预计现金支出，可直接汇入现金预算。

直接人工预算是根据已知标准工资率、标准单位直接人工工时、其他直接费用计提标准及生产预算等资料，对一定预算期内人工工时的消耗和人工成本所作的经营预算。

相关公式：

（1）计算某种产品消耗的直接人工工时：

某产品消耗的直接人工工时 ＝ 单位产品工时定额 × 该产品预计产量

（2）计算某产品耗用的直接工资：

某产品耗用的直接工资 ＝ 单位工时工资 × 该产品消耗的直接人工工时

（3）计算某种产品计提的其他直接费用：

某种产品计提的其他直接费用 ＝ 该产品耗用的直接工资 × 计提标准

（4）计算预算期某产品的直接人工成本：

预算期某产品的直接人工成本 ＝ 该产品耗用的直接工资 ＋ 计提的其他直接费用

（5）计算预算期直接人工成本现金支出：

直接人工成本现金支出 ＝ 直接工资 ＋ 计提的其他直接费用 × 支付率

案例三

B公司预计生产1000件产品，每件产品的标准工时为2小时，每小时的人工成本为50元。那么：

人工总工时 ＝ 1000 × 2 ＝ 2000（小时）。

人工总成本 ＝ 2000 × 50 ＝ 100000（元）。

资源七 制造费用预算编制分析

制造费用通常按其成本性态可分为变动性制造费用、固定性制造费用和混合性制造费用。固定性制造费用可在上年的基础上根据预期变动加以适当修正进行预计；变动性制造费用根据预计生产量乘以单位产品预定分配率进行预计；混合性制造费用则可利用公式 $Y = A + BX$ 进行预计（其中，A 表示固定部分，B 表示随产量变动部分，可根据统计资料分析而得）。对于制造费用中的混合成本项目，应将其分解为变动费用和固定费用两部分，并分别列入制造费用预算的变动费用和固定费用。

制造费用预算通常对变动性制造费用和固定性制造费用两部分进行预算。变动性制造费用以生产预算为基础来编制。如果有完善的标准成本资料，用单位产品的标准成本与产量相乘，即可得到相应的预算金额。如果没有标准成本资料，就需要逐项预计计划产量需要的各项制造费用。固定性制造费用需要逐项进行预计，通常与本期产量无关，按每季度实际需要的支付额预计，然后求出全年数。为了便于以后编制现金预算，需要预计现金支出。制造费用中，除折旧费都需支付现金，所以每个季度制造费用数额扣除折旧费后，即可得出"现金支出的费用"。需要明确制造费用的范围，包括但不限于：

间接材料费用：如生产过程中的辅助材料、低值易耗品等。

间接人工费用：如生产管理人员、技术人员、维修人员等的工资及福利。

折旧费用：与生产相关的设备、厂房等的折旧。

维修费用：生产设备、设施的维修和保养费用。

动力费用：如水、电、气等能源消耗。

制造费用中的其他支出：如租赁费、保险费、差旅费等。

（1）制造费用预算编制的准备

确定预算编制的责任部门：制造费用预算的编制主要由财务部门负责。

划分制造费用的类型：制造费用预算包括变动性制造费用和固定性制造费用。

（2）编制步骤

分析上一年度有关报表：了解上一年度的实际支出情况，为编制新一年的预算提供参考。

制定总体成本目标：根据下一年度的销售预测和成本目标，制定各项运营成本。

汇总具体市场举措所需的额外成本：确保预算能够覆盖所有必要的支出。

计算预计制造费用：包括变动性制造费用和固定性制造费用，分别根据预计生产量和预计的分配率进行计算。

计算预计需用现金支付的制造费用：从预计制造费用中扣除折旧等非现金支出。

通过以上步骤，可以全面反映企业资金收支情况，确保预算的准确性和实用性。

（3）制造费用预算的作用

合理安排生产资源：通过制造费用预算，企业可以了解各项制造费用的支出情况，从而合理安排生产资源，避免资源浪费。

控制成本：制造费用预算有助于企业监控各项制造费用的支出情况，及时发现并纠正超支现象，从而有效控制成本。

提高生产效率：通过制造费用预算，企业可以优化生产流程，提高生产效率，降低生产成本。

提供决策依据：制造费用预算为企业的决策提供了重要的依据，帮助企业评估生产方案的可行性和经济效益。

案例四

浙江某制造企业预计下一年度的生产量为10000件产品，每件产品的变动性制造费用预计为5元，固定性制造费用预算总额为200000元。请计算该企业的下一年度制造费用预算总额，并预计需用现金支付的制造费用。

计算变动性制造费用：

变动性制造费用 = 预计生产量 × 单位产品变动性制造费用 = 10000 × 5 = 50000（元）。

计算制造费用预算总额：

制造费用预算总额 = 变动性制造费用 + 固定性制造费用 = 50000 + 200000 = 250000（元）。

预计需用现金支付的制造费用（假设固定资产折旧费为40000元）：

预计需用现金支付的制造费用 = 制造费用预算总额 − 固定资产折旧费 = 250000 − 40000 = 210000（元）。

（4）注意事项

数据收集：在制定制造费用预算时，首先需要收集和整理与制造过程相关的数据，如过去的成本数据、生产能力等。

分配率：变动性制造费用通常根据预计生产量和预计的制造费用分配率来计算。在案例四中，单位产品变动性制造费用即为分配率。

固定费用：固定性制造费用可根据过去的实际数作必要调整后确定，也可采用零基预算办法编制。

非付现项目：在预计制造费用的现金支出数时，应扣除固定资产折旧等非付现项目。

通过上述案例，可以了解制造费用预算的基本计算方法和注意事项，有助于企业在实际运营中更好地进行成本控制和预算管理。综上所述，制造费用预算是企业生产计划和成本控制的重要环节。通过科学合理的制造费用预算，企业可以更好地控制成本、提高生产效率、实现盈利目标。

资源八　销售费用和管理费用预算编制分析

一、销售费用预算

销售费用预算，是指为了实现销售预算所需安排的费用预算。它以销售预算为基础，分析销售收入、销售利润和销售费用的关系，力求实现销售费用的最有效使用。在安排销售费用时，要利用本量利分析方法，费用的支出应能获取更多的收益。在草拟销售费用预算时，要对过去的销售费用进行分析，考察过去销售费用支出的必要性和效果。销售费用预算应和销售预算相配合，应有按品种、按地区、按用途的具体预算数额。

（1）销售费用预算编制方法

历史对比法：根据过去几年的销售费用支出情况，结合企业的发展趋势和市场环境，预测未来一年的销售费用支出情况。

目标成本法：根据企业的销售目标和利润要求，计算出每个产品的成本，并据此制定销售费用预算。

活动预算法：根据企业的销售活动计划，制定相应的销售费用预算。例如，为了推广某个产品，企业需要参加一些展会和推介会，就需要根据这些活动的具体情况，预算相应的费用。

比例预算法：根据销售收入的比例来确定销售费用的预算。例如，销售费用占销售收入的比例为10%，那么在预测销售收入的基础上，就可以计算出销售费用预算。

（2）销售费用的具体内容

产品自销费用：包装费、运输费、装卸费、保险费等。

产品促销费用：展览费、广告费、经营租赁费（为扩大销售而租用的柜台、设备等的费用）、销售服务费用（提供售后服务等的费用）。

销售部门的费用：销售机构（含销售网点、售后服务网点等）的职工工资及福利费、业务费等。

（3）预算编制的步骤和注意事项

确定预算会计期间：通常为半年度或季度。

确定预算目标：根据公司的战略和目标，确定销售费用的预算目标，如提高销售额、增加市场份额等。

制订预算计划：包括销售人员工资、差旅费、宣传费、广告费等。

审核预算计划：确保预算计划的合理性和可行性。

执行预算计划：监控预算执行情况，及时调整预算计划。

汇总预算报告：分析预算执行情况，提出改进意见和建议。

通过以上步骤，企业可以有效地编制和管理销售费用预算，确保销售活动的顺利进行并实现企业的经营目标。

案例五

浙江ABC公司为一家销售型企业，为了有效控制销售费用，提高销售效率，公司决定对2024年的销售费用进行预算编制。预算编制要求预算期销售费用控制目标为35万元。其中，2024年销售人员的工资总额按销售收入的1%计提，销售部管理人员的工资总额比2023年增长5%。销售部负责编制销售费用预算。

预算编制过程和方法：

划分费用性质：对2024年的销售费用进行预计，将费用项目划分为固定性和变动性两类。

核定变动性费用：按照销售费用预算＝预算期销售收入×（基期销售费用÷基期销售收入）的基本公式，采用销售百分比法计算预测期销售费用项目。

假设基期（2023年）销售收入为X，基期销售费用为Y（其中变动性费用为Y_1，固定性费用为

$Y - Y_1$），预算期（2024 年）销售收入预测为 X_1，则变动性费用预测 $X_1 \times (Y_1 \div X)$。

假设经过计算，变动性费用预测结果为 24.2 万元。

第一，调整变动性销售费用。

由于 2024 年加大销售力度，增加广告宣传费支出 5 万元。

根据预算期工资政策，销售人员工资总额按照销售收入的 1% 计提，计算增加 5775 元（$X_1 \times 1\%$ − 原销售人员工资预算）。

将变动性销售费用调增 55775 元（50000 + 5775），调增后变动性销售费用为 297775 元（242000 + 50000 + 5775）。

第二，计算固定性销售费用。

假设在 2023 年固定销售费用 6 万元的基础上，增加支出 1.5 万元，固定性销售费用为 7.5 万元。

预算结果：销售费用预算总额 = 变动性销售费用 + 固定性销售费用 = 297775 + 75000 = 372775 元。

第三，分析与建议。

预算超支分析：

预算结果 372775 元超出了公司设定的 35 万元的控制目标。

超支的主要原因在于变动性销售费用的增加，特别是广告宣传费和销售人员工资的调整。

优化建议：

重新评估广告宣传费的投入效果，确保每一分钱的投入都能带来相应的销售增长。

考虑销售人员工资政策的调整是否合理，是否可以通过提高销售效率来降低工资成本占比。加强对固定性销售费用的控制，避免不必要的支出。

通过以上案例，我们可以看到销售费用预算的编制过程需要综合考虑多种因素，包括历史数据、市场趋势、公司政策等。同时，预算的执行和监控也是确保预算目标实现的重要环节。

二、管理费用预算

管理费用是企业管理业务所必需的费用。随着企业规模的扩大，企业管理职能日益重要，其费用也相应增加。在编制管理费用预算时，要分析企业的业务成绩和一般经济状况，务必做到费用合理化。管理费用多属于固定成本，所以一般是以过去的实际开支为基础，按预算期的可预见变化予以调整。管理费用预算必须充分考察每种费用是否必要，以便提高费用的合理性和有效性。

管理费用预算的编制主要采用以下两种方法：

按项目反映全年预计水平：这种方法要求将管理费用按照不同的项目进行分类，并反映全年预计的水平。这种方法可以帮助企业全面了解各项管理费用的预计支出情况，从而更好地进行资源配置和成本控制。

将管理费用划分为变动性和固定性两部分：这种方法将管理费用分为变动性和固定性两部分。变动性费用可以根据预算期的变动性管理费用分配率和预计销售业务量进行测算，而固定性费用按照全年预计水平进行安排。通过这种方式，企业可以更精确地控制和管理不同性质的费用。

管理费用预算，是指企事业为一般管理费用支出成本而作的成本预算。通过事先做好计划，并严格按照预算执行,可以有效控制企业的管理费用支出,避免超出预算的情况发生。如果超出预算,需要通过特别的流程进行审批,并在事后对预算和执行情况进行对比研究分析,为下一预算提供科学依据。管理费用预算适用于某些费用开支内容较多、开支伸缩性较大,且与商品购销量变化无直接联系的费用的管理。例如,新办企业或新办某项经营业务的开办费、较大规模的固定资产大修及翻修工程费用开支、大型会议费等,都可以通过事先编制专项费用预算来进行管理和控制。

案例六

浙江 ABC 企业为了有效控制管理费用,提高行政管理的效率,决定进行管理费用预算的编制。该企业预算 2024 年度销售收入为 4600 万元,非销售人员销售金额为 100 万元,管理费用预算占销售收入的比例为 9%。

预算计算过程:

(1) 确定管理费用预算总额

管理费用预算总额 = 预算年度销售收入 × 预算费用占比 = 4600 万元 × 9% = 414 万元

(2) 确定管理费用中的约束性费用及标准

人员经费:采用零基预算和增量预算的方法,调整岗位设置,减少用工人数,同时提高岗位工资标准。工资总额为 180 万元,预计减少工资数额 10 万元,社保费用、工会教育经费标准不变。

工资总额 = 本期发生数额 − 预计减少数额 = 180 万元 − 10 万元 = 170 万元

社保费用 = 工资总额 × 35% = 170 万元 × 35% = 59.5 万元

工会教育费用 = 工资总额 × (2% + 2.5%) = 170 万元 × 4.5% = 7.65 万元

日常支出:同样采用零基预算和增量预算的方法,基本办公费用在本期(12 万元)的基础上减少 10%,资产折旧与原标准一致(5 万元),房屋租金较本期(10 万元)增长 10%,固定税费与本期(5 万元)一致。

基本办公费用 = 本期数额 × (1 − 减少比例) = 12 万元 × (1 − 10%) = 10.8 万元

折旧费用 = 本期数额 = 5 万元

租赁费用 = 本期数额 × (1 + 增幅比例) = 10 万元 × (1 + 10%) = 11 万元

固定税费 = 本期数额 = 5 万元

(3) 确定管理费用中的酌量性费用及标准

酌量性费用需要逐项进行成本与效益分析,根据预算期内可供支配的资金数额在各费用之间进行分配。

酌量性费用预算 = 管理费用预算 − 约束性费用预算 = 414 万元 − (170 万元 + 59.5 万元 + 7.65 万元 + 10.8 万元 + 5 万元 + 11 万元 + 5 万元) = 145.05 万元

(4) 根据成本效益比分配酌量性费用

会务费 = 145.05 万元 × [9 ÷ (9 + 8 + 7 + 6 + 5 + 5 + 4 + 3)] = 27.8 万元

招待费 = 145.05 万元 × [8 ÷ (9 + 8 + 7 + 6 + 5 + 5 + 4 + 3)] = 24.7 万元

研发费 = 145.05 万元 × [7 ÷ (9 + 8 + 7 + 6 + 5 + 5 + 4 + 3)] = 21.6 万元

差旅费 = 145.05 万元 × [6 ÷ (9 + 8 + 7 + 6 + 5 + 5 + 4 + 3)] = 18.5 万元

通信费 = 交通费 = 145.05 万元 × [5 ÷ (9 + 8 + 7 + 6 + 5 + 5 + 4 + 3)] = 15.4 万元

剩余费用 = 145.05 万元 − (27.8 万元 + 24.6 万元 + 21.6 万元 + 18.5 万元 + 15.4 万元 + 15.4 万元) = 21.65 万元

汽车费用 = 其他费用 = 剩余费用 ÷ 2 = 10.825 万元

通过上述计算，该企业得出了预算年度内的管理费用预算分配情况。在实际操作中，企业应严格按照预算进行开支，并对各项费用的使用情况进行跟踪和监控，以确保管理费用得到有效控制，并提高行政管理的效率。

资源九 现金预算编制分析

现金预算编制是企业财务管理中的重要环节，它有助于企业合理安排资金，确保资金的流动性和安全性。现金预算由可供使用现金、现金支出、现金多余或不足、现金的筹措和运用四部分组成。

"可供使用现金"部分包括期初现金余额和预算期现金收入，销货取得的现金收入是其主要来源。期初的现金余额是在编制预算时预计的，销货现金收入的数据来自销售预算，"可供使用现金"是期初余额与本期现金收入之和。

"现金支出"部分包括预算期的各项现金支出。直接材料、直接人工、制造费用、销售及管理费用的数据分别来自前述有关预算。此外，还包括所得税费用、购置设备、股利分配等现金支出，相关数据分别来自另行编制的专门预算。

"现金多余或不足"部分列示可供使用现金与现金支出合计的差额。差额大于最低现金余额，说明现金有多余，可用于偿还过去向银行取得的借款，或者用于短期投资。差额小于最低现金余额，说明现金不足，要向银行取得新的借款。

"现金的筹措和运用"是指通过各种途径获取现金资金。个人可以通过工作挣钱来筹措现金，企业可以通过销售产品或服务来筹措现金。此外，还有一些其他筹措现金的方式，如借贷、募集资金等。

现金筹措 = 销售收入 + 借贷 + 其他资金筹措 − 支出

现金运用 = 生产成本 + 销售费用 + 固定资产投资 + 研发投资 + 债务偿还 + 分红

一、现金预算编制的目的

现金预算编制的主要目的是预测企业在未来一定时期内的现金流入和流出情况，从而帮助企业合理安排资金，确保生产经营活动的正常进行。通过现金预算编制，企业可以及时发现资金短缺或盈余的情况，并采取相应的措施进行调整，避免资金链断裂或资金闲置。

二、现金预算编制的方法

现金预算编制的方法主要包括收支预算法和调整净收益法两种。

（1）收支预算法（直接法）

基本原理：通过将预算期内可能发生的一切现金收支分类列入现金预算表内，确定收支差异并采取适当的财务对策。

优点：直观易懂，能够清晰地反映企业的现金流入和流出情况。

（2）调整净收益法（间接法）

基本原理：基于权责发生制下的企业净利润，通过调整非现金项目来预测现金流量。

优点：能够更准确地反映企业的现金流动情况，但需要较高的财务知识和技能。

三、现金预算编制的步骤

（1）收集和分析财务数据

收集过去的财务数据，包括收入、支出、债务等，以便了解公司的财务状况和趋势。

分析财务数据，找出影响现金流的关键因素和变化规律。

（2）制定销售预测

根据市场趋势、竞争情况和公司的销售策略，制定销售预测。

销售预测是现金预算编制的基础，它决定了未来现金流入的主要来源。

（3）制定预算目标

根据公司的战略目标和经营计划，制定具体的预算目标，包括销售目标、利润目标等。

预算目标应与公司的长期发展规划相一致。

（4）估计成本和费用

根据销售预测和公司的运营情况，估计各项成本和费用，包括原材料成本、人工成本、运输成本、租金等。

成本和费用的估计是现金预算编制的重要环节，它决定了未来现金流出的主要方向。

（5）编制现金流量预测

根据销售预测和成本估计，编制现金流量预测。

现金流量预测应详细列出未来一定时期内的现金流入和流出情况，包括经营活动、投资活动和筹资活动产生的现金流量。

（6）制定资本支出预算

根据公司的资本需求和投资计划，制定资本支出预算。

资本支出预算应包括购买设备、扩建厂房等长期投资所需的资金。

（7）审查和调整预算

审查现金预算，并根据实际情况进行调整。

调整可能涉及对销售预测、成本估计和资本支出的修订，以确保预算的准确性和可行性。

（8）监控和控制现金流

定期监控和控制现金流，确保与预算相符。

采取必要的措施来纠正偏差，确保现金流的稳定性和可持续性。

四、现金预算编制的注意事项

（1）准确性：现金预算编制应尽可能准确，以反映企业的实际情况和未来发展趋势。

（2）灵活性：现金预算编制应具有一定的灵活性，以适应市场变化和突发事件的影响。

（3）及时性：现金预算编制应及时进行，以便企业能够及时调整资金安排和财务策略。

（4）全面性：现金预算编制应全面考虑企业的各项活动和资金流动情况，避免遗漏重要信息。

综上所述，现金预算编制是企业财务管理中的重要工作之一。通过科学合理的现金预算编制，企业可以更好地预测和控制现金流，确保生产经营活动的正常进行和企业的稳健发展。

案例七

浙江 A 企业 2024 年有关预算资料如下：

（1）该企业 2024 年 3—7 月的销售收入分别为 40000 元、50000 元、60000 元、70000 元、80000 元。当月收到现金 30%，下月收到现金 70%。

（2）各月商品采购成本按下一个月销售收入的 60% 计算，所购货款于当月支付现金 50%，下月支付现金 50%。

（3）该企业 2024 年 4—6 月的销售及管理费用分别为 4000 元、4500 元、4200 元，每月销售及管理费用中包括折旧费 1000 元。

（4）该企业 2024 年 4 月购置固定资产，需要现金 15000 元，5 月购置固定资产支出 20000 元。

（5）该企业在现金不足时，向银行借款（为 1000 元的倍数），短期借款利率为 6%；现金有多余时，归还短期借款（为 1000 元的倍数）。借款在期初，还款在期末，3 月末的长期借款余额为 20000 元，借款年利率为 12%，短期借款余额为 0。假设所有借款均于每季度末支付利息。

（6）该企业规定的现金余额的额定范围为 6000～7000 元，该企业消费税率为 10%。

要求：根据以上资料，完成该企业 2024 年 4—6 月现金预算的编制工作（见表 2-3）。

表 2-3　现金预算　　　　　　　　　　　　　　　　　　　　　单位：元

项目	4月	5月	6月
期初现金余额	7000	6200	6300
经营现金收入	43000	53000	63000
租金收入	10000	10000	5000
直接材料采购支出	33000	39000	45000
直接工资支出	2000	3500	2800
销售及管理费用支出	3000	3500	3200
其他付现费用	800	900	750
应交消费税额	5000	6000	7000
预交所得税	0	0	8000
购置固定资产	15000	20000	
现金余缺	1200	-3700	7550
举借短期借款	5000	10000	
归还短期借款			
支付借款利息			775
期末现金余额	6200	6300	6775

[答案解析]：

现金预算　　　　　　　　　　　　　　　　　　　　　　　　　　　　单位：元

项目	4月	5月	6月
期初现金余额	7000	6200	6300
经营现金收入	40000×70%+50000×30%=43000	50000×70%+60000×30%=53000	60000×70%+70000×30%=63000
租金收入	10000	10000	5000
直接材料采购支出	50000×60%×50%+60000×60%×50%=33000	60000×60%×50%+70000×60%×50%=39000	70000×60%×50%+80000×60%×50%=45000
直接工资支出	2000	3500	2800
销售及管理费用支出	3000	3500	3200
其他付现费用	800	900	750
应交消费税额	50000×10%=5000	60000×10%=6000	70000×10%=7000
预交所得税			8000
购置固定资产	15000	20000	
现金余缺	1200	−3700	7550
举借短期借款	5000	10000	
归还短期借款			
支付借款利息			775
期末现金余额	6200	6300	6775

6月末支付利息：

长期借款利息：20000×12%÷4=600（元）

短期借款利息：

5000×6%÷4=75（元）

10000×6%×2÷12=100（元）

借款利息合计：600+75+100=775（元）

2.3　完成岗位任务

营业预算是企业日常营业活动的预算，企业的营业活动涉及供产销等各个环节及其业务。营业预算包括销售预算、生产预算、直接材料预算、直接人工预算、制造费用预算、产品成本预算、销售费用和管理费用预算等。

项目名称	经营预算的编制
任务情境	浙江长征家具制造有限责任公司于2020年成立，年销售1000万元，企业人员配备有限，业务处于发展期；主要市场在华东区域，客户端以中小企业及商场领域为主，为了满足消费者的需求，企业决定研发一款新产品。针对这种状况，公司决定进行新产品的经营预算工作
任务目标	经营预算的编制
任务点拨	（1）按照全面预算的编制程序，逐一进行编制 （2）贯彻"以销定产"的科学理念 （3）准确地进行计算
点评	

任务一　销售预算的编制

【案例一】大华设备制造有限公司的一家子公司，在预算年度（2024年）内生产某一种新产品，销售部门经理预测，第一季度的销售量将为1万件，从第二季度起，每一季度的销售量将以10%的速度增加。该产品每件（不含税）售价100元。参照以往历史资料，每季度的销货款有70%能于当季度收到现金，其余30%要到下季度才能收到现金。2023年底应收账款为12万元。

请思考：企业的销售预算应该如何编制？

项目	第一季度	第二季度	第三季度	第四季度	全年
预计销售量（件）					
预计销售单价（元）					
销售收入（元）					
预计现金收入					
上年应收账款（元）					
第一季度（元）					
第二季度（元）					
第三季度（元）					
第四季度（元）					
现金收入合计（元）					

任务二　生产预算的编制

【案例二】续上例，假设该公司预计各季度的期末存货量预算为下季度销售量的10%，预算年末预算存货量为1300件。

请思考：该企业的生产预算应该如何编制？（假设2023年第四季度的期末存货量为1000件）

项目	第一季度	第二季度	第三季度	第四季度	全年
预计销售量（件）					
加：预计期末库存（件）					
合计（件）					

续表

项目	第一季度	第二季度	第三季度	第四季度	全年
减：预计期初库存（件）					
预计生产量（件）					

任务三　直接材料预算的编制

【案例三】续上例，预计该新产品每件耗用 A 材料 10 千克，每千克不含税价为 10 元，所购材料价款当季度支付 60%，余下 40% 在下季度支付；年初应付上年 A 材料款 100000 元；预算期内每季度末库存 A 材料为下季度需用量的 20%，2023 年年末的库存量为 16000 千克，预计 2024 年年末库存量为 20000 千克。

请思考：该企业的直接材料预算应该如何编制？

项目	第一季度	第二季度	第三季度	第四季度	全年
预计生产量（件）					
单位产品耗用量（件）					
预计生产耗用量（件）					
加：预计期末材料库存（件）					
合计（件）					
减：预计期初材料库存（件）					
预计采购量（件）					
单价（元）					
预计采购金额（元）					
预计现金支出					
上年应付款（元）					
第一季度（元）					
第二季度（元）					
第三季度（元）					
第四季度（元）					
合计（元）					

任务四　直接人工预算的编制

【案例四】续上例，预计每件新产品需用直接人工 10 小时，每小时标准工资 5 元。

请思考：该企业的直接人工预算应该如何编制？

项目	第一季度	第二季度	第三季度	第四季度	全年
预计生产量（件）					
单位产品工时（小时）					
人工总工时（小时）					
小时人工成本（元）					
人工总成本（元）					

任务五 制造费用预算的编制

【案例五】 续上例，预计该产品全年发生的变动制造费用和固定制造费用有关资料为：变动制造费用中的间接材料每件2元、间接人工每件1元、维修费用每件1元、水电费每件1元、其他费用每件1元；固定制造费用中的折旧费每季度10000元、管理人员工资每季度9000元、财产保险费每季度5000元、维护费用每季度4000元、其他费用每季度2000元。

请思考：该企业的制造费用预算应该如何编制？

项目	第一季度	第二季度	第三季度	第四季度	全年
变动制造费用					
间接材料（每件2元）					
间接人工（每件1元）					
维修费用（每件1元）					
水电费（每件1元）					
其他费用（每件1元）					
小计（元）					
固定制造费用					
折旧（每季度10000元）					
管理人员工资（每季度9000元）					
财产保险费（每季度5000元）					
维护费用（每季度4000元）					
其他费用（每季度2000元）					
小计（元）					
合计（元）					
减：折旧（元）					
现金支出费用（元）					

任务六 销售费用和管理费用预算的编制

【案例六】 续上例，预计该产品全年发生：销售人员的薪金20000元，运输费20000元，广告费50000元，差旅费25000元，其他支出5000元。

请思考：该企业的销售费用与管理费用预算应该如何编制？

项目	金额（元）
销售人员的薪金	
运输费	
广告费	
差旅费	
其他支出	
合计	
每季度支付现金（每季度平均分摊）	

任务七　现金预算的编制

【案例七】续上例，预计为了生产该新产品在 2024 年度第一季度初需向银行借款 100000 元，第三季度末偿还银行借款 100000 元，第四季度末偿还银行借款 300000 元，借款利息均在各季度末按年利率的 5% 计付。另外，根据税法规定，预算期内预计交纳增值税额 56024 元，其中，第一季度 7226 元，第二季度 13126 元，第三季度 18996 元，第四季度 16676 元。

请思考：该企业的现金预算应该如何编制？

单位：元

项目	第一季度	第二季度	第三季度	第四季度	全年
期初现金余额					
加：销售现金收入（销售预算）					
可供使用现金					
减：各项支出					
材料支出（直接材料预算）					
工资支出（直接人工预算）					
制造费用（制造费用预算）					
销售费用及管理费用					
所得税费用					
购买设备					
支出合计					
现金多余或不足					
向银行借款					
支付利息					
归还银行借款					
期末现金余额					

2.4　课后训练

预算管理是企业管理的基础，如何做到精细化管理，将涉及企业资金筹集、使用和分配等方面，贯穿企业所有经济活动，是管理一切活动的共同基础。通过控制费用、降低消耗、优化库存结构、合理使用资产等手段，预算管理能够显著提高企业的经济效益。预算管理是企业和外部交往的桥梁，它为企业提供必要的经济信息，帮助外部决策者了解企业情况。

请同学们谈谈如何制订有效的预算计划？

项目三 销售业务融合应用管理

3.1 认知岗位职责

3.1.1 学习目标

(1) 了解销售业财融合应用概念；
(2) 熟悉销售业务管理的内容和控制流程；
(3) 理解掌握销售业务和财务管理的关键点；
(4) 明确销售管理内部控制制度建设目标和要求；
(5) 能够根据企业销售业务管理的特点和要求，提出相应的制度设计方案。

3.1.2 岗位分析

(1) 明确销售业务各岗位的要求及重要性；
(2) 熟悉职务规范包括工作识别信息、工作概要、工作职责和责任，以及任职资格的标准信息；
(3) 利用业务与财务融合切入点，结合销售业务各岗位管控的特点，熟练地找出企业销售管理流程中的关键控制点。

3.1.3 素质目标

(1) 培养学生创新思维拓展能力；
(2) 培养学生社会实践综合能力和社会责任感。

3.2 知识储备

资源一　销售业务管理制度编制说明

销售业务管理制度，是指为了规范和优化销售业务活动、提高销售业绩而制定的一系列管理规定和流程。以下是关于销售业务管理制度的概述。

一、制度目标

销售业务管理制度的主要目标包括：
（1）提高销售业绩，实现销售目标。
（2）规范销售业务流程，提高工作效率。
（3）加强销售团队的沟通与协作，增强团队的凝聚力。
（4）保护公司的利益，避免销售风险和损失。

二、销售人员职责与权限

销售人员的主要职责包括但不限于：
（1）主动拓展客户资源，寻找销售机会。
（2）负责接待客户，了解客户需求。
（3）向客户推销公司的产品或服务。
（4）签订销售合同，并及时跟进合同履行情况。
（5）协助解决客户问题，提供售后服务。
（6）及时汇报销售情况，向上级领导或销售经理提供销售报告。
销售人员在履行职责的过程中拥有以下权限：
（1）与客户直接接触和沟通，了解客户需求。
（2）独立决策是否接受客户订单。
（3）签署一定金额以下的销售合同。
（4）指定合适的价格和折扣。
（5）提供售后服务并解决客户问题。
（6）使用公司授权的销售工具和资料。

三、守则与纪律

为保障销售业务的正常进行，销售人员需遵守以下守则和纪律要求：
（1）保护公司的商业机密和客户隐私，不得泄露。
（2）遵守销售流程和合同约定，不得擅自作出承诺或变更合同。
（3）建立良好的职业道德和职业操守，树立公司形象。

（4）遵守内部管理规定，积极参与销售培训和学习。

四、销售管理制度的执行与监督

销售部经理对所属销售员进行考核和管理，包括销售任务的完成情况、回款率的完成情况、员工制度执行情况等；销售部应定期对销售流程的执行情况进行监督和检查，确保销售人员遵守相关规定和流程。

对于违反销售管理制度的销售人员，应根据情节轻重给予相应的处罚，并加强培训和教育。

五、其他注意事项

销售人员应密切关注市场动态和竞争对手情况，及时调整销售策略和方案。销售部门应加强与生产、物流等部门的沟通及协作，确保销售流程的顺畅进行。公司应定期对销售管理制度进行修订和完善，以适应市场变化和业务发展需求。

综上所述，销售业务管理制度的制定和执行对提高销售业绩、规范销售流程、保护公司利益具有重要意义。销售人员应清楚了解自己的职责和权限，遵守销售流程和守则的规定，共同推动公司的销售业务发展。

以中小型企业为例，下面是销售流程和守则。

第一章　总　则

第一条　为了加强公司对销售业务的内部控制，规范销售行为，防范销售过程中的差错和舞弊，根据国家有关法律、法规和《企业内部控制基本规范》，制定本制度。

第二条　本制度所称销售，主要是指公司销售商品并取得货款的行为。公司提供服务并收取价款，可以参照本制度的规定执行。

第三条　公司在销售过程中，至少应关注涉及销售业务的下列风险：

1. 销售行为违反国家法律法规，可能遭受外部处罚、经济损失和信誉损失。

2. 销售未经适当审批或超越授权审批，可能因重大差错、舞弊、欺诈而导致损失。

3. 销售政策和信用政策管理不规范、不科学，可能导致销售不畅、库存积压、资产运营效率低下、经营难以为继。

4. 合同协议签订未经正确授权，可能导致资产损失、舞弊和法律诉讼。

5. 应收账款和应收票据管理不善，账龄分析不准确，可能由于未能收回或未能及时收回欠款而导致收入流失和法律诉讼。

第四条　公司在建立与实施销售内部控制过程中，至少应强化对下列关键方面或关键环节的控制：

1. 职责分工、权限范围和审批程序应明确规范，机构设置和人员配备应科学合理。

2. 销售政策和信用管理应科学合理，销售与发货控制流程应规范严密。

3. 应收账款应有效管理，及时催收；往来款项应定期核对，如有差错，及时改正。

4. 销售的确认、计量和报告应符合《企业会计准则》和《企业会计准则应用指南》的规定。

第二章　职责分工与授权批准

第五条　不相容岗位分离

1. 销售部门的销售业务与发货业务分离。
2. 销售业务、发货业务与会计业务分离。
3. 发运员与仓库保管员分离。
4. 销售政策和信用政策的制定人员与执行人员分离，信用管理岗位与销售收款岗位分设。
5. 销售业务人员与发票开具人员分离。
6. 公司不由同一部门或个人办理销售与收款业务的全过程。

第六条　业务归口办理

1. 销售业务部门主要负责处理订单、签订合同、执行销售政策和信用政策、催收货款。
2. 发货业务部门主要负责审核发货单据是否齐全并办理发货的具体事宜。
3. 财务部门主要负责销售款项的结算和记录、监督管理货款回收。
4. 销售收据和发票由财务部门指定专人负责开具。
5. 严禁未经授权的部门和人员经办销售业务。

第七条　岗位定期轮换

办理销售业务的人员定期进行岗位轮换。

第八条　经办销售业务人员的素质要求

1. 具备良好的职业道德和业务素质。
2. 熟悉公司产品的生产工艺和流程。
3. 熟悉国家有关的法律法规，国际惯例以及对外贸易知识。
4. 符合公司规定的岗位规范要求。

第九条　授权批准

1. 授权方式

（1）销售业务除公司另有规定，需经股东大会或董事会批准的销售事项外，由公司总经理审批。

（2）公司总经理对各级人员的销售业务授权，以文件的形式明确。

2. 审批权限

项　目	审批人	审批权限
1. 销售政策、信用政策	总经理	（1）制定和修订； （2）以总经理办公会议形式审定； （3）以内部文件等形式下发执行
2. 销售费用预算	董事会	按《预算管理实施办法》规定审批
3. 销售价目表和折扣权限控制表	总经理或授权审批人	（1）制定和修订； （2）以经理办公会议形式审定； （3）以文件或其他方式下达执行人员执行
4. 销售价格确定和销售合同签订	总经理授权审批	按公司授权审批
5. 超过公司既定销售和信用政策规定范围的特殊事项	总经理	总经理办公会或其他方式集体决策

3. 审批方式

（1）销售政策和信用政策、销售价目录和折扣权限控制表等政策性事项，由总经理召开总经理办公会议或授权总经理决定，并以文件或其他形式下达执行。

（2）销售业务的其他事项审批，在业务单或公司设定的审批单上签批。

4. 批准和越权批准处理

（1）审批人根据公司对销售业务授权批准制度的规定，在授权范围内进行审批，不得超越审批权限。

（2）经办人在职责范围内，按照审批人的批准意见办理销售业务。

（3）对于审批人超越授权范围审批的销售业务，经办人有权拒绝并应当拒绝，并及时向审批人的上一级授权部门报告。

第三章　销售和发货控制

第十条　政策控制

1. 公司对销售业务制定明确销售目标，列入年度预算，确立销售管理责任制。

2. 公司对销售进行定价控制，由公司制定产品销售价目表、折扣政策、付款政策等并督促执行人员严格执行。

3. 公司对客户进行信用控制，在选择客户时，由销售部门的信用管理人员对客户进行信用评价，充分了解和考虑客户的信誉、财务状况等情况，降低货款坏账风险。

第十一条　客户信用管理

1. 销售部负责进行客户信用调查，填写"客户调查表"，建立客户信用档案；根据客户信用，确定客户信用额度、信用期限、折扣期限与现金折扣比率。

2. 销售部门确定的客户信用额度，必须经公司授权审批人批准方可执行。

3. 对客户信用进行动态管理，每年至少对其复查一次，出现大的变动，要及时进行调整，调整结果经公司授权审批人批准。

4. 对于超过信用额度的发货，必须按公司授权进行审批。

第十二条　赊销控制

1. 业务流程（略）

2. 控制要求

（1）销售人员严格遵循规定的销售政策和信用政策。

（2）对符合赊销条件的客户，按公司授权，经审批人批准方可办理赊销业务。

（3）超过销售政策和信用政策规定的赊销业务，按公司权限集体决策审批。

资源二　销售管理流程与内容建立要求

销售人员应积极主动地寻找潜在客户资源，使用各种途径和渠道获取客户信息，并制订拜访计划，与潜在客户进行洽谈和沟通，争取与客户建立稳定的业务关系。销售人员与客户进行面对面洽谈，了解客户需求，并协商价格、交货条件和付款方式，努力达成合作意向。确认客户的购买意向后，销售人员应与客户签订销售合同。合同内容应包括产品或服务的详细描述、价格、数量、交付日期、付款方式等条款。销售人员应仔细审查合同，确保其合法、合规，并及时报告上级领导审核。

根据合同约定，销售人员应确保按时交付产品或提供服务，并定期与客户沟通，了解客户满意度，及时解决客户的问题和需求，监督并确保合同履行过程中的质量和服务标准。

一、总体要求

（一）全面梳理销售业务流程

企业应当结合实际情况，全面梳理销售业务流程。

（二）完善相关管理制度

企业应当完善销售业务相关管理制度，包括销售、发货、收款等方面的制度，有效防范经营风险。

（三）查清薄弱环节

在全面梳理相关业务流程的基础上，定期检查、分析销售过程中的薄弱环节，采取有效控制措施，确保实现销售目标。

企业对销售业务的控制，应该做到以下几点：

（1）保证销售收入的真实性和合理性。

（2）保证产品的安全和完整。

（3）保证货款及时足额收回。

（4）保证销售折让和销售退回的合理性与正确性。

（四）销售业务的基本流程

销售业务的基本流程包括销售计划管理、客户信用管理、确定定价机制和信用方式、销售业务谈判、订立销售合同、开具销售通知、发货、收款、客户服务等。具体如图 3-1 所示。

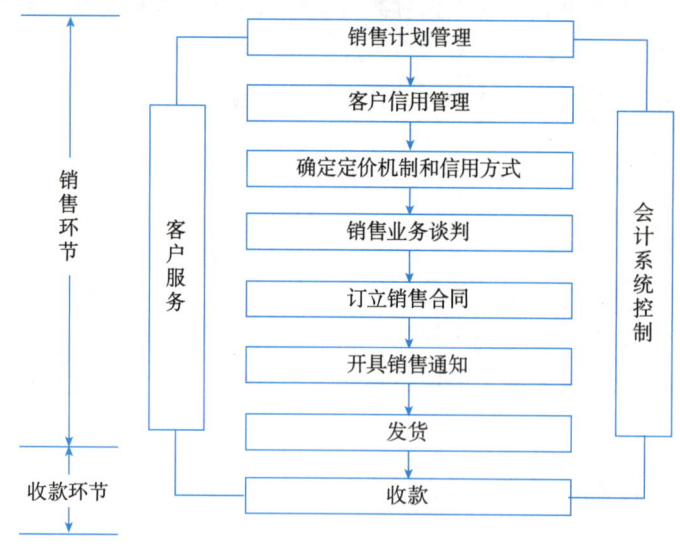

图 3-1 销售业务的基本流程

二、销售业务的特点与管控中常见的问题

（一）销售业务的特点

（1）销售业务过程较为复杂：接受订单、签订合同、发货、结算、退货、折让等。

(2) 销售业务存在较大的风险：发生纠纷、对方经营困难、被骗。

(3) 销售业务会计处理工作复杂。

收入的确认：

第一，企业已将商品所有权上的主要风险和报酬转移给购货方。

第二，企业既没有保留通常与所有权相联系的继续管理权，也没有对已售出的商品实施有效控制。

第三，收入的金额能够可靠地计量。

第四，相关的经济利益很可能流入企业。

第五，相关的已发生或将发生的成本能够可靠地计量。

（二）销售管理中常见的问题

销售循环常见弊端：

(1) 虚计销售收入，调节利润。

(2) 销售成本结转不实，调节利润。

(3) 收款方式选用不当，造成坏账。

(4) 销售费用支出失控，成本增大。

(5) 销售凭证保管不严，造成资产流失。

(6) 销售合同签订随意。

(7) 对客户授信随意。

(8) 凭证保管不严。

(9) 销售退回审批制度不严。

(10) 随意制定折扣额。

三、销售业务内部控制的内容

（一）销售预算控制

预算控制是企业根据预算规定的收入与支出标准检查和监督各个部门的生产经营活动的控制。其作用是保证各种活动或各个部门在充分达成既定目标，实现利润的过程中对经营资源的利用，使费用支出受到严格有效的约束。其预算内容包括收入预算、支出预算、现金预算、资金支出预算和生产负债预算等方面。

其流程包括以下步骤：

(1) 销售预测。

(2) 销售预算的编制。

(3) 销售预算的审批。

（二）接受订单控制

(1) 收取订单。

(2) 信用额度的评定。

(3) 信用额度审核登记。

请思考：信用额度的大小将对销售过程中哪项业务和哪项资产的管理产生重大影响？

(三) 开单发货控制

(1) 销售通知单的编制。
(2) 销售通知单的证实。
(3) 发货。

(四) 收款控制

销售的收款方式分现销和赊销两种，不同的销售方式对商品和资金的控制有一定的差异。

四、销售业务流程与风险控制

(一) 销售业务审批

第一，客户谈判。
第二，拟定销售合同草案。
第三，签订销售合同（协议）。
第四，编制销售计划，并下达销售通知单。
第五，编制销售发票通知单。
第六，下达发货通知单，发货。

销售业务审批流程与风险控制如图3-2所示。

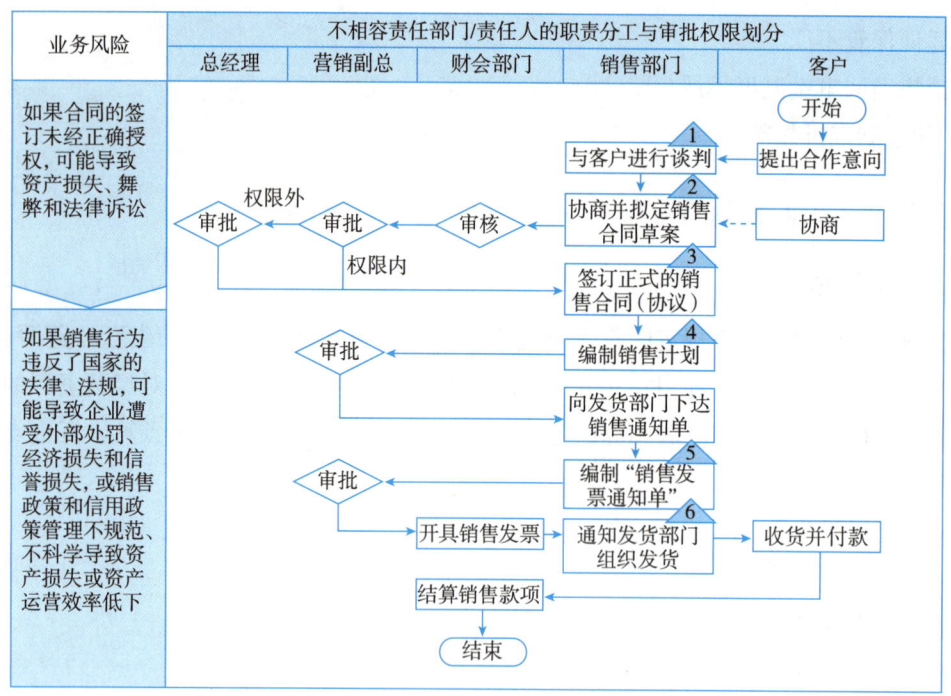

图3-2 销售业务审批流程与风险控制

(二) 销售定价业务流程与风险控制

第一，拟定目标价格。
第二，确定目标价格。

第三,进行成本测算。

第四,研究同行业价格。

第五,审核,形成最终价。

销售定价业务流程与风险控制如图3-3所示。

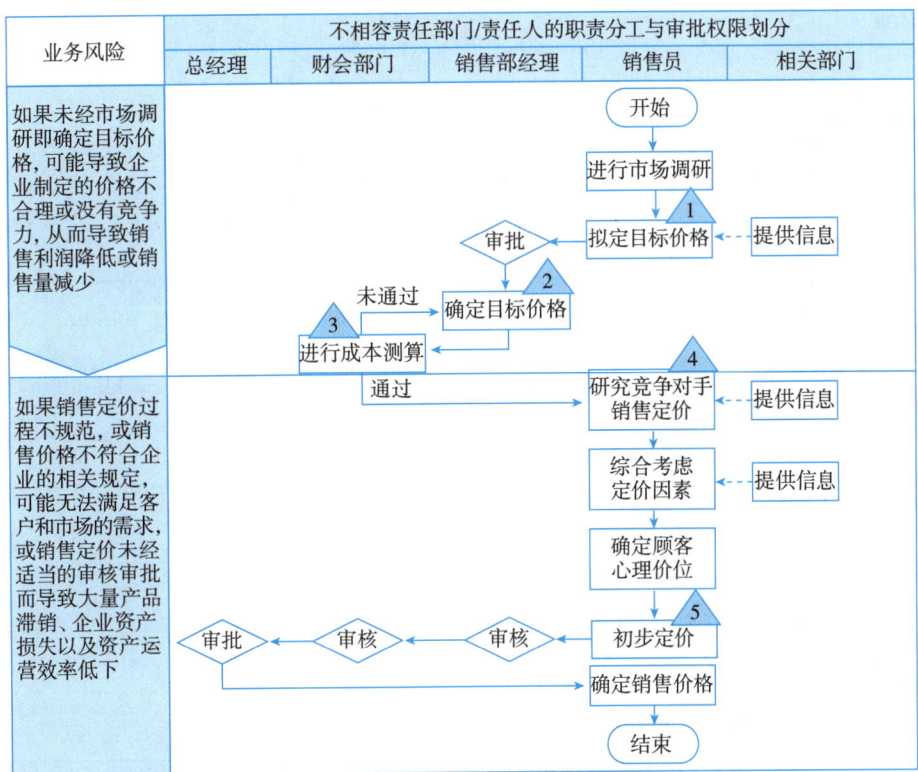

图3-3 销售定价业务流程与风险控制

(三) 销售发货业务流程与风险控制

第一,客户发送订单。

第二,审核审批。

第三,签发发货单。

第四,核实并备货。

第五,复核并装箱。

第六,办理手续。

第七,审核发货单据。

第八,货物运送。

第九,客户接收货物。

销售发货业务流程与风险控制如图3-4所示。

(四) 赊销业务管控流程与风险控制

第一,调查客户情况。

第二,情况审核。

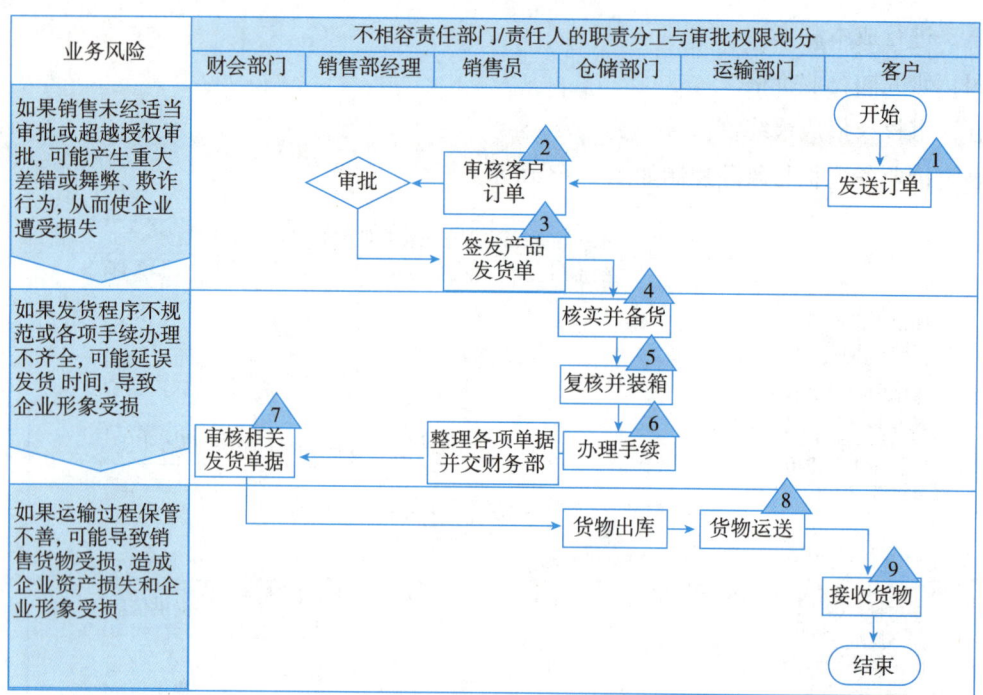

图 3-4　销售发货业务流程与风险控制

第三，视情况审批。

第四，签订销售合同，组织发货并收款。

第五，监控账款收回。

赊销业务管控流程与风险控制如图 3-5 所示。

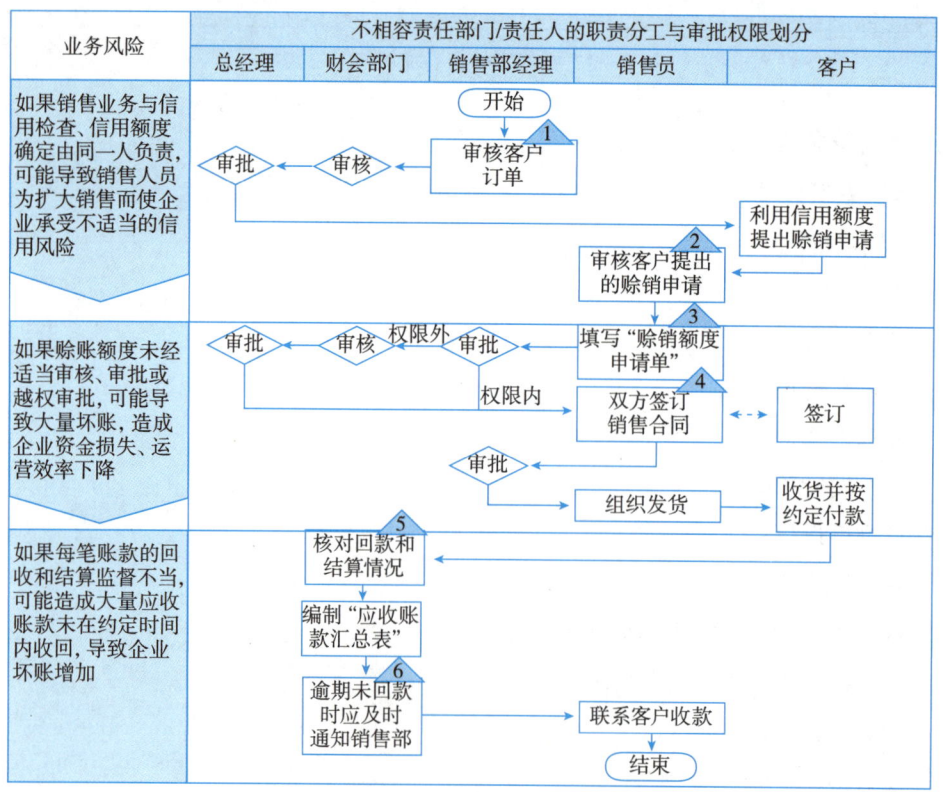

图 3-5　赊销业务管控流程与风险控制

五、销售管理关键点

销售管理的关键点主要包括以下七个方面。

（一）明确销售目标

销售目标是整个销售管理的基石，明确且合理的目标能有效激励销售团队，提升工作效率。设定目标时要遵循 SMART 原则，如下所示。

具体（Specific）：目标应当明确是增加收入、市场份额还是客户满意度等，每个目标应有具体的衡量标准和时间节点。

可测量（Measurable）：目标能够通过量化的数据进行衡量，如"在下季度内将销售额提高 20%"。

可实现（Achievable）：目标需要在现实的范围内，既要具有挑战性，又不可遥不可及。

相关性（Relevant）：目标应与公司的整体战略目标紧密相关，确保所有努力都是为了达成公司更大的目标。

时限性（Time-bound）：设定明确的时间框架，确保目标在特定的时间段内完成。

（二）优化销售流程

销售流程的优化是提高销售效率和客户满意度的重要手段。一个合理的销售流程通常包括以下几个步骤：

潜在客户识别：通过市场分析和客户细分，识别出具有潜力的客户群体。

客户需求分析：深入了解客户的具体需求，以便提供有针对性的解决方案。

解决方案制订：根据客户需求，制订合适的产品或服务方案。

合同签订：与客户就产品或服务方案达成一致后，签订销售合同。

售后服务：提供必要的售后服务，确保客户满意度和忠诚度。

（三）高效销售团队

高效的销售团队是销售管理的核心。要想建立一个高效的销售团队，需要注意以下几个方面：

招聘与选拔：寻找具备优秀沟通能力、团队合作精神和强烈目标导向的人才。

系统培训：包括产品知识培训、销售技能培训以及市场分析培训等，确保销售团队能够更好地了解公司产品的特点和优势，掌握有效的销售技巧和策略。

团队协作：通过定期召开会议、分享成功案例、团队建设活动等方式来加强团队协作。

激励机制：包括奖金、晋升机会、荣誉称号等多种形式，激发销售团队的工作积极性。

（四）客户关系管理

客户关系管理是销售管理的重要组成部分。通过有效的客户关系管理，企业能够提高客户满意度和忠诚度，从而实现长期的销售增长。具体措施包括：

客户信息管理：利用 CRM 系统（如分享销客和 Zoho CRM）全面掌握客户的基本信息、需求和购买记录。

客户维护策略：包括定期回访、售后服务、客户关怀等，不断提升客户满意度和忠诚度。

（五）数据分析与反馈

数据分析与反馈是销售管理中不可或缺的一环。通过对销售数据的分析和反馈，企业能够及时发现问题并采取相应的措施，提高销售效率和业绩。具体措施包括：

收集销售数据：利用 CRM 系统收集销售额、客户数量、市场占有率等方面的数据。

数据分析：对收集到的数据进行深入分析，发现销售过程中存在的问题和机会。

优化销售策略：根据数据分析结果，调整销售策略和流程，提高销售业绩。

（六）具体控制措施

具体控制措施包括销售活动中销售、发货及收款的职务分离的控制、授权批准的控制、客户订单的控制、客户信用分析的控制、销售合同的控制、销售发票的控制、销售执行控制、应收账款控制、退货理赔控制。

（七）持续改进与创新

销售管理是一个动态的过程，需要持续改进和优化。通过不断总结和反思，发现问题和不足，制定改进措施，提高销售管理的整体水平。具体措施包括：

定期评估：定期进行绩效评估和销售流程评估，发现问题并及时调整。

鼓励创新：鼓励团队成员提出创新想法，不断优化销售策略和流程。

变革管理：根据市场变化和公司战略调整，及时调整销售策略和流程。

综上所述，销售管理的关键点包括明确销售目标、优化销售流程、建立高效销售团队、客户关系管理、数据分析与反馈以及持续改进与创新。这些关键点的有效实施能够提升销售团队的绩效和企业的市场竞争力。

资源三　建立"财务与销售"部门良好关系

财务与销售是企业中两个至关重要的部门，它们之间既相互独立又紧密相连，共同推动企业的持续发展。以下是对财务与销售之间关系的详细阐述。

一、部门职责与功能

财务部门：负责企业的财务管理和资金状况的把控，包括资金的筹集、分配、使用和回收等环节；编制和执行财务计划，进行财务预算、财务控制和财务分析等工作；负责企业的会计核算和财务报表的编制，提供准确的财务信息，反映企业的经营成果和财务状况。

销售部门：负责产品或服务的销售和市场推广，通过市场调研、客户开发和销售谈判等手段，实现企业的销售目标；关注市场动态和竞争对手情况，及时调整销售策略和方案，以适应市场变化；负责客户关系管理，提高客户满意度和忠诚度，实现长期的销售增长。

二、紧密合作与相互支持

预算与销售目标的协调：财务部门负责企业的预算编制和控制，而销售部门根据市场需求和产品定位制定销售目标与策略。财务部门通过与销售部门的密切合作，可以更好地了解市场需求和销售预期，从而对预算进行修订和调整，确保企业的财务状况与销售目标相匹配。

资金利用效率的提升：财务部门通过对资金流动和资金需求的监控，为销售部门提供资金支持和融资渠道的选择。销售部门可以根据市场的变化和销售的需求，及时向财务部门提供资金预测和支出计划，以便财务部门作出相应的决策。

销售数据的分析与支持：财务部门通过对销售数据的分析和财务报表的生成，为销售部门提供数据支持和业务建议。这有助于销售团队更好地制定销售策略，提高销售效果，并发现潜在的市场机会和威胁。

风险管理与控制：财务部门在风险管理方面具有丰富的经验和专业知识，可以帮助销售部门预测和评估市场风险。销售部门可以根据财务部门提供的数据和意见，制定合理的销售策略，降低经营风险。

三、协同工作的重要性

提升整体业绩：财务与销售之间的紧密合作可以实现资源的优化配置，提高整体业绩。通过协同工作，两个部门可以共同制定目标，实现经济效益的最大化。

增强市场竞争力：财务部门为销售部门提供准确的财务信息和数据支持，有助于销售团队更好地了解市场情况，制定有效的销售策略。这有助于企业在激烈的市场竞争中脱颖而出，提高市场份额和品牌影响力。

促进可持续发展：财务与销售之间的协同工作有助于企业实现可持续发展。通过共同制定目标和计划，两个部门可以推动企业不断创新和进步，以适应不断变化的市场环境。

四、实践中的挑战与应对

信息不对称：财务与销售之间可能存在信息不对称的问题，导致决策失误或资源浪费。应对措施包括加强沟通、建立信息共享机制等。

目标冲突：财务与销售部门可能因目标不同而产生冲突，如财务部门追求成本控制和利润最大化，而销售部门追求销售额和市场占有率。应对措施包括明确共同目标、建立绩效考核机制等。

合作意愿不足：财务与销售部门之间可能存在合作意愿不足的问题，导致协同工作效果不佳。应对措施包括加强团队建设、培养合作精神等。

五、销售重要还是财务重要

销售和财务在公司运营中都是重要的环节，它们各自扮演不同的角色，共同推动公司的发展。因此，无法简单地说销售重要还是财务重要，两者都是公司成功的关键因素。

（一）销售的重要性

销售是公司实现收益和利润的主要途径。没有销售，公司的产品或服务就无法转化为收入，进而影响公司的盈利能力和市场竞争力。销售团队负责与客户建立关系，了解客户需求，推广产品或服务，并最终促成交易。在市场竞争激烈的环境下，销售能力往往决定了公司的市场份额和品牌影响力。

（二）财务的重要性

财务是公司运营的核心，它涉及公司资金的筹集、运用、管理和风险控制等方面。财务部门负责编制预算、控制成本、分析财务状况以及制定投资策略等。良好的财务管理能够确保公司资金的合理运用，降低风险，提高盈利能力。同时，财务数据也是公司决策的重要依据，有助于公司制订更科学、更合理的战略规划。

销售和财务在公司运营中都具有不可替代的重要性。销售推动公司产品的市场推广和收益实现，而财务确保公司资金的稳健运作和风险控制。两者相辅相成，共同为公司的成功贡献力量。因此，无法简单地将销售和财务进行重要性排序，而应充分认识到它们在公司运营中的关键作用。

六、业务与财务融合方法

（一）要建立完善的财务制度流程

在建立财务制度的时候，要根据企业自身的实际情况，注意不能生搬硬套地将一些大企业的制度照抄过来，如果制度不适合本企业实际情况，会给企业带来很大的麻烦，甚至执行不下去。

（二）要对业务部门和其他部门进行专门的培训

必要时，财务部门可以安排专门人员一对一地向业务部门提供执行财务制度操作流程的培训，让所有相关人员领会弄懂应执行的财务流程，能熟练地执行。

（三）减少财务部门和业务部门矛盾的方法

（1）加强自身沟通能力

沟通有三个方面能力，分别是交流能力、倾听能力与换位思考能力。

交流能力：锻炼好自己的沟通能力，树立以人为本的理念。

倾听能力：财务人员尤其需要注意的是，要认真听取业务部门相关人员对现有财务制度的意见和建议，对他们反馈的问题要做科学的记录并认真反思，在沟通过程中要注意倾听。

换位思考能力：站在业务部门员工的角度思考。

（2）提升自己的业务处理能力与软件使用能力

对财务管理人员而言，利用软件的能力尤为重要，除 Ecxel 之外，更需要专业的数据分析或者财务管理软件来处理，能不用手工操作的部分就尽量不用手工操作。

七、销售与财务的联系和影响

销售是公司业务的核心部分，主要负责与客户建立联系、推广产品并促成交易。而财务是管理公司资金流动、记录交易情况并确保公司财务稳健的部门。两者之间的关系主要体现在以下四个方面。

（一）财务支持销售活动

销售工作的正常开展离不开财务的支持。例如，销售团队的外出拜访、市场推广活动、折扣优惠等都需要资金。财务部门需要为销售团队提供必要的经费支持，并确保这些资金得到合理的使用和管理。

（二）销售数据驱动财务决策

销售数据是财务决策的重要依据。通过销售数据，财务部门可以了解公司的营收状况、客户支付习惯等，从而作出合理的财务规划。例如，根据销售趋势预测未来的资金需求，制订相应的资金调度计划。

（三）财务对销售业务的监管与协调

财务部门不仅提供资金支持，还负责监管销售业务的合规性，确保其符合公司政策和法律法规。同时，财务部门与销售部门在日常工作中需要密切协调，确保销售目标的达成与公司的整体财务状况保持一致。

（四）共同推动公司业务发展

销售和财务都是推动公司发展的关键力量。销售负责拓展市场、促进交易，而财务确保公司资金安全、稳健运行。两者共同为公司创造价值，实现公司的业务目标和长期发展。

有一个秀才去买材，他对卖材的人说："荷薪者过来！"卖材的人听不懂"荷薪者"三个字，但是听得懂"过来"两个字，于是把材担到秀才面前。秀才问他："其价如何？"卖材的人听不太懂这句话，但是听得懂"价"这个字，于是就告诉秀才价钱。秀才接着说："外实而内湿，烟多而焰少，请损之。"卖材的人因为听不懂秀才的话，担着材走了。

分析：这是一个典型的沟通问题，用它来描述现实中业务部门与财务部门的沟通状况再准确不过了。在公司召开的会议上，常常是业务部门说的事情财务部门不懂，财务部门说的事情业务部门不懂。

现实中，销售部门与财务部门沟通的最大障碍是"语言"不通。从表面上看，这是由两个部门工作性质的不同而导致的，其深层次原因是财务部门的定位问题。目前，销售部门对财务部门参与经营、对业务提供支持的要求不断提高，财务部门要想真正参与企业经营，成为企业价值的真正创造者和管理者，就必须了解业务，必须懂得业务部门的语言。综上所述，销售和财务在公司运营中相互依赖、相互影响。两者之间的紧密合作对公司的稳健发展和持续增长至关重要。

八、财务人员如何做好业财融合

（一）了解业务，深入业务

业财融合要求财务人员不能只停留在传统的财务核算工作上，而是要深入了解企业的业务，与业务人员密切合作，共同为企业的发展提供支持。财务人员可以通过参加业务会议、与业务人员交流、实地考察等方式，了解企业的业务流程、市场需求、竞争环境等方面的信息。同时，财务人员需要具备敏锐的洞察力和分析能力，能够从大量的业务数据中提取有价值的信息，为企业的决策提供科学依据。

（二）建立有效的沟通机制

业财融合需要业务和财务两个部门的密切合作，因此建立有效的沟通机制至关重要。财务人员应该主动与业务人员沟通，了解他们的需求和困难，为他们提供帮助和支持。同时，财务人员需要及时向业务人员反馈财务信息，帮助他们更好地了解企业的经营状况和财务状况。在沟通过程中，财务人员需要使用简单易懂的语言，避免使用专业术语，以便于业务人员更好地理解和应用。

（三）加强团队建设，提高综合素质

业财融合对财务人员的综合素质提出了更高的要求。财务人员不仅需要具备专业的财务知识，

还需要了解企业的业务流程、市场环境、竞争态势等方面的知识。因此，企业应该加强财务团队的培训和学习，鼓励财务人员学习多元化的知识体系，提高综合素质。此外，企业还可以通过引进具有业务背景的财务人才，增强财务团队的整体实力。

（四）利用信息技术手段提高效率

信息技术手段是实现业财融合的重要保障。通过建立财务和业务的信息化系统，可以实现数据的实时采集、处理和分析，提高工作效率和准确性。同时，通过数据挖掘和智能分析等技术手段，可以进一步挖掘数据的价值，为企业决策提供更加科学和准确的信息支持。在建立信息化系统的过程中，需要注重系统的可扩展性和灵活性，以适应企业业务的发展变化。

（五）完善内部控制体系，防范风险

业财融合在提高企业运营效率的同时，带来了一定的风险。因此，完善内部控制体系至关重要。企业应该建立健全内部控制制度，明确各部门的职责和权限，规范业务流程和操作规范。同时，加强内部审计和风险评估工作，及时发现和解决潜在的风险问题。在业财融合过程中，还需要注重保护企业的商业秘密和客户信息等敏感信息，加强信息安全管理。

综上所述，财务与销售是企业中两个不可或缺的部门，它们之间的紧密合作与相互支持对企业的发展至关重要。通过协同工作，两个部门可以共同制定目标、优化资源配置、提升整体业绩和增强市场竞争力，推动企业实现可持续发展。

资源四 销售折扣与折让的税务处理

一、销售折扣的税务处理

销售折扣包括商业折扣和现金折扣。

商业折扣是指企业在商品标价上给予的价格扣除，以促进商品销售。税法规定，涉及商业折扣的，应当按照商业折扣后的金额确定销售收入金额。这意味着商业折扣的税务处理与会计处理相同，折扣后的净额应作为销售收入进行税务申报。

现金折扣是指销货方为鼓励购买方及早偿还货款而提供的折扣优惠。现金折扣额不得从销售额中减除，应计入"财务费用"。

二、销售折让的税务处理

销售折让是指企业因售出商品质量不符合要求等而在售价上给予的减让。

发生时间：如果销售折让发生在确认销售收入之前，应在确认销售收入时直接按扣除销售折让后的金额确认；若已确认销售收入的售出商品发生销售折让，且不属于资产负债表日后事项的，应在发生时冲减当期销售商品收入，同时，如果按规定允许扣减增值税税额的，还应冲减已确认的应交增值税销项税额。

作为财务人员，下面我们来看看销售折让的会计处理。

案例一

假设浙江甲公司销售42-LED电视机给乙公司，共计500台，单价2600元，款项未收到，商品于当日发出。

借：应收账款——乙公司　　　　　　　　　　　　　　　　　　　　1 469 000
　　贷：主营业务收入——42-LED　　　　　　　　　　　　　　　　1 300 000
　　　　应交税费——应交增值税（销项税额）　　　　　　　　　　　169 000
借：主营业务成本——42-LED　　　　　　　　　　　　　　　　　　1 020 135
　　贷：库存商品——42-LED　　　　　　　　　　　　　　　　　　 1 020 135

假设货到乙公司后，因部分商品质量不合格，乙公司要求给予10%的折让，双方经协商达成按销售额给予5%折让的协议，乙公司按折扣后的金额付款。

（1）发生销售折让

借：应收账款——乙公司　　　　　　　　　　　　　　　　　　　　-73 450
　　贷：主营业务收入——42-LED　　　　　　　　　　　　　　　　-65 000
　　　　应交税费——应交增值税（销项税额）　　　　　　　　　　　-8 450

（2）收到乙公司货款

借：银行存款——X银行　　　　　　　　　　　　　　　　　　　　　1 395 550
　　贷：应收账款——乙公司　　　　　　　　　　　　　　　　　　　1 395 550

三、增值税的处理方式

增值税：纳税人采取折扣销售（商业折扣）时，如果销售额和折扣额在同一张发票的"金额"栏分别注明，可按折扣后的销售额征收增值税；如果仅在备注栏注明，则不得从销售额中减除折扣额。

（1）征收对象

增值税是以商品（含应税劳务）在流转过程中产生的增值额作为计税依据而征收的一种流转税。企业在生产经营过程中，对商品或劳务增加的价值部分需要缴纳增值税。

（2）计算方法

增值税的计算采用一般计税方法和简易计税方法。一般计税方法下，增值税应纳税额 = 当期销项税额 - 当期进项税额；简易计税方法下，增值税应纳税额 = 销售额 × 征收率。

（3）税率

增值税的税率根据不同的行业和业务类型有所不同，如制造业的税率通常为13%或9%，服务业的税率通常为6%。

（4）会计处理流程

进项税额的处理：企业在国内采购货物时，按照增值税发票上注明的增值税额，借记"应交税费——应交增值税（进项税额）"科目。

已交税金的处理：企业上缴增值税时，借记"应交税费——应交增值税（已交税金）"科目，贷记"银行存款"等科目。

销项税额的处理：企业销售货物或提供应税劳务时，按照实现的销售收入和按规定收取的增值税额，借记相关科目，贷记"应交税费——应交增值税（销项税额）"科目。

月末结转：

计算当月应交未交增值税，

借：应交税费——应交增值税（转出未交增值税）

  贷："应交税费——未交增值税"

下月缴纳时，

借：应交税费——未交增值税

  贷：银行存款

四、企业所得税的处理

企业所得税是对我国内资企业和经营单位的生产经营所得和其他所得征收的一种税。纳税人范围比公司所得税大。企业所得税纳税人即所有实行独立经济核算的中华人民共和国境内的内资企业或其他组织，包括六类：国有企业；集体企业；私营企业；联营企业；股份制企业；有生产经营所得和其他所得的其他组织。

企业所得税的计算方法：

所得税应纳税额 = 应纳税所得额 × 税率

应纳税所得额是企业在一个纳税年度内的收入总额减除不征税收入、免税收入、各项扣除以及允许弥补的以前年度亏损后的余额。企业所得税的税率为25%，对于符合条件的小型微利企业，税率为20%；国家需要重点扶持的高新技术企业，税率为15%。企业所得税会计分录是指企业根据税法规定和会计准则，对其应缴纳的企业所得税进行会计记录的过程。

以下是关于企业所得税会计分录的详细解释：

第一步：计提企业所得税。

当企业根据会计准则和税法规定，需要计提当期应负担的企业所得税时，会计分录为

借：所得税费用

  贷：应交税费——应交企业所得税

第二步：缴纳企业所得税。

季度预缴：当企业按月或按季计算应预缴的所得税额并缴纳时，会计分录为

借：应交税费——应交企业所得税

  贷：银行存款

年度汇算清缴：全年终了，企业需要进行汇算清缴，计算全年应纳所得税额，减去预缴税额，若为正数则为应补税额。此时，会计分录为

借：应交税费——应交企业所得税（或以前年度损益调整，若涉及以前年度）

  贷：银行存款

第三步：特殊情况下的会计分录。

应补上一年所得税税额：若企业计算的全年应纳所得税额多于预缴的税额，企业需在下一年度补缴少缴的税款。此时，会计分录与季度预缴的会计分录类似，只是金额和可能涉及的调整科目有

所不同。

退税处理：若企业实际缴纳的企业所得税超过了应缴税额，经税务机关审核批准后退还多缴税款，会计分录为

借：银行存款
　　贷：应交税费——应交企业所得税（或以前年度损益调整，若涉及以前年度）

重新分配利润：在进行年度汇算清缴后，若全年应纳所得税额少于预缴税额，或者企业需要调整未分配利润，会计分录可能涉及"利润分配——未分配利润"和"以前年度损益调整"等科目。

结转所得税费用：在每个会计期末，企业需要将所得税费用结转到本年利润中，会计分录为

借：本年利润
　　贷：所得税费用

企业所得税的税前扣除项目主要涵盖企业"实际发生"的与取得收入"有关的、合理的"支出，这些支出通常包括成本、费用、税金、损失和其他支出。具体的税前扣除项目及标准可能因税法规定和企业的实际情况而有所不同。

在进行企业所得税会计分录时，企业应确保遵循税法规定和会计准则，确保会计处理的准确性和合规性。企业应定期进行所得税费用的计提和缴纳，以避免因逾期缴纳而产生的滞纳金和罚款。在进行年度汇算清缴时，企业应认真核对和调整以前年度的税务事项，确保企业所得税年度汇算清缴的完整性和合规性。

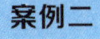

企业所得税特殊案例处理

在预期发生的某重组业务中，收购方 A 公司拟收购 B 公司持有的 C 公司和 D 公司的股权。该项收购业务具有合理的商业目的，且不以减少、免除或者推迟缴纳税款为主要目的。其中，B 公司持有的 C 公司和 D 公司的股权比例均超过 50%。本次重组交易对价均为 100% A 公司自身股权，不涉及现金支付，最终实现收购企业对被收购企业的控制。企业承诺重组业务当事各方采取一致税务处理，且重组后的连续 12 个月内不改变重组资产原来的实质性经营活动，以及 B 公司在重组后连续 12 个月内不转让所取得的股权。B 公司认为，该重组业务可适用企业所得税特殊性税务处理。因涉及金额较大，故提请税收事先裁定。

裁定意见：根据 B 公司提供的资料和陈述，税务机关认为，上述重组业务符合企业所得税特殊性税务处理条件，可以选择适用特殊性税务处理。

同时，要求 B 公司在具体实施过程中须遵照特殊性税务处理的相关政策规定和征管要求，在该重组业务完成当年企业所得税年度申报时，向主管税务机关补充完善相关资料。如重组实施过程中或完成后的规定时间内，相关企业生产经营业务、公司性质、资产或股权结构等情况变化，致使重组业务不再符合特殊性税务处理条件的，须按规定及时报告主管税务机关。

总分机构企业所得税处理

A 公司是位于厦门的总机构企业，2023 年第二季度应纳税所得额为 1000 万元。它在海南自由

贸易港设立了一家分公司（符合鼓励类产业企业条件，税率为15%），在广东横琴新区设立了一家分公司（符合鼓励类产业企业条件，税率为15%），海南分公司和广东分公司的分配比例分别为20%和80%，那么A公司2023年第二季度应纳所得税额该如何计算呢？

首先，计算不同税率地区机构的应纳税所得额。

总机构：1000×50%＝500（万元）

海南分公司：1000×50%×20%＝100（万元）

广东分公司：1000×50%×80%＝400（万元）

其次，计算应纳所得税额。

总机构：500×25%＝125（万元）

海南分公司：100×15%＝15（万元）

广东分公司：400×15%＝60（万元）

合计：125＋15＋60＝200（万元）

最后，分摊就地缴纳的税额。

总机构：200×50%＝100（万元）

海南分公司：200×50%×20%＝20（万元）

广东分公司：200×50%×80%＝80（万元）

因此，A公司第二季度应纳税额为100万元。

案例四

跨年度利息收入的确认

甲公司由于临时性资金周转需要，2024年7月1日与乙商业银行签订短期借款合同，合同约定借款期限为6个月，甲公司应在合同期满时（同年12月31日）一次性归还本金并支付借款利息20万元（不含税）。

假设在借款合同期满后，因甲公司资金短缺，直到次年1月15日才向乙商业银行支付借款本金及借款利息。

问题：

乙商业银行针对该笔跨年度取得的利息收入，在企业所得税方面应将其确认为哪一年度的收入？

分析：根据《企业所得税法》第六条第（五）项，利息收入是指企业将资金提供给他人使用但不构成权益性投资，或者因他人占用本企业资金取得的收入，包括存款利息、贷款利息、债券利息、欠款利息等收入。

利息收入按照合同约定的债务人应付利息的日期确认收入的实现。

在本案例中，借款合同约定的利息支付日期为同年12月31日，因此乙商业银行应按合同约定的利息支付日（同年12月31日）确认利息收入的实现，而不应在实际取得日（次年1月15日）确认利息收入。

案例五

跨年劳务收入的确认

甲企业是一家从事大型设备制造生产的有限公司。2024年6月，甲企业与乙企业签订大型机械设备生产线装配工程合同，该工程预计工期为14个月，合同约定项目总金额为600万元（不含税），工程款待生产线竣工验收合格后一次性全额支付。

假设截至同年12月31日，甲企业对该项目的完工进度为60%。

问题：

甲企业提供跨年劳务，应如何确认该年度的企业所得税收入？

分析：《企业所得税法实施条例》第二十三条，企业受托加工制造大型机械设备、船舶、飞机，以及从事建筑、安装、装配工程业务或者提供其他劳务等，持续时间超过12个月的，按照纳税年度内完工进度或者完成的工作量确认收入的实现。

企业在各个纳税期末，提供劳务交易的结果能够可靠估计的，应采用完工进度（完工百分比）法确认提供劳务收入。

甲企业应确认该年度企业所得税收入为 600×60% = 360（万元）。

案例六

跨年租金收入的确认

2024年12月1日，甲公司将本公司所有的闲置仓库出租给乙物流公司，双方签订的仓库出租协议约定，租赁期1年，即某年12月1日至次年11月30日，总计租金60万元（不含税），乙公司应在协议签订当日一次性提前支付全年租金。

合同签订当日，乙公司如约支付了全额租金。

问题：

甲公司对一次性收取的跨年租金，应如何确认企业所得税收入？

分析：

根据《国家税务总局关于贯彻落实企业所得税法若干税收问题的通知》（国税函〔2010〕79号）第一条"关于租金收入确认问题"的规定，以及《中华人民共和国企业所得税法实施条例》（以下简称"实施条例"）第十九条，企业提供固定资产、包装物或者其他有形资产的使用权取得的租金收入，应按交易合同或协议规定的承租人应付租金的日期确认收入的实现。

如果交易合同或协议中规定租赁期限跨年度，且租金提前一次性支付的，根据《实施条例》第九条规定的收入与费用配比原则，出租人可对上述已确认的收入，在租赁期内，分期均匀计入相关年度收入。

资源五 销售内控案例分析

案例七

2024 年浙江××企业销售环节的内部控制

公司内控制度：

设立销售部，处理订单、签订合同、执行销售政策和信用政策；销售部经理对 50 万元以内的赊销业务有权批准，并根据具体情况确定产品售价。

由于人手紧张，大宗销售都是由业务员甲与客户谈判并签订合同。

没有签订合同的购买方提货的销售业务直接由财务部收款后开具提货单据和发票，客户自行提货；货到付款的业务由销售业务员乙负责赴购买方收款，并将现金或者支票等票据转交财务部。财务部经理保管所有票据，并有权决定应收票据是否贴现。

6 月企业发生如下业务：

1. 销售部经理凭某一老客户以前给其留下的良好印象批准向该客户赊销 23.4 万元的业务，后来该款项迟迟未能收到，财务部证实该企业财务状况恶化，当时已经有数笔货款没有如期支付。

2. 另一新客户要求签订 3 年期供货合同，3 年中每月末按照市场价格 80 万元购货，提供下一批货物时清偿上一批货物款项。由于企业销售政策中没有此类情况，销售部经理向总经理请示，总经理当即决定签署该合同。一个月后，该客户未能还款，公司调查，发现该客户并无偿还能力。

问题与分析：

1. 尽管企业销售、发货、财务部门分设，但职责划分不合理。

第一，开具提货单应该是销售部门的职责，财务部根据销售部开具的提货单进行收款，但企业规定由财务部开具提货单，容易造成职责分工不明，收款作弊等情形。

第二，收款是财务部的职责，但规定由销售部业务员赴外地收款，造成同一部门和人员经办整个销售收款业务的全过程，也违背了销售人员不得接触现款的规定。

2. 由销售部经理根据具体情况确定售价的做法容易造成销售价格失控、销售收入流失，应根据制定好的价目表、折扣政策、付款政策等加以执行。

3. 在进行业务谈判时一般需要两名谈判人员，以增强谈判能力、减小作弊的可能性。

4. 财务部经理保管所有的票据并有权决定应收票据贴现的做法违背了票据保管人员与贴现批准人员相互分离的要求，容易导致贴现行为失去监督。

案例八

陈某通过皮包公司倒卖浙江××公司产品

陈某作为××公司区域销售组长，借用亲戚身份证注册成立皮包公司"旭日风"。

陈某通过旭日风给采购人员输送利益，规避公司限制，虚构旭日风拥有厂房和设备，获得××公司的货到付款条件和信用额度。

陈某将××公司产品低价卖给旭日风，再通过旭日风转卖给××公司客户，赚取差价。

随着信用额度调增，旭日风生意规模迅速扩大，但多次超期未支付货款。

问题与分析：

客户资质检查不严：未对旭日风公司进行严格资质审查，轻易给予其信用额度和货到付款条件。

内部控制失效：销售与收款环节内部控制存在严重缺陷，如陈某同时负责客户资质审查、赊销授信、产品定价和对客户的收款。

监督机制缺失：公司未能及时发现和制止陈某的违规行为，内部审计和持续监督机制不健全。

案例九

广州××有限公司与深圳市××电气有限公司购销合同纠纷

广州××有限公司与深圳市××电气有限公司签订购销合同，约定货到付款。

广州××有限公司按时交货，但深圳市××有限公司多次请求暂缓入账支票，最终恶意拖欠货款。

广州××有限公司通过法律手段追讨货款，并最终胜诉。

问题与分析：

应收账款管理不善：对客户的信用评估和应收账款管理不严格，未及时发现和应对潜在风险。

法律风险意识不强：在客户多次请求暂缓入账支票时，未采取果断措施保护自身权益，导致货款被恶意拖欠。

合同执行不严格：未严格按照合同约定执行，对客户的拖延行为未采取有效应对措施。

3.3 完成岗位任务

任务一 设计销售定价与收款流程表

1. 销售定价业务流程控制表

销售定价业务流程控制		
控制事项		详细描述及说明
阶段控制	D1	1. 销售员依据市场调研和生产部、技术部等其他相关部门提供的信息，基于《销售定价控制制度》拟定目标价格；2. 经销售部经理审核后制定目标价格，交财务部审核；3. 财务部对销售价格进行成本测算，若成本测算未通过，则销售部需要重新制定目标价格
阶段控制	D2	4. 销售员对企业竞争对手的销售定价进行研究，包括竞争对手的品牌知名度、产品性能、产品包装等相关因素；5. 销售员初步确定销售价格后，提交销售部经理和财务部审核，总经理审批

2. 销售收款业务流程控制表

销售收款业务流程控制		
控制事项		详细描述及说明
阶段控制	D1	1. 销售员与所开发的客户签订销售合同，合同中要注明货物品种、数量、金额、付款方式、争议解决方法等内容，规定双方的权利和义务，并根据合同约定和客户的订货单及时向客户发货；2. 财务部根据各项销售业务的回款计划与产品发货单，检查实际回款情况；3. 财务部根据规定检验客户是否按计划回款、货款是否到账等，并将应回未回的款项编制应收账款明细表，通知销售部；4. 销售部经理对于逾期未回的账款，安排销售员进行催款工作；5. 客户接到催款通知后，若申请延期付款的，应向销售员提出延期付款申请
	D2	6. 销售员要结合企业的相关规定，详细调查客户的经营状况、偿付能力、信誉状况等信息，并彻底了解客户申请延期付款的真正原因；7. 销售员填写《延期付款申请单》上报领导审批，销售部经理、总经理根据各自的职责和权限依次审核、审批并作出决定；8. 客户在延期付款期限内支付货款，销售员应及时收款，并于当日或次日将款项交财务部或通知财务部及时查账，确认款项到账情况

思考： 请同学们思考任务一设计内容，以3~5人小组形式进行讨论。

任务二 计算销售折扣、折让与退回

【案例一】产生商业折扣

2024年4月，甲公司为促销一批积压商品而给予购买方原销售价格9折的优惠，该批货物原销售价为50万元，促销价格为45万元，给予的商业折扣金额为5万元。甲公司开具的增值税专用发票上注明的价款为50万元，在发票金额栏注明的商业折扣价款为5万元，该批商品适用的增值税税率为13%。

那么，甲公司应确认的企业收入为多少万元？如何进行账务处理？

_____

_____

_____

_____

【案例二】产生现金折扣

2024年4月1日，甲公司与乙公司签订产品销售合同，合同约定该批货款不含税金额为100万元，适用增值税税率为13%，乙公司应在货物验收合格之日起30日内全额支付货款。为了鼓励乙公司提前付款，合同中约定，若乙公司在收到货物并验收合格之日起10日内付款则甲公司将给予该批货款不含税金额的2%的折扣。4月10日甲公司将货物送达乙公司，乙公司验收合格，4月18日支付了货款98万元以及增值税13万元。甲公司于收到货款之日向乙公司开具了增值税专用发票，发票注明金额为100万元，税额为13万元。该批货物的成本为80万元。

那么，甲公司是按照100万元还是按照折扣后的金额98万元确认企业收入呢？如何进行账务处理？

补充： 根据案例一和案例二的内容，完成以下表格。

项目	商业折扣	现金折扣	销售折让	销售退回
产生原因				

续表

项目	商业折扣	现金折扣	销售折让	销售退回
发生时间				
纳税影响				
表现形式				
会计处理				

任务三　分析促销活动中的舞弊防范与内部控制

【案例三】

1. 基本案情

据媒体报道，重庆某知名电器连锁公司广告宣传部主管王某，在1年多里创下了一个"中大奖"的纪录：从2021年9月到2022年12月，他一人先后狂中200个特等奖，独得奖金79万余元。然而，王某之所以能疯狂中奖，靠的不是运气，而是在自家公司开展的有奖促销活动中欺上瞒下，假冒顾客来领奖。该公司在2021年9月至2022年12月开展了一场声势浩大的"刮刮卡刮奖促销"活动，其中最吸引人的是直返现金4999元的特等奖。奇怪的是，在这一年多里，公司30多家门店接待了上万名顾客，也有人中过奖金额度比较低的奖，却没有一名顾客刮中过特等奖。顾客对特等奖迟迟难现充满疑惑，而该公司一直在为特等奖"买单"。每隔一段时间就有几名中了特等奖的顾客资料传来，相关材料也很完备，公司便一直按规定给予了报销。

直到2022年12月，公司在一次审核过程中，发现一些特等奖领奖人购物发票上的姓名和领奖人的身份证复印件姓名不一致，奖金有被侵占的嫌疑。公司广告宣传部主管王某有重大嫌疑，经公司监察部询问，他向公司总经理承认了自己冒领奖金的事实。

按照流程，要独揽这些特等奖，王某起码要通过三道关卡：一是要在众多奖券中，准确摸清哪些能中奖；二是要设法防止这些"特殊奖券"被投放到各个分店，以免流入顾客手中；三是向财务部门冒领奖金时，必须提供中奖人的购物凭证和身份证明，并成功通过上级的审核。

巧合的是，这些关卡看似难以逾越，实际上的"把关权"却都掌握在王某手中。这才导致他私吞大奖如探囊取物。记者采访获悉，这批"刮刮卡"的奖券是由河北省一家印刷厂统一印制的，王某恰恰负责联系印刷厂。他以"方便分配奖券"的名义，要求印刷厂把特等奖券和其他奖券分开，就此成功地把特殊奖券"挑"了出来。他再利用自己投放奖券的权力，把特等奖奖券全部扣留，一张也没有投放到分店。

按照规定，分店的中奖顾客信息和报销费用也必须经过王某审核。政法机关办案人员介绍，王某收集了一大批顾客的购物发票复印件，又从亲戚朋友那里弄来了一些身份证复印件，以"他人代领"的名义，炮制了一批"中奖材料"，分批向公司财务部冒领奖金，连连得手。

记者在采访中发现，王某作为企业的一名中层管理人员，之所以能轻易地侵吞奖金，关键在于他一手握着奖券的发放权，另一手握着领奖的审核权，在一定程度上是"自己监督自己"。尽管重庆某电器公司下属30多家分店有众多员工，对特等奖"难中"也未必没有疑问，但由于难以监督上级，只能任由王某"疯狂领奖"，直至东窗事发。

2. 问题探讨：该案例反映了公司在销售业务方面的哪些内控缺陷？请同学们就任务三问题进行探讨并小组汇报。

任务四　分解 BBC 公司销售与收款环节问题

【案例四】

1. 基本案情

2000 年末，四川李老板前来 BBC 公司购买 20 万元电视机，并一次支付现金结算货款。2001 年春节前夕，李老板再次携现金要求购买电视机，并承诺 60 万元货款在春节后一个月内结清，同时留下其公司营业执照和其本人身份证复印件以及联系方式。公司销售部门及有关人员在未进一步调查核实李老板真实身份及其资信状况，也未经公司领导批准的情况下，仅凭李老板提供的复印件以及携带的大量现金就断定遇到了"财神爷"，怕失去此次乃至今后财源滚滚而来的机会，积极组织货源向李老板供货。谁知此后李老板人间蒸发、毫无音信。待之后公安机关侦破此案时，货款已被李老板挥霍一空，60 万元血本无归。

2. 问题探讨：销售信用政策调查工作的重视度。请同学们对任务四问题进行探讨并小组汇报。

任务五　分析销售业务与财务人员特征

对商业企业来说，保持合理、均衡的现金流非常重要。如果财务部门将他们制订的现金流量计划告诉销售部门，让他们知道现金的流转情况，业务部门在进货和结算时就会有一个节奏，一批货可以分几次进，虽然手续麻烦一点儿，但可以保持现金流的稳定和均衡。定位决定形象，在业务人员的眼中，财务部门到底是一个什么形象呢？办事呆板，缺少灵活性；只会说"No"，不会说"Yes"；缺乏服务意识，只图自己方便，不顾业务部门的需求；事难办，脸难看，事情是不是办，办不办得成，要看财务人员高兴不高兴。这些是不少业务人员对财务部门的抱怨。

分析：在很多财务人员的眼中，会计准则、财务制度、税收法规等都是"天条"，是不能违反的；他们只知道这么做不行，却不知道或者不去想怎么做既不违反制度、法规，又能使业务活动正常开展；甚至有的财务人员认为，反正老板也不懂，我说不行就不行，你要说行，将来出了问题你负责。实际上，财务人员是可以往前走一步的。做财务的都知道，这里并不是铁板一块，是有运作余地的，这也是财务部门应该做的。

请思考：如何正确处理财务与业务的人际关系？

财务人员的特征	业务人员特征
1.	1.
2.	2.
3.	3.
总结工作思维模式：	总结工作思维模式：

任务六　销售管理制度设计

【实训目标与要求】

本实训目标是培养学生运用所学的企业销售业务内部控制与知识，以及制度建设要求进行制度设计的能力。其要求是：

1. 掌握销售管理内容、关键点及其制度建设要求。

2. 能够根据模拟公司销售业务流程并结合公司内部控制环境，进行相关制度设计。

【实训资料】

浙江长征家具制造有限责任公司于2020年成立，年销售额为1000万元，企业人员配备有限，业务处于发展期；主要市场在华东区域，客户端以中小企业及商场领域为主；许多业务相互交叉，一人多岗是普遍现象，因而存在管控环节不清、责任不明的情况。特别是销售业务的合同签订、发货、退货、货款收回等环节，既没有形成较完整的内部控制体系，也没有健全的控制制度。针对这种状况，公司决定加强队伍管理和制度建设，不断提高管理水平。

【实训提示】

1. 在进行制度设计前，一定要把实训资料读懂，明确要求设计的制度控制目标，在此基础上查找《企业内部控制应用指引第9号——销售业务》（以下简称"指引"）和《民法典》、《企业会计准则——基本准则》等相关法律法规，了解"指引"、法律法规对制度建设的规范性要求，并上网收集同类性质、同规模企业相关内部制度作为参考。

2. 在进行具体制度设计时，一定要结合公司实际，不能生搬硬套，要体现公司的特点。

3. 所设计的制度既要符合企业内部控制基本规范和配套指引的要求，又要具有可操作性，制度的具体条款要反映公司的生产经营与管理实际，切忌空洞。

【实训成果提交】

文档格式：

1. 设计一套比较完整的销售内控制度。

2. 文档统一以 Word 2010 或 Word 2007 版本为准。

3. 在制度后面署名，某小组：张三、李四、王五。

4. 组长在各成员名字下面按贡献大小打系数。

5. 成果文档名：制度名（某班某组）。

6. 小组文件夹包括实训成果和参考资料两部分，文件夹名（某班某组）。

实训成果模版如下：

项目名称	销售内部控制设计
任务情境	浙江长征家具制造有限责任公司于 2020 年成立，年销售额为 1000 万元，企业人员配备有限，业务处于发展期；主要市场在华东区域，客户端以中小企业及商场领域为主；许多业务相互交叉，一人多岗是普遍现象，因而存在管控环节不清、责任不明的情况。特别是销售业务的合同签订、发货、退货、货款收回等环节，既没有形成较完整的内部控制体系，也没有健全的控制制度。针对这种状况，公司决定加强队伍管理和制度建设，不断提高管理水平
任务目标	设计销售管理制度
任务点拨	（1）设计各岗位对接等规章及相关流程图 （2）企业规模为中小型 （3）准确描述关键控制点
制度内容	
点评	

3.4 课后训练

请同学们以 3~5 人为小组，完成一篇中小企业销售流程设计图及责任说明书。

项目四 精细化成本融合管理

4.1 认知岗位职责

4.1.1 学习目标

(1) 了解精细化成本管理的基础知识;
(2) 熟悉精细化成本管理的内容;
(3) 理解、掌握作业成本法;
(4) 明确大智移云时代成本创新的趋势。

4.1.2 岗位分析

(1) 明确精细化成本管理的内容;
(2) 熟悉作业成本法的基本步骤;
(3) 对作业成本法进行具体应用。

4.1.3 素质目标

(1) 培养企业成本管理综合能力;
(2) 培养学生企业成本意识和责任感。

4.2 知识储备

资源一 精细化成本管理的基本概述

成本管理,是指企业生产经营过程中成本核算、成本分析、成本决策和成本控制等一系列科学管理行为。成本管理由成本规划、成本计算、成本控制和绩效评估四部分组成。精细化成本管理基于"精细"原则，对企业实施成本管理，并将成本管理的工作内容和责任落实到每一个部门、每一位员工身上。对精细化成本管理的各个流程进行合理的预测、决策、计划、核算和分析，并进行考核和奖惩。

精细化成本管理以精细化管理思想为指导，强调细微化、定量化和精细化的成本细分。它融合了作业成本、目标成本及战略成本等先进的成本理念和管理方法，以成本预测、成本计划、成本控制、成本核算分析以及考核等为主要内容，旨在实现资源的合理配置、降低企业成本、提高企业整体经济效益和管理水平。

一、精细化成本管理的特征

（1）成本管理过程的全员参与性

成本精细化管理要求企业的每位员工都参与其中，必须做到人人有责。在这个管理体系中成本管理不只是企业管理者的任务，企业的其他员工也要有成本管理的意识并共同参与，这样每一位员工的利益和责任就与整个企业的效益密切相关。同时，公司应当鼓励全体工作人员都参与其中。

（2）成本管理的职能化

为了使成本精细化管理工作能够更加科学有效地进行，企业要建立一套成本管理的组织体系，并且设立相关的组织管理机构，由各个部门的负责人参与，从而制定出各个部门的成本目标，再通过汇总测算公司成本的总目标，这有利于管理层更高效地得到成本数据。同时，各部门负责人也要做到各司其职，这样才能保障成本管理有具体责任人。

（3）成本管理的全程化

精细化成本管理与以往的成本管理不同，精细化成本管理贯穿整个生产经营过程，不是仅作用于某一个阶段，而是作用于事前、事中和事后。对成本的预测、决策、计划、核算、分析和考核进行动态化成本管理。

（4）成本管理的标准化

成本管理的过程总是充满各种复杂性，因此，企业应切实加强成本管理流程的标准化，通过制定企业标准化的流程规范，使复杂的成本管理过程简单化，使成本管理更加高效。

（5）成本控制的精细化

企业首先要做的是调查了解成本中的重点，即重点成本费用；其次要针对这些重点的成本费用制定出降低其成本的管理措施，这样才能实现高效率的精细化成本控制，使成本控制过程的精细化成为成本精细化管理的核心。

（6）成本管理的动态性

企业经营所处的外在环境总是在变化，将受政策、技术等多方面的影响，所以在精细化成本管理过程中，要坚持动态控制原则，始终注意实际情况，并调整成本管理方法，以应对不同的情况。

（7）成本管理的创新性

精细化成本管理同样注重考核和奖励机制，鼓励各个岗位的员工进行创新，不再以重复工作、应付工作为目的，从而达到降低成本，提高效率的目的。

二、精细化成本管理的内容

（1）流程精细化。流程精细化要求企业将平时经营管理的全部流程都予以严格管理，按照规范落实管理工作，具体到所有操作程序、所有岗位、所有员工。只有全部流程都实现规范化运作，公司整体才能够统一，公司的成本决策才能够有效力。企业管理的重要之处是内部控制，只有企业内部所有环节、所有员工、所有业务、所有流程都有严格的成本管理制度予以规范，才能真正控制成本，提升企业效益。只有所有员工都有足够的责任心，才能促进企业高效运作。

（2）核算精细化。核算精细化要求企业所有的经济活动都有账簿进行核算，在企业进行核算时，能够及时发现问题，并予以解决，找出成本控制关键点，避免问题严重化，威胁企业健康发展。

（3）战略精细化。战略精细化要求企业的成本管理有明确的控制方法，对实施成本战略的整个过程进行动态跟进，及时发现并解决问题，有效实施成本战略，促进管理效能全面提升。

（4）决策精细化。决策精细化要求企业全部成本管控决策都接受监督、有执行力、可以查证、有足够根据，促进企业压缩成本，高速发展。

三、精细化成本管理的原则

在进行精细化成本管理过程中，公司要想让精细化成本管理可行，就需要遵守以下原则：

（1）完善相关管理制度。精细化成本管理作为公司管理模式的一部分，必须有制度作为前提保障，公司应结合自身实际情况，为进行精细化成本管理模式提供相应的制度保障，确保在这种制度下精细化成本管理体系能够充分运作。只有这样，精细化成本管理的方案才能在公司中进行构架，并最终落实。

（2）管理措施现代化。在进行精细化成本管理时，需要对企业具体的经营活动分类别地进行分析，制定的精细化成本管理措施需要从企业的生产实际出发，要着力于帮助企业实现经济利益。同时，不能完全照搬其他企业成功的经验，而是需要企业从自身实际情况出发，不断优化自身的成本管理策略，改进成本管理方案，使用现代化的手段摒除过去不够先进的管理体制，这样才能切实提高企业的管理水平，实现现代化的科学成本管理。

（3）权、利相结合。在进行精细化成本管理时，需要将相关的负责人自身利益与企业成本管理成效相结合，这样既可以大大增强企业管理人员的责任感、使命感及参与意识，也可以提高员工的积极性，保证成本管理的过程全员参与。这不仅有助于确保各个环节和流程中的精细化管理工作迅速有效地进行，还有助于企业的成本精细化管理模式顺利开展。

（4）成本效益原则。在公司构建精细化成本管理方案的同时，要考虑公司经营收益的问题。精细化成本管理的方法虽然对提高整个公司的收益起着很大的作用，但是如果这个方法过于精细且全面，就会导致成本管理的手段也产生一定的成本。因此，成本管理不能仅限于细化管理控制，不能局限于成本的降低，而是要将公司的成本与收益水平相结合，统筹分析考虑，在实行精细化成本管理模式的同时应该保证公司利润的最大化，这样才算是科学的成本管理模式。

四、精细化成本管理的障碍

精细化成本管理不仅要变革核算方法，还需要以传统的成本核算为基础，全面变革。在实行精细化成本管理时，应克服以下障碍：

(1) 思想误区

目前，很多管理者还未认识到精细化成本管理的本质，只是看到了其表面，认为建立精细化成本管理就是要求成本精准核算、成本核算人员专业性较强、有完善的财务成本制度等。这一思想误区使精细化成本管理仅停滞在表面，无法深入开展，成效也不显著。因此，精细化成本管理首先要做的就是全面转变全体员工的思想，员工是践行精细化管理的核心力量，要在平时的工作中对员工明确精细化管理的要求。

(2) 认为精细化烦琐

也有一些管理者将精细化成本管理和多余、琐碎的成本数据联系起来，认为精细化成本管理使得工作效率大大降低，过多关注细节工作。实际上，精细化成本管理是从细节中找到重点，立足细小的成本单元，对各项成本支出予以精准控制，重视每一项支出，全面拓展利润空间。与此同时，精细化管理是合理归类，并不是事无巨细，要有条理地梳理所有成本，将其归类，有秩序、有层次地开展工作，而且这样能全面提高工作效率。

(3) 将精细化管理和制定制度完全等同起来

精细化成本重视"依据制度落实各项成本管理工作"，控制重要工作环节，强化内部监督。但并不是完全死板地按照程序操作，也需要充分发挥人的主观能动性。精细化要求每项工作都有开展的依据，可以进行查证。在落实精细化时，不能一味地追求制度而舍本逐末，这样会降低工作效率。

五、精细化成本管理的意义

提高企业盈利能力：通过降低成本，提高企业产品或服务的附加值，实现低成本高附加值工作流程。

降低企业风险：对成本合理分配和控制有助于降低企业经营风险，精细化成本管理可以通过降低成本、提高效益等多种方式来降低风险。

加强企业核心竞争力：企业成本控制是企业核心竞争力的重要组成部分，通过成本控制加强企业核心竞争力可以提高企业市场份额和生存空间。

推动企业创新发展：经济全球化时代，企业间的市场竞争日益激烈，精细化成本管理有助于企业保持竞争优势，推动创新发展。

资源二　精细化成本管理的方法

企业在精细化成本管理的过程中，应融入精细管理的理念，将精细化理念植入公司的经营之中。精细化管理能够提高企业的成本管理水平、经营效率，也能使企业进行合理的资源配置。可以说，精细化管理能够使企业降低成本，增强企业的核心竞争力。精细化成本管理的方法主要有以下两种。

一、作业成本法

作业成本法是通过计算作业消耗资源量来分析企业提供给客户产品、劳务时，不同作业的价值创造差异，并根据成本动因划分不同作业。这需要企业管理者深入了解企业的生产组织构架、部门职能划分和操作流程规范，只有这样才能区分业务流程中各项作业对产品价值是否有增值作用，明确哪些作业需要进一步发展以及各种作业的主次定位，减少非必要作业，提高成本效益。根据企业目前的组织架构，确定适合企业实际生产情况的成本管理目标，将成本核算精细化到每个人和每道工序，明确每个员工相应的任务和操作注意事项。将企业营运特点与财务软件实际应用结合起来，使财务数据尽可能真实地反映企业状况。因此，管理者要详细了解企业财务软件目前具备的各种统计功能，清楚管理所需的各种数据，哪些可以通过软件直接提取得到，哪些需要管理者亲自到部门考察获取，寻求最合理的数据采集渠道。

(1) 作业成本法的计算步骤和流程

作业成本法（Activity - Based Costing，ABC）又称作业成本分析法、作业成本计算法、作业成本核算法。作业成本法的指导思想是："成本对象消耗作业，作业消耗资源。"作业成本法把直接成本和间接成本（包括期间费用）作为产品（服务）消耗作业的成本同等地对待，拓宽了成本的计算范围，使计算出来的产品（服务）成本更准确真实。作业是成本计算的核心和基本对象，产品成本或服务成本是全部作业的成本总和，是实际耗用企业资源成本的终结。作业成本法在精确成本信息，改善经营过程，为资源决策、产品定价及组合决策提供完善的信息等方面，都受到了广泛的赞誉。自20世纪90年代以来，世界上许多先进的公司已经实施作业成本法以改善原有的会计系统，增强企业的竞争力。ABC成本法的产生，最早可以追溯到20世纪杰出的会计大师、美国人埃里克·科勒（Eric Kohler）教授。科勒教授在1952年编著的《会计师词典》中，首次提出了作业、作业账户、作业会计等概念。1971年，乔治·斯托布斯（George Staubus）教授在《作业成本计算和投入产出会计》（Activity Costing and Input Output Accounting）中对"作业""成本""作业会计""作业投入产出系统"等概念作了全面、系统的讨论。

(2) 计算成本动因费率

成本动因费率是指单位成本动因所引起的制造费用的数量。计算公式为

成本动因费率 = 成本库费用 / 成本库成本动因总量

(3) 进行成本库费用的分配

根据各产品消耗各成本库的成本动因数量进行费用分配，每种产品从各成本库中分配所得的费用之和即为每种产品的费用分配额。

(4) 计算产品成本

生产产品的总成本是直接材料、直接人工和制造费用之和。

作业成本管理（Activity - Based Costing Management，ABCM）是一种以提高客户价值、增加企业利润为目的的新型集中化管理方法。它通过对作业及作业成本的确认、计量，计算最终产品成本，同时将成本计算深入作业层次，对企业所有作业活动进行追踪及动态反映，进行成本链分析，包括动因分析、作业分析等，为企业决策提供准确信息；指导企业有效地执行必要的作业，消除和精简不能创造价值的作业，从而达到降低成本、提高效率的目的。

例如，ABC餐厅是一家快餐连锁店，它以制作汉堡包为主要业务。为了计算每个汉堡包的成本，ABC餐厅使用作业成本法。它将整个生产过程划分为几个作业步骤，包括面团制作、烘烤、肉饼煎煮、配料准备和包装。每个作业步骤都会产生一些成本，如原材料费用、人工费用和能源费用。ABC餐厅根据每个作业步骤的成本来计算每个汉堡包的成本，从而确定合理的销售价格。

（5）作业成本法的应用实例

假设有家 A 企业生产甲、乙两种产品，过去使用直接人工工时作为制造费用分配标准，现在拟采用作业成本法进行成本核算。具体成本资料和作业情况如下：

甲产品：产量 500 件，直接材料 18000 元，直接人工 11000 元，直接人工工时 165 小时，制造费用 56000 元。

乙产品：产量 400 件，直接材料 14000 元，直接人工 8000 元，直接人工工时 128 小时，制造费用 26000 元。

①计算成本动因率：

材料整理：批数为 10，甲产品消耗 30 件，乙产品消耗 40 件，总费用 4000 元。

质量检验：次数为 10，甲产品消耗 15 件，乙产品消耗 25 件，总费用 10000 元。

机器调试：次数为 80，甲产品消耗 120 件，乙产品消耗 200 件，总费用 20000 元。

使用机械：小时数为 2080，甲产品消耗 80 件，乙产品消耗 100 件，总费用 12000 元。

②将各作业中心资源成本分配给各产品：

材料整理：甲产品分配 450 元，乙产品分配 350 元。

质量检验：甲产品分配 2250 元，乙产品分配 3750 元。

机器调试：甲产品分配 19200 元，乙产品分配 7200 元。

使用机械：甲产品分配 9600 元，乙产品分配 6400 元。

③作业成本法与完全成本法的比较：

作业成本法：通过识别和计量消耗企业资源的各项作业，将资源成本分配到具体的成本对象上，提供更准确的产品成本信息。它不区分固定成本和变动成本，认为所有成本都是变动成本，应当分配给产品。

完全成本法：以直接人工工时为分配标准，将制造费用按照直接人工的比例进行分配。这种方法可能会导致高产量产品的单位成本被夸大，而低产量产品的单位成本被低估。

二、效益成本法

效益成本法产生于 20 世纪 90 年代初期，是从经济效益的角度确定成本是否发生、发生范围、额度及其分配去向的一种新的成本计算和控制方法。在法国经济学家朱乐斯·帕帕特的著作中，其被定义为"社会的改良"。其后，这一概念被意大利经济学家帕累托重新界定。1940 年，美国经济学家尼古拉斯·卡尔德和约翰·希克斯对前人的理论加以提炼，形成了"成本—效益"分析的理论基础，即卡尔德—希克斯准则。也就是在这一时期，"成本—效益"分析开始渗透到政府活动中，如 1939 年美国的洪水控制法案和田纳西州泰里克大坝的预算。60 多年来，随着经济的发展、政府投资项目的增多，人们日益重视投资，重视项目支出的经济和社会效益。这就需要找到一种能够比较成本与效益关系的分析方法。以此为契机，成本—效益分析在实践方面得到了迅速发展，被世界各国广泛采用。成本控制绝对不是单纯地压缩成本费用，它需要与宏观经济环境、企业的整体战略目标、经营方向、经营模式等有效结合，需要建立科学合理的成本分析与控制系统，让企业的管理者全面、清晰地掌握影响公司业绩的核心环节，全面了解企业的成本构架、盈利情况，从而把握正确的决策方向，从根本上改善企业成本状况，真正实现有效的成本控制。

从效益出发研究耗费应否发生，实际上是一种预决策会计。只有能够取得效益的费用才允许发生。

效益成本法的成本核算对象既不是产品也不是责任单位或责任人，而是项目。这是其区别于传统成本核算方法和责任成本法的最主要特征。

成本核算具有阶段性。由于每次立项进行账内核算的项目周期较长，不是一个生产周期就能够完成的，所以必须划分阶段核算成本耗费和效益的实现情况。

核算方法要有实用性。效益成本计算既要用传统的账内核算，也要用管理会计的某些决策成本法，并且账内、账外相结合。

它主要包括以下几个方面：

（1）分析产品生产过程中各种耗费与企业内部可计量的直接经济效益的关系，确定各种效益成本。

（2）确定耗费效益系数控制支出，同时确定效益奖励率提高效益。所谓耗费效益系数，是指每元耗费可取得多少可计量的经济效益，常用成本—效益分析、专家调查、历史数据测定等方法确定，一般应用于决策效益成本和投资效益成本两个方面。

（3）采用经济效益剖析法确定立项核算的效益成本。所谓经济效益剖析法，是指利用实际核算资料剖析经济效益关系中的各项因素，并通过实际调研，揭示其中最薄弱、最有潜力的项目作为主攻方向的一种方法。

（4）确定效益成本的支出方式。有以下两种支出方式：

①全额挂钩支出，即全部耗费都从所创效益中支付。

②单项奖励支出，即对承包单位或承包人按项进行专门奖励，正常耗费仍按现行办法进行。

（5）设置专门账户汇集各种效益成本，然后按现行会计制度规定的支出途径进行结转。

从产品利润角度来规划成本发生范围、数量，根据利润决定成本分配方式。企业运用效益成本法计算最终产品的各种耗费，包括直接材料、间接材料、直接人工、间接人工、制造费用等，并分析它们各自所占的成本比重，通过单个产品或劳务利润＝收入－成本，计算各种产品费用产生效益的比率，可以避免生产操作的重复发生。

资源三　作业成本法运行关键

作业成本计算（Activity-Based Costing），通常情况下简称为 ABC 或者作业成本法，是指以作业为对象进行间接费用的归集和分配，具体的运行过程是通过资源动因的识别、确认、计量，根据作业消耗资源的情况，合理地把资源费用归集到作业上，然后通过作业动因的识别、确认、计量，归集作业成本到产品或顾客上。

作业成本法通用模型如图 4-1 所示。

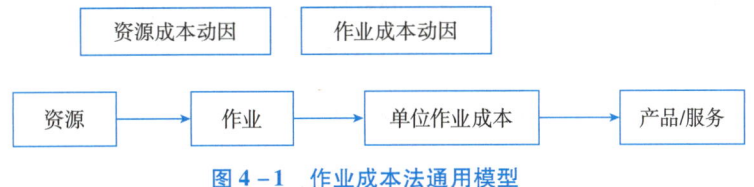

图 4-1　作业成本法通用模型

作业成本法的核算过程归纳为两个阶段和五个关键点。两个阶段为：第一阶段，确定各个作业中心的作业，根据作业的资源消耗来确定资源动因，将产品生产所用资源依据资源动因分配到各个作业中心；第二阶段，根据各个产品消耗的作业动因量以及作业动因分配率，计算得出产品消耗的间接成本，并加上产品的直接成本，计算出作业成本法下产品的最终总成本。五个关键点为：

（1）识别和界定主要作业

最终产品的生产或服务的提供是将多个作业进行集成的结果。在识别和界定作业时一般仅将主要作业识别为独立作业，将一些次要作业进行归类整合。

明确一项独立作业时需要确认作业的主要特征：一是该作业所耗用资源的价格与金额，一般而言，价格越高、金额越大的作业越需要识别为独立作业；二是该作业的需求态势，对于需求态势特殊的作业应该识别为独立作业。

（2）归集资源费用到作业中心

作业中心是集合具有相同性质且可以使用同一个成本动因的若干项作业而形成的同质成本库，其成本构成同质作业成本。直接费用法以企业实际耗费的资源为基础进行归集，实际操作中需要从企业的财务会计账簿中获得各项资源的耗用量，然后将资源耗用形成的费用分配到各项作业中心，以得到各项作业的可追溯成本。估计法则是采用一定的预计方法得到资源耗用的估计数。

（3）选择成本动因，计算作业成本分配率

在成本动因不止有一种的情况下，选择何种成本动因作为分配作业成本的标准要注意两个方面：一是应选择在计算成本时可以获得数据的成本动因；二是应尽量准确体现资源的消耗情况，以获得准确的成本。作业成本分配率计算公式为

作业成本分配率 = 某作业中心间接费用 ÷ 成本动因消耗总量

（4）将作业中心的间接费用分配到产品

基于前面计算得到的各作业中心的分配率和各最终产品或服务所消耗的成本动因量，将同质成本库中的间接成本分配到各最终产品或服务上。

产品的成本动因成本 = 某作业成本分配率 × 成本动因消耗数量

（5）计算作业成本法下的产品成本

产品成本由直接成本和间接成本加计得到。直接成本加上产品分摊的间接费用即成本动因成本，就是产品成本。

产品成本 = Σ 成本动因成本 + 直接成本

资源四　降本增效与精细化管理

降本增效与精细化管理是企业经营管理中的重要理念，它们相辅相成，共同推动企业实现高效运营和持续发展。

一、降本增效

降本增效，是指企业通过一系列措施，降低生产成本和运营成本，同时提升效率和质量，从而实现盈利增长。这不仅是企业应对市场竞争的必然选择，也是提升企业核心竞争力的关键途径。

通过优化生产流程、改进工艺和加强管理等措施，减少生产过程中的浪费和损耗；通过提高生产效率和质量，增加产品附加值，从而提升企业整体效益；通过降本增效，企业可以积累更多的资源，为技术创新和市场拓展提供有力支持，推动企业的持续发展。

主要措施：

优化供应链管理：集中采购、供应商评估体系、采购数字化转型等措施，降低采购成本，提高采购效率。

精益生产管理：5S 管理、价值流分析、准时化生产和持续改进等措施，优化生产流程，提高生产效率和质量。

数字化转型：实施 ERP 系统、CRM 系统，利用大数据和云计算技术提升运营效率与决策水平。

财务管理优化：建立全面预算管理体系和成本控制机制，对各项支出进行严格的预算和控制，降低资金成本。

二、精细化管理

精细化管理是一种追求极致的管理方式，它强调对生产、运营、管理等各个环节进行精细化管理和优化，以实现资源的最优配置和效益的最大化。对生产、运营、管理等各个环节进行细致入微的管理和优化，确保每个环节都达到最佳状态；通过数据分析和挖掘，发现潜在的问题和改进点，为决策提供科学依据；将各个管理环节相互连接，形成一个完整的管理系统，实现整体效益的最大化。

主要特点：

目标明确：精细化管理要求企业设定明确的目标和指标，将目标分解到各个部门和岗位，确保每个员工都清楚自己的职责和任务。

流程优化：通过优化生产、运营和管理流程，减少不必要的环节和浪费，提高整体效率。

注重细节：精细化管理强调对细节的关注和把握，确保每个环节都达到最佳状态，从而避免潜在的风险和问题。

持续改进：精细化管理要求企业不断追求进步和优化，通过持续改进和创新，不断提升企业的核心竞争力。

三、降本增效与精细化管理的关系

降本增效与精细化管理是相互依存、相互促进的关系。一方面，降本增效需要精细化管理的支持和保障。只有通过精细化管理，企业才能发现生产、运营和管理过程中的问题与浪费点，进而采取有效的措施进行改进和优化，实现降本增效的目标。另一方面，精细化管理需要降本增效的推动和激励。降本增效的成果可以为企业带来更多的资源和利润，为精细化管理提供更多的支持和保障。同时，降本增效可以激发员工的积极性和创造力，推动精细化管理的不断深入和完善。

四、实践案例

以下是一些关于降本增效与精细化管理的实践案例。

（一）降本增效案例

1. 天荣公司

背景：天荣公司通过组建降本攻关小组，开展关键环节攻坚工作。

措施：结合创新机制和强化精益管理等举措。

成果：在前5个月中，该公司的成本比计划有所下降，为整体创造了4636万元的利润。

2. 某管理咨询项目中的企业

背景：企业面临降本压力，需要寻找有效的降本措施。

措施：召开降本大会，设定明确的目标，并联合供应商进行成本改善计划（MCIP）。

成果：实现了7000万元的降本目标，远超预期。这一成果不仅展示了跨部门协同降本的可行性，还强调了构建标准成本模型、优化研发设计和物流质量等措施的重要性。

3. 宁夏交通投资集团有限公司

背景：公司旗下的乌玛高速公路项目和宁夏旅游投资集团所属陆海新通道项目需要提升物流效能和服务水平。

措施：采取绿色运输和节能减排措施。

成果：单箱节约费用达500元至1700元，不仅降低了运输成本，还为项目的可持续发展提供了支持。

4. 华为

背景：华为需要在其行政服务业务管理中推动业务变革与数字化转型。

措施：通过服务外包和数字化手段降低运维、运营成本，并在客户服务的流程中引入了自动化工具。

成果：显著提高了响应速度和准确性，实现了降本增效的目标。

（二）精细化管理案例

1. 华泰公司

背景：华泰公司各基层党支部全面推行"党建引领+"工作模式，坚持"一切成本皆可降"的原则。

措施：多点发力、统筹推进、先算后干。例如，申报的带式风干过滤机替代板框压滤机项目获得华泰集团降本增效专项奖励；聚氯乙烯车间党支部主动成立降本增效推进小组，将"五小"创新改善与降本增效有机融合；氯乙烯车间党支部把降效责任分解到班组每一个人。

成果：多个车间和项目呈现了显著的降本增效效果，创造了可观的经济效益。

2. 中泰矿冶原料一车间

背景：作为稳定电石炉运行的第一关卡，把好原材料"六道关口"尤为重要。

措施：根据原材料质量分析和电石炉况运行状态，及时调整原材料配比、优化工艺指标控制；常态化开展"提质增效"合理化建议征集活动；以技改自动化提升现场精细化管理水平。

成果：实现了降本增效，完成了多项创新创效项目，产生了显著的经济效益。

3. 阿拉尔中泰纺织发电车间

背景：车间需要从燃煤管理、修旧利废、优化运行等多方面着手，狠抓日常节能工作。

措施：依据煤场存煤情况及机组负荷趋势，研讨制订具体的入炉煤掺配掺烧计划，动态优化调整入炉煤掺烧方案措施；持续加强污泥掺烧工作力度。

成果：累计掺烧低热值煤泥和高热值煤泥分别达3.5万吨和6.9万吨，产生直接效益超700万元；同时累计掺烧污泥超4000吨，节约成本69万元。

这些案例展示了企业在实施降本增效和精细化管理方面的创新做法与显著效果。通过组建降本攻关小组、联合供应商进行成本改善计划、引入数字化手段、优化原材料配比和工艺指标控制等措施，企业实现了成本的有效降低和效率的提升。同时，通过精细化管理，企业能够更加精准地把握市场需求和运营状况，从而作出更加科学的决策和规划。

资源五　企业成本融合案例分析

成本融合是指将不同成本元素或成本管理体系进行有机结合，以实现更高效的成本管理和控制。以下是一些关于成本融合的实践案例。

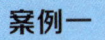

A煤炭公司的成本管控模式

背景：

A煤炭公司为了满足"高质量"发展的要求，亟须解决成本管控中存在的问题，围绕价值创造，融合运用现代成本管理方法，达到降本增效的目的。

问题：

未对目标成本法、作业成本法、责任成本法等现代成本管理方法融合运用。

在创造价值、设计优化、流程优化和工艺优化方面挖掘深度不够。

成本管理只是严格要求降低成本，而没有从有效产出角度来衡量投入和支出。

措施：

以全面预算管理为引领，实现作业成本、标准成本和责任成本融合运用。A公司根据实际和煤炭市场情况采用作业成本法核算产品成本，然后分别选择合理的作业分配标准，将成本库中的制造费用分摊到产品中。同时，A公司根据作业活动制定标准成本，将成本的前馈控制、反馈控制及核算功能有机结合起来，形成PDCA管理控制循环系统。最后，A公司对作业活动实施责任成本管理，对直接发生的成本和费用按照可控程度分解落实到各责任中心。

以创造价值为核心，从设计、技术、工艺层面入手，优化内部流程。A公司在项目投入前期就加强初始设计，设立投资决策委员会进行科学决策。同时，通过生产组织优化持续降低成本，加强数字信息管理，实现全面预算与ERP系统充分融合。

用有效产出衡量投入支出，全方位开展提质增效。A公司成立了提质增效工作领导小组，深入开源节流，多渠道、全方位降低成本。包括降低非生产性支出、优化煤炭发运方式、优化组织机构和用工结构、实现电子商务竞价、强化工程施工和设备材料供应管理等。

效果：

A公司通过融合成本管理方法、优化内部流程、全方位开展提质增效等措施，达到了系统上整体降低企业成本的目的，提高了企业的核心竞争力。

A 企业业财融合的成本精益管控

背景：

A 企业为传统制造企业，主要生产工业板材及汽车板材。面对市场激烈的竞争，A 公司对产品成本高度重视，然而蒸汽消耗大幅上升，公司利润进一步被压缩。

问题：

能源部门对成本重视度不高，没有形成成本管理的概念。

财务人员缺乏对业务的了解，对蒸汽成本异常的分析停留在数字差异上，无法发掘根本原因。

措施：

派遣财务人员深入一线，详细了解业务流程，积极探索成本变动因素的影响点。

聘请能源研究专员及工艺研究员讲解公司生产流程及能源消耗管控侧重点。

组建业财融合团队，对影响蒸汽成本的因素进行分析，并寻求解决措施。

效果：

通过财务与业务的长期探索、实践，A 企业找到了蒸汽消耗高的原因所在，并采取了解决措施。经过 1 年的效果验证，A 企业蒸汽成本节约了 32.27 万元。同时，A 企业通过完善成本核算体系、强化成本考核体系等措施，实现了成本的精益化管理。

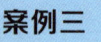

日本 QB HOUSE 理发店的低成本差异化战略

背景：

QB HOUSE 是日本企业 QB Net 公司运营的 10 分钟理发店，提供的是 10 分钟 1000 日元的短时间、低价格的理发服务。

策略：

QB HOUSE 理发店通过将理发服务标准化、流程化，实现了低成本运营。同时，通过提供独特的短时间理发服务，满足了消费者对快捷、便利的需求，实现了差异化竞争。

效果：

QB HOUSE 理发店通过低成本、差异化战略，成功在市场上立足，并赢得了消费者的青睐。这种战略不仅降低了企业的运营成本，还提高了消费者的满意度和忠诚度。

以上三个案例展示了企业在成本融合方面的不同实践。A 煤炭公司通过融合成本管理方法、优化内部流程和全方位开展提质增效等措施，实现了成本的降低和效益的提升；A 企业通过业财融合的方式，实现了成本的精益化管理；而 QB HOUSE 理发店通过低成本、差异化战略，成功在市场上立足。这些案例都表明，企业在成本融合方面有着广阔的空间和潜力，可以通过不断创新和实践，实现成本的降低和效益的提升。

资源六　大智移云时代下成本管理的创新

2013年8月第十二届中国互联网大会首次提出了大智移云的概念。大智移云是大数据、智能化、移动互联网和云计算四者的简称。移动互联网与物联网的结合，产生了大数据。大数据的挖掘和处理需要云计算作为平台，挖掘和处理后的大数据可以促进移动互联网与物联网的发展，同时促进软件和硬件的智能化发展。大智移云技术已应用到人们生活的方方面面，与企业生产结合紧密。企业的生产经营方式、制造环境和管理环境及手段都发生了变化，企业的成本管理模式也需要与时俱进。

一、大智移云对企业成本管理的影响

传统的企业成本管理都是通过人工的方式来对往年的数据以及本年的经济收益和支出情况进行分析，整个过程较为烦琐，且非常容易发生错误，成本的估算工作无法得到保证。大智移云运用了大数据技术，企业的各项支出、本年账单甚至是近几年的财务收入情况都有明确的信息，企业董事可以随时验证信息的真实性。一来大智移云可以保证企业成本管理工作的准确性，二来大智移云可以提高企业成本管理工作的效率。企业在拥有了大智移云之后，所有运行数据都会被记录在云端，数据本身具有一定的安全性，企业的发展以及相关决策都可以直接参考数据变化。企业的成本管理工作得到了保证，就证明企业的经济效益得到了保证，大智移云不仅可以保证企业成本管理工作不会出现失误，还可以保证企业的经济收益的准确性，在保证企业安全性的同时，保证企业的收入，让企业真正地向智能化方向发展。

从大环境来看，随着我国社会发展的不断加快，信息化社会已经到来。智能化技术、云计算技术、大数据技术都已经发展成熟，大智移云对企业来讲是社会发展的必然形式，也是企业紧跟时代发展的证明。

二、企业成本管理创新的路径

（1）利用大数据技术调整企业战略型成本规划。利用大数据技术对企业成本战略进行规划主要分为两个方面：一是利用大数据技术对企业外部信息进行实时收集与分析。企业生产经营的过程，受外部环境的影响非常大，外部相关管理部门的政策、市场的供需情况、竞争对手的经营情况等都会对企业的生产经营造成较大的影响，因此大数据系统需要及时收集这些维度的外部信息并进行分析，为企业提供全面且准确的外部信息决策来源。二是企业需要建立完善的内部数据信息收集工具，对企业现有资源、技术以及生产能力等情况进行全面且准确的评估，进而制订较为科学的战略执行计划。除此之外，为了确保企业战略的执行与实施，还需要企业利用大数据技术对上一月度成本核算情况进行完善的评估，进而及时调整下一月度的生产成本控制。

（2）打造成本信息共享的精益生产管控平台。在传统的生产过程中，由于缺乏大数据等技术，企业难以及时获取外部信息，不仅如此，各部门之间的信息也缺乏及时的传递渠道，这导致企业在生产过程中由于信息传递不及时产生库存堆积、生产停顿等现象。而随着大数据技术的出现，企业能够及时获取外部环境信息。例如，在企业推出新品的过程中，企业能够及时获取市场情况，并反馈给生产端。当新品销售火爆时，通过信息及时传递能够使企业及时追加产品生产量，避免出现供不应求的情况；而当新品出现滞销时，企业也能够通过信息传递，及时减少相关产品的生产量，避免出现库存积

压的情况，导致企业生产成本上升。而对于老产品而言，通过大数据及时传递信息也能使产品根据订单完成生产，从而实现企业零库存经营，降低企业的库存成本，提升企业的资金使用效率。

为打造全面的成本信息共享精益生产管控平台，首先，需要加强对供应商的精细化管理。一方面，企业需要通过建立完善的供应商信息库，加强对供应商的管理和选择；另一方面，采购部门需要加强对采购计划的管理和完善，并依据采购订单需求合理选择供应商签订采购合同，实现以较低的成本采购到符合企业生产要求的材料和物品。除此之外，还需要对采购全过程进行监督和跟踪，确保采购的材料或商品能够及时运抵企业，且商品及材料符合企业的质量要求。其次，企业需要加强仓储环节的精细化管理，通过条形码技术与仓库数据库相结合，在库存材料及成品出入库时，对材料及成品所对应的条形码进行扫描，从而实时掌握企业各项材料、半成品、成品的库存数量情况，并加强对相关材料、半成品及成品的库存管理。再次，加强成本控制信息的精细化管理，通过条形码技术以及对各项工艺的研究，能够实现对各项工艺成本进行实时分摊，从而加强对整个生产流程中各项成本全面且精细化的控制。最后，需要加强对销售环节的精细化管理，为此，需要建立相关数据系统对企业各项产品进行定价，并对相关折扣优惠政策信息进行录入，从而方便对产品进行销售管理。除对企业所销售的产品进行信息管理，企业还需要对经销商及客户进行管理，对相关销售数据进行精准掌控，从而依据相关销售数据信息进行精准的营销方案策划，同时销售部门需要积极吸取经销商及客户对产品所反馈的意见，对产品进行针对性的优化调整。

（3）利用大数据技术深度融合业绩评价指标。通过大数据信息技术，企业可以将员工每天的签到信息以及工作完成进度等信息及时传输到大数据信息系统中，除此之外，还能划分不同的工种模块，并依据企业不同岗位、工种的特点设置差异化的大数据评估维度，实现对员工全方面、客观的评价。不仅如此，大数据信息系统还能实现对员工相关工作数据的深度分析，发现员工的擅长方面，并以此对员工的工作进行优化调整，挖掘员工的能力，提升员工的工作效率，这对提升企业整体的运营效率、降低企业成本具有间接作用。最后，通过信息化工具以及相关算法还能够对员工的工作进行全方位的评价，使业绩评价更加多维与客观，增强业绩评价的科学性与合理性，从而帮助企业进一步树立公平的形象，增强员工对企业的忠诚度。

（4）创造良好的大数据技术应用环境。为了创造良好的大数据应用环境，企业需要采取以下四个方面的措施：首先，企业需要加强领导层思想观念的转变，使其能够在企业内部积极鼓励财务大数据技术以及信息化技术的实施。其次，需要根据财务信息化技术的特点全方位制定适宜财务管理信息化工具的制度，并加强相关财务管理工作人员对制度流程以及信息化技术的学习。为此，企业一方面需要开展定期培训，培养财务管理人员逐步掌握信息化管理所需要的技能；另一方面需要派遣有潜力的财务管理人员在财务信息化管理和财务分析方面进行深造，从而提升企业财务管理人员的专业水平。再次，财务管理信息化工作离不开其他工作部门的配合，因此也需要对其他部门人员展开培训，使其掌握信息化工具的应用能力。最后，由于企业缺乏深度掌握财务管理信息化工具和大数据分析能力的人员，因此企业一方面需要加强对相关专业人员的引进与招聘；另一方面需要加强对现有人员的培训，使其通过系统性的培训全面提升自身在大数据分析方面的能力，从而使企业大数据分析工具能够发挥其应有的功能。

三、企业成本管理的创新举措

借力大智移云技术，可创新性地提出一系列成本管理举措：

（1）在制造成本管理方面，企业可建立数据中心部门，利用 BOM 系统和数据集成系统，实现精细化、多维度、多视角的成本集成管理，能大大提升制造成本管理水平。

（2）在采购成本管理方面，可利用大智移云技术，实现"物料需求＋协议预案"的定制化采购方案和以电子化平台为依托的协同订购方案，能提高采购效率与效益，提升采购成本管理水平。

（3）在仓储成本管理方面，可从"容量和质量，精度与效率"考量搭建智能仓储体系，实现与采购业务的顺畅接轨；从全局运转的视角优化物流管理工作流程，借助物联网和信息系统搭建厂区物流系统，实现与生产计划的精准匹配。

（4）在销售成本管理方面，同时展开销售部门组织架构重设和信息化建设，利用精准营销系统与 BI 信息中心，制订科学精准的销售计划，能大大节约销售成本。

（5）在人工成本管理方面，可依托大数据分析和云平台，结合价值链分析和成本效益分析，通过循序渐进的方式来完成机器替代人工，通过生产排单系统实现订单的合理安排，建立"个人—部门—企业"为一体的量级薪酬核算体系。三管齐下，实现用工数科学合理，员工效用最大化，考核体系精细化。

四、采用现代科学的成本管理方法和手段

成本管理的创新是企业应对日益激烈的市场竞争、提升核心竞争力的关键手段。随着市场环境的不断变化，企业需要不断创新成本管理方式，以适应市场需求和竞争态势的变化；通过成本管理创新，企业可以降低生产成本，提高产品质量和服务水平，从而提升企业的市场竞争力。

（1）具体方法

目标成本管理法：以市场为导向，确定目标成本，再制订相应的计划。此方法能确保产品更具市场竞争力，提高产品性能，并使管理更加灵活。

数字化成本管理：利用数字化技术进行成本管理，实现全方位、精细化、实时化的全流程成本管理。数字化成本管理能节省成本、提高效率，并使管理更加透明。

成本驱动的决策：在企业的全部决策中进行成本估算、评估和分析，将成本控制纳入企业的决策和管理。此方法能提高绩效，推动企业变革和创新。

去中心化管理：建立一套完备的规则体系，并依托先进的数字技术，对企业的各项管理流程进行自动化监控。去中心化管理能更加细致地管理成本，提高决策的准确性，并降低管理成本。

（2）协同平台应用

含义：集成项目管理的各个方面，如任务管理、文档管理、沟通协作等，形成一个统一的管理平台。

功能：实时共享和更新项目信息，确保所有成员都能及时了解项目的成本状况。

工具：PingCode、Worktile 等平台提供了丰富的项目管理功能。

（3）风险管理与成本控制

含义：通过识别和评估项目中的潜在风险，提前采取措施，避免这些风险对项目成本产生不利影响。

措施：制订详细的风险管理计划，明确各个风险的应对策略和措施。

工具：PingCode、Worktile 等平台提供了风险管理模块。

（4）绩效管理与成本考核

含义：通过对项目团队和成员的绩效进行考核，激励他们提高工作效率和成本意识，从而实现成本控制的目标。

措施：制定明确的绩效指标和考核标准，对项目团队和成员的工作进行评估与奖励。

工具：PingCode、Worktile 等平台提供了绩效管理和成本考核的功能。

（5）成本管理创新趋势

数字化和智能化：随着大数据、人工智能等技术的不断发展，成本管理将更加数字化和智能化，实现更精准的成本预测和控制。

协同化和集成化：成本管理将更加注重协同化和集成化，通过协同平台和集成系统实现项目信息的实时共享和更新，提高成本管理的效率和准确性。

精益化和持续优化：精益管理理念将在成本管理中得到更广泛的应用，通过持续改进和优化项目流程与资源配置，实现更低的成本和更高的效率。

（6）实际案例借鉴

蒙牛公司的成本控制模式：通过板块负责制、层层审批制、标准成本制和跟踪管理制度等措施，实现了对成本的全过程管控。

索尼公司的公共设施共享计划：通过共享公共设施，提高员工之间的沟通效率，节省企业的办公空间，减少设施和管理人力的浪费。

三星公司的组织架构调整：从多个部门和生产线中分离出核心团队，削减不必要的人事成本，提升企业的效率和利润率。

网易公司的"指数成本控制法"：将关键业务指标与成本挂钩，根据业务的发展情况和成本支出的实际情况进行相应的调整，提高成本管控的精准性。

综上所述，成本管理的创新是企业提升竞争力和实现可持续发展的关键手段。通过采用数据驱动管理、智能预算控制、全生命周期成本监控等创新做法，企业可以更好地控制和管理项目成本，提高项目的成功率，实现企业的战略目标。企业成本管理的创新举措涉及多个方面，包括增强成本观念、加强成本管控与成本核算、建立多层责任成本控制体系、采用现代科学的成本管理方法和手段、实施绩效管理以及借鉴实际案例等。这些举措的实施有助于企业降低成本、提高效率、增强竞争力并实现可持续发展。

4.3 完成岗位任务

项目名称	经营成本的编制
任务情境	甲公司是一家制造企业，生产A、B两种产品，产品分两个步骤在两个基本生产车间进行。第一车间将原材料手工加工成同一规格型号的毛坯，转入半成品库；第二车间领用毛坯后，利用程控设备继续加工，生产出A、B两种产品，每件产品耗用一件毛坯。公司根据客户订单分批组织生产，不同批次转换时，需要调整机器设备。 甲公司分车间采用不同的成本核算方法： 第一车间采用品种法。原材料在开工时一次投入，其他费用陆续均匀发生。生产成本采用约当产量法在完工半成品和月末在产品之间进行分配。完工半成品按实际成本转入半成品库，发出计价采用加权平均法。 第二车间采用分批法和作业成本法相结合的方法。第二车间分批组织生产，当月开工当月完工，无月初月末在产品。除耗用第一车间的半成品外，不再耗用其他材料，耗用的半成品在生产开始时一次投入，直接人工费用陆续均匀发生。由于第二车间是自动化机加工车间，制造费用在总成本中比重较高，公司采用作业成本法按实际分配率分配制造费用。 8月，相关成本资料如下： （1）本月半成品、A产品、B产品的产量（单位：件） 		月初在产品	本月投产	本月完工	月末在产品
---	---	---	---	---
第一车间半成品	200	2600	1800	1000（完工程度60%）
第二车间A产品	0	1000	1000	0
第二车间B产品	0	500	500	0 | （2）月初半成品库存400件，单位平均成本127.5元 （3）第一车间月初在产品成本和本月生产费用（单位：元） |	直接材料	直接人工	制造费用	合计
---	---	---	---	---
月初在产品成本	7000	8000	1200	16200
本月生产费用	77000	136000	22800	235800
合计	84000	144000	24000	252000 | （4）第二车间本月直接人工成本（单位：元） |	A产品	B产品	合计
---	---	---	---
直接人工总成本	17200	7800	25000 | （5）第二车间本月制造费用 | 作业成本库	作业成本（元）	作业动因	作业量 A产品	作业量 B产品	作业量 合计
---	---	---	---	---	---
设备调整	30000	批次（批）	10	5	15
加工检验	2400000	产量（件）	1000	500	1500
合计	2430000	—	—	—	—	
任务目标	进行作业成本法的应用
任务点拨	（1）按照成本核算的编制程序，逐一进行编制 （2）准确地进行计算

续表

项目名称	经营成本的编制
点评	

任务一　传统成本管理

根据上述资料，编制第一车间成本计算单（结果填入下方表格中，不用列出计算过程）。

第一车间成本计算单

产品名称：半成品

	直接材料	直接人工	制造费用	合计
月初在产品成本（元）				
本月生产费用（元）				
合计（元）				
约当产量（件）				
单位成本（元）				
完工半成品转出（元）				
月末在产品成本（元）				

任务二　作业成本法

根据上述资料，编制第二车间作业成本分配表（结果填入下方表格中，不用列出计算过程）。

作业成本分配

作业成本库	作业成本（元）	作业分配率（%）	A产品		B产品	
			作业量（件）	分配金额（元）	作业量（件）	分配金额（元）
设备调整						
加工检验						
合计						

任务三　汇总成本的编制

根据上述资料，编制A、B产品汇总成本计算单（结果填入下方表格中，不用列出计算过程）。

汇总成本计算单

	A产品	B产品
半成品成本转入（元）		
直接人工（元）		
制造费用（元）		
其中：设备调整（元）		
加工检验（元）		
制造费用小计（元）		

续表

	A 产品	B 产品
总成本（元）		
单位成本（元）		

4.4　课后训练

请同学们收集一份所在省份中小微企业成本数据分析报告并以小组为单位进行汇报。

要求：有相关同行、历年比较，且运用到相关成本分析指标。

项目五 营运资金应用融合管理

5.1 认知岗位职责

5.1.1 学习目标

（1）熟悉营运资金管理的基础知识；
（2）熟悉供应链视角下营运资金管理的内容；
（3）明确供应链视角下的营运资金管理特点；
（4）理解、掌握供应链管理理念对营运资金管理绩效影响的分析方法。

5.1.2 岗位分析

（1）明确营运资金管理的重要性；
（2）熟悉基于供应链的营运资金管理特点；
（3）能科学地分析营运资金管理的绩效。

5.1.3 素质目标

（1）培养企业资金管理综合能力和职业数据敏感度；
（2）培养学生社会实践动手能力和社会责任感。

5.2 知识储备

资源一　营运资金管理概述

一、营运资金的概念

营运资金,亦称"运用资金",国外称为营运资本,是合营企业流动资产总额减流动负债总额后的净额,即企业在经营中可供运用、周转的流动资金净额。由于营运资金是流动资产减去流动负债后的净额,因此,流动资产和流动负债的变化,都会引起营运资金的增减变化。如流动负债不变,流动资产的增加就意味着营运资金的增加;流动资产的减少就意味着营运资金的减少。如流动资产不变,流动负债增加,就意味着营运资金的减少;流动负债减少就意味着营运资金增加。在两者同时变化的情况下,只有两者抵销后的净额才是营运资金的增减净额。一般情况下,只有一方涉及流动资产或流动负债类科目,而另一方涉及非流动资产或非流动负债类科目(如长期负债、长期投资、资本、固定资产等)的经济业务才会使营运资金发生增减。双方都涉及流动资产或流动负债类科目的经济业务,即发生在营运资金内部项目间的业务,不会使营运资金发生增减。

对于企业来说,营运资金是维持其运转的助推器。通常资金是一个企业运转的起点,企业将自己所拥有的资金用来购买生产过程中所需的各种材料、设备装置等资产,然后利用这些材料、设备加工出自己的产品,再将产品销售出去使资金回流到企业,这种循环往复的过程就是企业得以生存发展的动力,而维系这个过程的资金链就是"营运资金"。

营运资金的特点主要有以下几点:

(1) 数量具有波动性。流动资产的金额会随企业发展环境而发生变化,具有波动性。

(2) 具有较强的变现能力。当企业骤然需要资金使用时,企业可以迅速出售流动性强的资产如短期投资等,解决企业资金困难。

(3) 来源多样性。企业有多种筹集资金的方式,如利用短期借款、商业融资、票据贴现等方式收集资金。

(4) 周期较短。大多数的流动资产在一个会计年度或经营周期内,由于流动性较强到期容易收回。

营运资金相关公式:

营运资金=流动资产−流动负债=(总资产−非流动资产)−(总资产−所有者权益−长期负债)=(所有者权益+长期负债)−非流动资产=长期资本−长期资产

营运资金周转天数=存货周转天数+应收账款周转天数−应付账款周转天数+预付账款周转天数−预收账款周转天数

营运资本周转率=360/(存货周转天数+应收账款周转天数−应付账款周转天数+预付账款周转天数−预收账款周转天数)

营运资金比率 =(流动资产总额 − 流动负债总额)/ 流动资产总额 × 100%

营运资本周转率是 360 天除以营运资金周转天数而得到的年周转次数。营运资本周转率表明企业营运资本的经营效率，反映了每投入 1 元营运资本所能获得的销售收入，也反映了每年每 1 元销售收入需要配备多少营运资金。一般而言，营运资本周转率越高，说明每 1 元营运资本所带来的销售收入越多，企业营运资本的运用效率也就越高；营运资本周转率越低，说明企业营运资本的运用效率越低。同时营运资本周转率还是判断企业短期偿债能力的辅助指标。

营运资金比率越高，说明企业的短期偿债能力越强，财务风险相对越低。通常营运资金比率在 1 以上表示企业流动资产大于流动负债，企业短期内偿债能力较好。但是，过高的营运资金比率也可能意味着企业资金运用效率不高，未能充分利用资金进行投资和经营。

二、营运资金的分类

营运资金的分类分别从基于要素和作用的两个不同方面展开。

（1）根据会计要素分类，这也是最传统的营运资金管理理论提出的分类方法，运用传统方法划分为应收款项、应付款项、库存商品、货币资金等。这种分类方法只考虑了单个项目达到最优，缺少考虑与企业内部经营密切关联的其他因素的影响，缺乏整体性。

（2）根据作用的不同，分为经营活动和理财活动营运资金。经营活动划分采购、生产和销售活动。

（3）按照占用形态分类，可分为现金及存放中央银行款项、存放同业款项、贵金属拆出资金、交易性金融资产、衍生金融资产、买入返售资产、购买的国债、拥有的各类债券、上市流通股票、1 年内到期的中长期贷款、1 年以内期限的短期贷款等。

（4）按照在生产经营过程中所处环节分类：生产领域中的流动资产包括原材料、在产品、产成品等；流通领域中的流动资产包括应收账款、预付账款、存货等；其他领域中的流动资产包括现金、银行存款、短期投资等。

三、营运资金管理的内容

营运资金管理与营运资金分类息息相关，其宗旨是满足企业日常经营资金的需要，加强资金使用效率，同时降低财务风险实现整体性的收益。主要包括两个方面：一方面管理流动资产的资金量，还要把控企业内部各类资产的占比情况，促进营运资本的使用速度，加快资金收回的速度；另一方面要求决策管理企业筹资，需要注意流动资产率指标，同时注意融资风险以及偿债风险等。

营运资金管理的目标是在企业拥有较稳定的管理水平的同时，不仅要保证企业可以运作资金使其具备更高的流动性，以此达到预期的盈利水平，还要保证企业耗费尽可能少的成本支出。在企业营运资金耗费成本不断降低的同时，将其流动性维持好，控制在一个安全的范围内，才可以实现更大的盈利。

这种传统要素下的营运资金管理虽然便于发现哪个项目在管理上存在缺陷从而有针对性地改进，但始终是弊大于利的。因为它忽视了各要素、各项目之间的联系，容易造成要素间的冲突，缺乏整体性，使绩效评价不够全面。于是，有学者将供应链思想融入营运资金管理，其除了将企业的营运资金细分至"供、产、销"三个环节协调进行管理，还加强了供应链条上节点企业间的整合，有效维持上下游企业的关系，保障物资的供给与营销，成功构建出供应链企业间互利共赢的功能性网链结构。

资源二　供应链视角下营运资金管理

一、供应链视角下营运资金管理的内涵

供应链视角下的营运资金管理，即将供应链管理理念与营运资金管理理论结合在一起，打破传统方式下营运资金管理中对"财务"与"资金"的关注，将管理重心落在"业务"与"运营"上，突破对单个项目的管理，将营运资金管理体现在各个业务流程上，使其从简单的短期财务决策扩展为长期的业务战略活动。

在已有研究的基础上，本书将营运资金定义为经营活动所需的营运资金与理财活动营运资金之和，其中，经营活动营运资金根据其在供应链不同环节的分布情况又分为采购渠道营运资金、生产渠道营运资金和营销渠道营运资金，具体包含的内容和计算方法如下：

营运资金＝经营活动营运资金＋理财活动营运资金

经营活动营运资金＝采购渠道营运资金＋生产渠道营运资金＋营销渠道营运资金

采购渠道营运资金＝原材料存货＋预付账款－应付账款－应付票据

生产渠道营运资金＝在产品存货＋其他应收款－应付职工薪酬－其他应付款

营销渠道营运资金＝产成品存货＋应收账款＋应收票据－预收账款－应交税费

理财活动营运资金＝货币资金＋交易性金融资产＋应收利息＋应收股利－交易性金融负债－短期借款－应付利息－应付股利

供应链视角下营运资金管理是集信息流、工作流、物流和资金流于一体的综合性集成管理，核心企业从下游客户端获取市场需求信息，拟订采购计划，并将市场需求信息、采购信息、生产信息等传递给上游供应商端，通过应付和预付款项获取所需的各类生产原材料，在企业内部进行加工、生产，该过程涉及职工工资及其他成本费用，最终将生产好的产品传递到客户手中，通过应收、预收款项使资金回到核心企业中。供应链视角下的营运资金管理模型如图5-1所示。

二、基于供应链的营运资金管理内容

（1）采购环节营运资金管理

供应链采购环节中的营运资金管理是指对流动于企业与原料供应商之间的营运资金进行管理，其包含的项目有原材料、应付款项等。大部分制造业企业在采购环节的营运资金管理活动都可以分为原材料采购模式的选择和供应商管理两个方面。

企业选择的原材料采购模式直接影响企业的原材料采购成本，举例来说，采取大规模的集中采购可以在一定程度上摊薄单一产品的成本；而向长期合作的战略伙伴进行采购通常可以获得低于市场的价格，同样可以降低产品的成本。不只是价格，采购模式会决定采购的周期，直接向源头供应商进行采购的模式可以减少资金在采购环节中周转所耗费的时间，这同样可以提高采购环节的资金周转效率。所以企业应结合行业和自身情况谨慎选择采购模式。

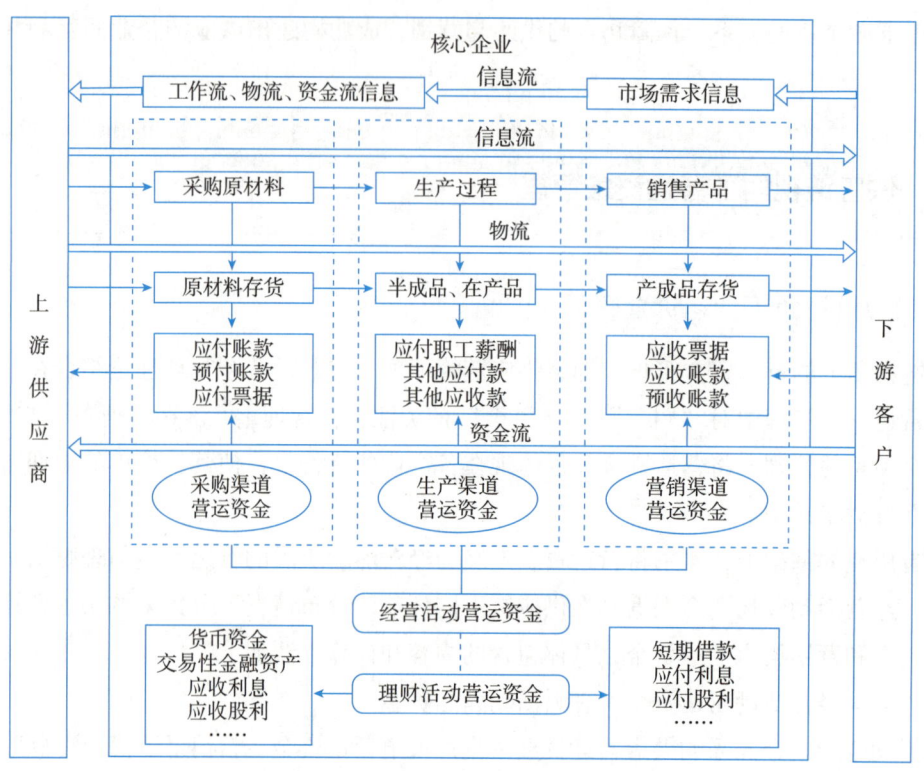

图 5-1 供应链视角下营运资金管理模型

对于供应商的管理，企业在关注其提供原料品质和供应稳定性的同时，应该将供应商的信用情况作为考核标准之一。同时，企业应该将某一地区的供应商数量控制在合理范围内，集中在某地区的多家供应商处进行采购虽然能通过建立良好的合作关系获取较低的采购价格，但是无形中增加了受供应商影响而出现原材料短缺的风险。但是供应商也不宜过于分散，一方面太过分散地进行采购难以保证原材料质量，增加管理难度；另一方面会增加采购过程中的运输成本。当企业有了长时间合作的供应商对象之后，应该持续性地维护与供应商之间的关系，保持自身在合作中的话语权，以此获得更有利的采购价格和更长的付款期限，进而满足自身营运资金的需求。

（2）生产环节营运资金管理

供应链生产环节中的营运资金管理对象主要是企业在生产制造自身产品时所耗费的营运资金，其包含的项目主要有存货中的在产品、其他往来款项和应付职工薪酬等。大部分制造业企业在生产环节的营运资金管理中，主要是对在产品和其他往来款项进行管理。

在产品管理方面，过量的在产品在销售受阻的情况下会大量地堆积在仓库中，同时占用企业的营运资金，造成企业流动资金受阻，但在产品库存过少又容易造成供应不足的风险，影响企业正常盈利。因此，企业应结合自身情况和市场反馈，合理制定存货管理机制，在保障日常销售不受影响的情况下尽可能地降低库存量，以此提高营运资金管理的效率。企业可以选择与高品质的供应商结成战略联盟，采用供应商管理库存的模式，供应商通过合作企业所提供的销售情况，整合市场反馈之后合理推测市场需求，基于需求安排供货开展生产，最大限度地降低存货的数量。以啤酒制造业为例，因啤酒制造业的特殊性，制造环节中包装物会占用大量的营运资金。同时，啤酒包装物在生产、内部转移、储存、销售和运输等各个环节中，经过反复的周转和使用，会有一定数量的破损，所以减少啤酒包装物的损坏度，对成本的压缩和企业经济效益的提升有不容忽视的作用。

其他往来款项方面，企业针对其他应收款应制定合理的信用政策，保证还款的时间和尽量降低坏账的出现；针对其他应付款应该设置合理的还款时间，不能长期拖欠上游供应商的款项，破坏与供应链上游供应商的关系。

(3) 营销环节营运资金管理

供应链营销环节中的营运资金管理，是指对流动于企业和消费者之间的营运资金进行管理的流程，涉及的营运资金项目有产成品、应收账款和票据、预收账款和应交税费等。供应链上的营销环节可以说是整个供应链上核心的一环，企业只有顺利地进行销售活动，才能收回采购、生产两个环节所耗费的资金，以此作为推动供应链上各环节资金流转的动力。供应链营销环节的营运资金管理涵盖了企业的产品结构投入管理、营销模式、客户关系管理三个方面。

首先，产品结构投入管理是指企业应该有选择地对盈利能力较强的产品加大投入，对盈利能力较差的产品减少投入，不断优化产品结构，以此不断提高企业的盈利能力，提高营运资金的盈利效率。其次，营销模式方面，在大数据时代下，供应链上的企业都应该依托信息技术使供、产、销三大环节的信息充分共享，进而进行协同合作，实现精准营销、数字化营销，同时推进线上线下的营销发展，拓宽销售渠道，提高销售水平，加快销售渠道营运资金的周转效率。最后，客户关系管理方面，营销活动的关键是提升用户黏性和满意度，用以获取行业内的市场份额优势和持续的盈利能力，因此企业应该重视客户关系维护。对于企业来说，一方面需要致力于品牌开发和市场开拓以获取更多消费者的喜爱；另一方面要重视维护经销商这一销售渠道，使双方合作更为紧密。

三、基于供应链的营运资金管理特点

营运资金管理中一个很重要的问题是怎样均衡其收益与风险，供应链管理最鲜明的一个特色就是把上游供应商、核心生产企业和下游客户视为一个一体化的综合网络，是从整体上来把握的。因此，供应链视角下的营运资金管理具有以下特点：

(1) 注重全局观和竞合意识

供应链视角下营运资金管理与传统营运资金管理最大的区别是将营运资金按照业务流程进行划分，在注重客户意愿的基础上采用出色的科学技术进行生产和管理，用全局的视角来对各局部进行调整，突破原有的组织管理模式，最大限度地对生产和管理进行整合，构建以流程为导向的综合网络。借助供应链综合网络来改善营运资金管理，一方面扩大了供应链管理的范畴；另一方面通过全局观的资源整合与共享，实现了对企业营运资金管理的改善。通过这种全局观的管理思维，供应链上各企业间能够相互建立合作关系，在相互竞争的同时能够相互合作、共享资源，从而提高整个供应链的营运资金管理绩效。

(2) 重视客户导向与供应商参与

客户导向就是以客户为中心，按照客户需求来进行材料采购、生产和销售计划，这一做法的优势在于能够减少大量原材料浪费和产品积压，既能使生产出的产品很快销售出去，也能满足客户对产品的需求，同时减少库存占用，从而加快供应链上各环节营运资金的周转速度，提升管理效率。同样，供应商是供应链上的一环，重视与供应商之间的战略合作伙伴关系，实行供应商参与，使供

应商能够实时了解核心生产企业的需求与进度，以更好地安排供货的数量与质量，提高交货率的同时避免占用与浪费。

（3）强调库存管理成本

一般来说，企业会保持一定的库存以维持生产经营活动，一来容易变现，二来能够降低企业断货风险。但是，在维持再生产和降低风险的同时带来了存货成本以及资金的占用风险，较多的存货不仅需要仓储费、人员管理费，也存在一定的积压风险。尤其是在科学技术不断发展的背景下，大部分产品更新的速度超过了产品的生产和销售速度，过多的库存在新产品的冲击下更难以走向市场，唯有降低价格销售甚至低于成本价处理，很大程度上挤压企业利润，造成损失。供应链视角下的营运资金管理旨在与上下游企业建立良好的战略合作关系，通过彼此间的信用关系和信息共享能够很好地把握市场需求，并通过供应商库存管理和客户库存管理进行库存转移，降低各级存货量，从而降低库存管理成本。

资源三　供应链管理理念对营运资金管理绩效的影响分析

供应链管理的特色之一是对供应链上的所有参与者采取统一管理，该管理包括契约管理和信息共享管理，参与者不仅包括上游供应商、下游分销商和客户，也包括核心生产企业内部职工人员。本书将战略供应商、精益生产和战略客户作为分析对象，分析三者对企业各渠道营运资金管理绩效的影响。

一、战略供应商关系对采购渠道营运资金管理绩效的影响分析

原材料存货和应付款项是采购渠道中营运资金的重要组成部分，也同上游供应商紧密相连，面对不同的供应商，根据合作时间的长短、涉及金额的大小、信任程度的深浅，采购政策会有所不同，营运资金管理的效率水平也会有所不同。核心生产企业通过与供应商建立战略合作伙伴关系，通过长期的契约管理和信息共享来实现战略采购、供应商参与和VMI（合作性策略模式），以达到降低采购成本、收缩库存、减少资金占用量，从而提升采购渠道营运资金管理绩效水平的目的。战略供应商关系对采购渠道营运资金管理绩效的影响如图5-2所示。

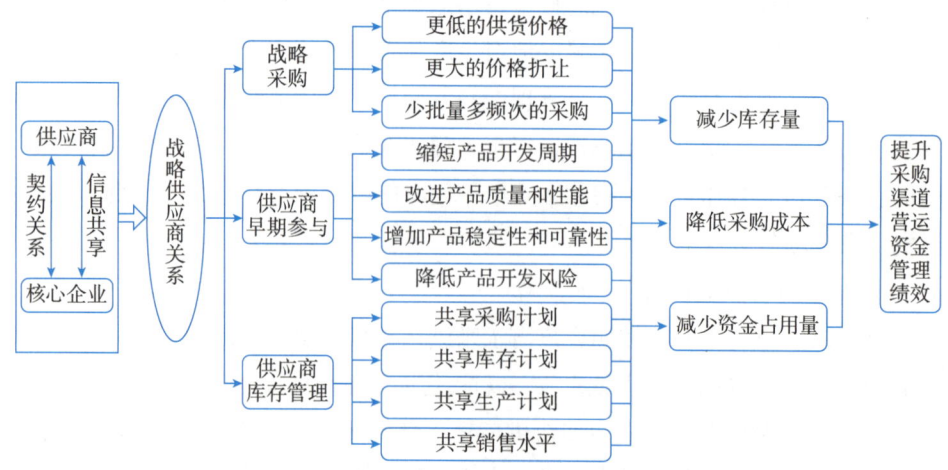

图5-2　战略供应商关系对采购渠道营运资金管理绩效的影响

(1) 战略采购能够降低采购成本

普通采购过于追求价格的低廉，这一行为有可能造成产品质量差、服务态度恶劣等后果。战略采购为了避免了这一点，站在整体的视角，不仅关注价格，也关注产品的质量、后期服务以及供应商的信用，通过系统性分析追求总体成本最低。战略采购与普通采购的区别见表 5-1。

表 5-1 战略采购与普通采购的区别

项目	战略采购	普通采购
选择供应商的标准	总成本最低	价格最低
双方之间关系	竞争合作关系	竞争关系
采购依据	订单驱动	生产驱动
信任程度	较高	较低
合作时效	较长	较短
采购管理复杂性	复杂	简单

科学技术的飞速发展促进了产品的更新换代，其原材料也不可避免地需要随时更新，倘若核心生产企业储备大量的原材料，一方面会增加库存管理成本，另一方面很容易因为产品配置的更新导致原来的原材料没有了用武之地。同时，客户的需求也在不断地朝着多元化的方向发展，同样会导致产品不断更改结构和功能，在这种情况下，调整大宗采购模式很有必要。核心生产企业与战略供应商之间的合作伙伴关系一般是协议时间比较长、信任程度比较高、信息共享程度高的关系，在此前提下核心生产企业一般能够获得更多的折让，以更低的价格获得原材料，同时少量多次地进行采购避免了大量库存带来的高成本和浪费，通过降低资金占用量来提高采购环节营运资金管理水平。

(2) 供应商早期参与能够促进产品研发

随着客户对产品的多元化需求和个性化需求增长，核心生产企业需要提高自身对市场的敏感度，在短时间内生产出适应市场需求的产品。然而从接收市场信息到进行生产设计，再到寻找相匹配的原材料这一过程比较漫长，尤其是在产品设计和原材料部件匹配环节，其生产技术不一定能在短时间内吻合。为了解决这一难题，核心生产企业可以邀请战略供应商提前参与到产品设计中，这样一来，供应商能够预测产品所需原材料部件的结构、性能、适用性、拟合度等，从而在更短的时间内提供更吻合的原材料部件，缩短核心生产企业开发新产品的周期；同时，由于供应商具备专业的生产技能，因此能够通过完善原材料部件的质量和性能来提高产品的稳定性，也能够通过早期参与了解未来发展趋势，及时生产对应产品，从而提高原材料适用性，增强与新产品的匹配度，降低开发风险。

由以上分析发现，供应商早期参与能够缩短产品开发周期、改进产品质量和性能、增加产品稳定性适用性、降低产品开发风险，这不仅能够更好地满足客户的需求，也更能够使产品更快地走进市场，降低原材料的采购成本、减少库存、削减仓储管理成本、减少资金占用量，从而提升该环节资金的管理绩效。当然，由于供应商早期参与需要核心生产企业与供应商之间信息、工艺、技术的高度共享，因此具备良好的相互信任关系和高质量的信息共享是供应商早期参与的前提，这也是战略供应商关系所能够提供的。

(3) 供应商库存管理能够降低库存成本

传统的库存管理最大的问题是上下游企业信息不流通，每个企业只考虑自身情况，这就产生一个弊端：上游企业对下游需求的预测往往会比实际的需求要大，这就容易产生牛鞭效应。为了避免牛鞭效应，需要突破上下游企业间各行其是的状态，使其在相互信任的基础上达到信息共享，以便提高库存的管理效率。所谓 VMI，是指供应商库存管理，就是一种供应商与核心生产企业之间能够互相共享库存信息以实现双方都降低成本的库存管理模式，甚至可以达到零库存管理，该模式最注重的是能够共测库存、共担风险的合作意识。

VMI 要求核心生产企业与上游供应商能够达到信息高度共享，共享的信息内容不仅包括采购安排、库存情况，也包括彼此的生产预期和销售能力等企业内部机密信息，因此核心生产企业应与上游供应商间建立足够的信任和契约管理。在 VMI 模式下，上游供应商通过核心生产企业提供的销售订单数量和历史原材料部件消耗情况，能够精准预测出一定时间内核心生产企业的原材料部件需求，避免信息不到位引起的牛鞭效应，从而精准提供生产企业所需原材料，提高供货灵活性，降低资金的占用量，最终达到提高采购环节资金管理绩效的目的。

二、精益生产对生产渠道营运资金管理绩效的影响分析

在产品和半成品存货以及其他应收应付款是生产环节营运资金的重要组成部分，该环节营运资金管理的主要任务是避免生产过程中的浪费，通过履行精益生产能够使核心生产企业调动员工的主观能动性和积极性，实施准时制生产模式生产以及模块化生产，以达到消除浪费、降低在产品数量、缩短生产周期和削减生产成本的目的，通过减少资金占用来提高该环节资金的管理绩效。精益生产对采购渠道营运资金管理绩效的影响如下。

（1）调动员工积极性有助于消除生产过程中的浪费

进行精益生产的主要目的是尽量消除生产过程中的浪费以达到高效生产，生产过程中的浪费一般是指过度进行生产、无效的运送、不匹配的技术、无价值的停滞、多余的存货、不达标的成品等。这些浪费的行为大多是日常业务中比较琐碎的工作和任务，若是对其成效进行专门的督促和评估，需要大量的时间、人力和精力，这又会造成人员和资源上的浪费，违反了避免浪费的初心。不难发现，具体的工作人员在完成本职工作和任务的过程中，对自身工作的熟悉度和认知度要远高于专门的监督管理人员，他们能够在最短的时间内发现问题并匹配出相应解决浪费的办法，因此，为了发现浪费、避免浪费、消除浪费，应该最大限度地调动员工的主观能动性和积极性，当然，这需要核心生产企业与员工之间建立良好的契约关系，并能够相互信任，进行有效的信息交换，通过企业与员工间的契约管理和信息共享管理，使各司其职的员工发挥其专业能力，帮助企业在生产环节缩减对原材料的消耗，节省劳动力、减少制造成本，从而减少资金占用量，提升生产渠道营运资金管理绩效水平。

（2）准时制生产模式（JIT）有助于降低在产品数量

JIT 的基本思想是只在需要的情况下，根据所需的数量，生产需要的产品，努力达到零库存或者库存最小的状态。这种生产模式的驱动力是订单驱动，即按照订单来安排生产，没有订单的情况下不进行生产，否则就会产生浪费。实施 JIT 能够实现精益生产，尽管进行大量生产可以充分发挥规模效益，减少制造成本，但倘若产成品因为不符合市场预期难以投入市场，将造成难以估量的浪费，尤其是目前客户需求逐渐呈现多元化和个性化的趋势，大规模的生产很难在长时间内持续符合大众意愿，这时通过实施准时制生产模式来应对随时变化的客户需求就显得比较得心应手。因为准

时制生产模式是根据市场客户需求量和需求意愿来制订生产计划的，具有准时生产和小批单件的特点，能够实现精益生产的目的。在产品占用的资金主要表现在材料成本、人工成本以及制造费用上，在企业生产水平一定的情况下，单个在产品所占用的资金也是固定的，某一固定时期在产品生产过程所占用的资金总量与在产品的生产数量息息相关。准时制生产模式根据订单进行生产，生产结束就直接投入消费市场，尽可能地减少在产品生产数量，从而降低资金占用量，提升生产环节营运资金管理绩效水平。

（3）模块化生产有助于缩短生产周期、降低生产成本

模块化生产作为一种灵活性的生产模式，即使在面对客户多元化、个性化要求的情况下，也能借助模块化设计、模块化制造、模块化装配这一过程来缩短产品的生产周期、降低产品的生产成本。实施模块化生产的首要任务是对模块进行设计拆分，将繁复的整个模块拆分为几个相互独立的较为简单的单位模块，各单位模块间没有生产的先后顺序之分，能够同时组织和管理，这样一来就能对各单位模块进行同步生产，大大降低了整个模块的生产时间，再经过装配组装成一个性能完好的模块，从而缩短了产品的生产周期。同时，借助模块的标准化和通用化特点，将产品的多元化和单位部件的标准化相结合，在满足顾客个性化、多元化需求的基础上，通过模块批量生产来实现规模经济，从而在很大程度上节省生产成本。由此可以发现，模块化生产在传统分工的基础上进一步将各细分部分按照功能原则重新组合，通过缩短生产周期、降低生产成本，实现高效率、低成本的生产模式，降低了生产环节的资金占用量，从而提升了生产渠道营运资金管理绩效水平。

三、战略客户关系对营销渠道营运资金管理绩效的影响分析

产成品库存、应收款项和预收款项是营销环节营运资金的重要组成部分。战略客户关系需要核心生产企业与客户建立良好的合作关系，两者之间一般合作时间较长、信任度较高，能够充分共享市场信息。核心生产企业与下游分销商和客户借助契约管理及信息共享管理建立战略客户关系，通过共享市场信息、实施战略供货、加速货款回收来把握终端市场需求、降低供货成本、减少资金占用量，从而提高营销环节营运资金管理绩效。战略客户关系对营销环节营运资金管理绩效的影响如图5-3所示。

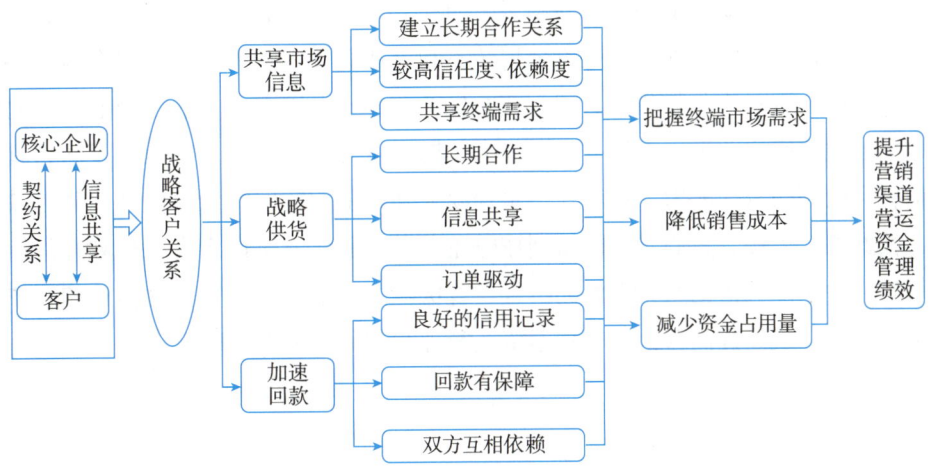

图5-3　战略客户关系对营销环节营运资金管理绩效的影响

（1）共享市场信息有利于生产企业把握终端市场

作为生产企业，其生产的产品只有符合市场需求才能够销售出去，同时获得利润和发展，倘若其生产的产品不能满足市场需求，与市场预期不匹配，则其产品很难流入市场，最终造成产品积压、资金占用，导致企业亏损、周转资金不足，严重的可能会导致破产。因此，准确把握终端市场需求产品和需求量是生产企业在销售过程中必须重视的内容，只有正确了解市场信息、对准消费者偏好、不断提高自身产品和服务的质量，才能在营销渠道打通第一步。一般情况下，核心生产企业与最终消费者之间并不是直接对接，而是通过分销商、零售商等下游客户将产品传递到终端市场。也就是说，核心生产企业的下游客户掌握了更多的市场需求、消费者偏好等信息，而这些信息又是分销商和零售商的内部销售机密，属于其核心竞争力的一部分，核心生产企业唯有与其建立长久的合作关系，彼此间维护高度的信任，同时使下游客户也能从中受益，才有机会获得市场需求信息的共享。战略客户指的是合作时间长、信任程度高、信息能够共享的下游客户，核心生产企业可以通过与下游客户之间的战略合作伙伴关系来了解市场信息，把握终端市场需求，从而提供性能和数量与市场需求相匹配的产品，促进产品销售和货款回收，减少资金占用量，提高营销环节营运资金管理绩效的水平。

（2）战略供货有利于生产企业降低销售成本

核心生产企业和下游客户作为同一条供应链上的利益相关者，有着一荣俱荣、一损俱损的关联性，下游客户在面对多样化和个性化的市场偏好的情况下，需要准时准量地提供相应的产品以获取利润，这无疑增加了下游企业采购环节的成本。对于核心生产企业来说，小批单件的生产和小量多次的输送加重了生产企业的生产成本与配送成本，但大规模的批量生产有可能导致产品销路不畅和库存积压，容易对生产企业造成损失和浪费。战略供货是指核心生产企业与战略客户之间采用契约的制约方式进行合作，下游客户企业向核心生产企业提供终端市场需求与客户偏好，核心生产企业根据获得的信息及订单开展生产活动，在产品完工后及时配送到下游客户企业，这对核心生产企业来说是战略供货的过程，对下游客户来说是战略采购的过程，双方都得到了降低成本的益处，在满足销售的前提下不积压库存，减少存货资金占用量，提高营销环节营运资金管理绩效水平。

（3）加速应收账款回收有利于降低营销环节资金占用

应收账款是企业销售产品和服务时暂时未收回的部分资产，在营销环节营运资金中占据较高的比例，适量的应收账款有助于推动产品的销售，因此，大部分企业会有部分应收账款，但是过量的应收款项会导致管理成本的增加和营运资金周转不利，从而侵占利润，导致资金紧张甚至破产，所以核心生产企业应注重对应收款项的管理。核心生产企业与下游客户企业之间通过契约管理和信息共享关系建立的战略客户关系，由于双方一般为长期合作关系且相互之间比较了解，其客户通常具有良好的信誉和较好的资金实力，这就在一定程度上确保了货款回收的可能性。同时双方有一定的制约关系，彼此相互依赖，核心客户能做到按时还款以保证双方协议的有效性和存续性。由此可以看出，战略客户关系能够借助双方良好的信誉、有保障的资金实力和彼此之间的相互依赖关系来促进应收款项的回收，从而提高营销环节营运资金管理绩效的水平。

资源四　营运资金计算分析

案例一

现金周转模式

现金周转模式不仅适用于企业的总体分析和评价，也适用于企业单一产品的分析和评价。如果能够准确地测算出单一产品的存货周转率、应收账款周转率以及应付账款周转率，就不难发现哪些产品占用了企业大量资金，哪些产品很少占用甚至在为其他产品提供资金支持和为企业创造可观的利润。因此，现金周转模式为企业战略性产品调整提供了有益的线索，对单个产品不同现金周转期的分析和评价，或许是企业战略变革的起点。

相关运算：

1. 计算现金周转期：从购买材料到商品销售收回现金的天数。

现金周转期 = 应收账款周转期 – 应付账款周转期 + 存货周转期

2. 计算现金周转率：一定时期内现金的周转次数。

现金周转率 = 计划期天数 ÷ 现金周转期

3. 最佳持有量 = 年现金需求量 ÷ 现金周转率。

资料：某企业原材料购买和产品销售采取赊购赊销方式，应付账款的平均付款期为30天，应收账款的平均收款天数为60天。假设企业从原材料购买到产品销售的平均期限为90天，企业预计年现金需求总量为480万元，则该企业的目标现金持有量为多少？

计算步骤：

1. 计算现金周转期
2. 计算现金周转率
3. 计算目标现金持有量

$$现金周转期 = 60 + 90 - 30 = 120（天）$$
$$现金周转率 = 360 \div 120 = 3（次）$$
$$目标现金持有量 = 480 \div 3 = 160（万元）$$

案例二

营运资金投资估算

某年营运资金需用数 = 该年流动资产需用数 – 该年流动负债可用数

某年营运资金投资额（垫支数）= 本年营运资金需用数 – 截至上年的营运资金投资额 = 本年营运资金需用数 – 上年营运资金需用数

资料：A企业某投资项目投产第一年预计流动资产需用额为3500万元，流动负债可用额为1500万元，假定该项投资发生在建设期末；投产第二年预计流动资产需用额为4000万元，流动负债可用额为2000万元，假定该项投资发生在投产后第一年末。求每期营运资金需用数和营运资金投资额。

投产第一年的营运资金需用数 = 第一年流动资产需用数 - 第一年流动负债可用数 = 3500 - 1500 = 2000（万元）

第一年营运资金投资额 = 第一年营运资金需用数 - 截至上年的营运资金投资额 = 2000 - 0 = 2000（万元）

投产第二年的营运资金需用数 = 第二年流动资产需用数 - 第二年流动负债可用数 = 4000 - 2000 = 2000（万元）

第二年营运资金投资额 = 第二年营运资金需用数 - 截至上年的营运资金投资额 = 2000 - 2000 = 0（万元）

终结点回收营运资金 = 营运资金投资合计 = 2000 + 0 = 2000（万元）

案例三

最佳现金持有量确定

确定原则：

分别计算各现金持有量方案的机会成本和短缺成本之和，总成本之和最低的现金持有量方案为最佳现金持有量方案。

资料：富达车有限公司2023年投资2879万元，引进的年产40万辆铝合金车架生产线已竣工调试，该公司产品质量优良，价格合理，市场上颇受欢迎，销售很好，达产后新增销售收入1.2亿元，利税2400万元。因此，公司迅速发展壮大，货币资金持有量不断增加。现金是企业流动性最强的资产，可以用来满足生产经营开支的各种需要，拥有足够的现金对降低企业的风险、增强企业资产的流动性和债务的可清偿性具有重要的意义。但是现金属于非盈利资产，持有量过多，它所提供的流动性边际效益会随之下降，进而导致企业的收益水平降低。公司财务经理为了尽量减少企业闲置的现金数量，提高资金收益率，考虑确定最佳现金持有量，于是分派财务科对四种不同现金持有量的成本做了测算，具体数据见表5-2。

表5-2 现金持有量成本测算

单位：元

方案项目	A	B	C	D
现金持有量	25000	50000	75000	100000
管理成本	20000	20000	20000	20000
短缺成本	10000	6000	2000	0
机会成本				

财务根据上述数据，结合企业的资本收益率12%，利用成本分析模式，确定出企业最佳现金持有余额为75000元。

分析：财务为什么确定企业最佳现金持有余额为75000元？

机会成本分别为3000元、6000元、9000元、12000元，C方案总成本最少。

资源五　营运资金内部控制体系

营运资金内部控制体系是推进企业营运资金活动高效运转的控制体系，它是建立在企业实际发展情况上的，与企业本身营运资金活动相适应，是为有效防范企业运营活动和过程中各项风险点，构建的结构合理、科学配置、程序严谨、制约和调整的体系，以促进各环节的营运资金良性循环，加强资金活动的流程执行，提高资金的营运效率。

一、资金营运活动内部控制的目标

通过对企业营运资金内部控制体系的管理，达到合法合规、资产安全、报告和经营目标，以制度改进设计和流程手续的优化措施使营运资金内部控制体系取得高效成果，实现生产经营活动合法合规、保障资产流动和资金链安全完整、确保财务信息和对外披露报告真实可靠地提供给管理层、股东和债权人等信息使用者。最终使企业因为营运资金内部控制的改进，提高经营业绩和财务报告质量，这也是内控最直接的效果表现。企业的营运资金活动审批流程的违规行为也将有所改善，进而实现企业的发展目标，在市场竞争中永葆活力。

二、营运资金内控体系基本原则

（1）全面性

全面性原则要求内部控制贯穿企业的各个环节，做到全过程的内部控制，包括决策、执行和监督等环节，企业的管理层及员工都是内部控制活动中的成员，其各自工作的内容构成了业务活动开展过程中的各个环节，各个管理活动对营运资金的全面控制在制度和流程上都应该有所反映，防范在营运资金内部控制的决策、执行和监督等环节出现的漏洞。

（2）重要性

重要性原则就是要突出营运资金内部控制中的重点环节，往往出现在关键业务、高风险项目上，对这部分的重视程度远比其他环节要大，对这部分的内部控制措施的实施也更为严格，要把风险降到最低水平。"突出重点，兼顾一般"，在兼顾全面的基础上，对营运资金关键控制点加大资源的配置，着力防范重点环节可能发生的风险。

（3）制衡性

制衡性原则讲究平衡，权力的制约机制对营运资金活动的内部控制在很多方面是需要制衡的，如治理结构的设置、岗位或人员的相互分离和业务流程上的相互监督等，都充分显示制衡在内部控制中起关键作用。

（4）适应性

适应性原则强调了灵活性，企业资金活动中的营运活动具有一定的复杂性，制度的建设也不是一成不变的，其需要随企业自身的发展、市场竞争环境等多方面的影响而不断与时俱进，进行适应性调整。

（5）成本效益原则

成本控制影响企业的效益状况：一方面要严格把控成本，削减企业中存在的冗杂成本，合理安排资金的使用；另一方面要追求效益，企业需要站得高、看得远，对企业营运资金的内部控制需要对成本和效益都充分考虑，对企业营运资金活动的关键业务流程风险点的严格控制，会降低企业成本，带来更大效益。

三、营运资金内部控制的业务流程

资金营运活动的业务流程主要包括以下环节。

（1）业务发生

实际发生的业务是资金收付的前提。企业资金每一笔收付必须有所依据，杜绝无凭无据的收付款。有经济业务发生，企业才会有收款和付款的需求，因此，资金收付必须以真实的业务发生为前提，应当取得充足有效的凭证和票据。

（2）企业授权部门的批准

责任部门或人员对业务的真实性、金额的准确性进行审核时，应当在自己的授权范围内履行职责，严禁越权处理，在确认收到的凭证或票据是真实合法的、金额准确无误之后，方可批准付款，并且要对付款环节加以监督。

（3）财务部门复核

授权部门审核签批相关凭证或证明后，财务部门需对相关资料进行复核，若没有问题，则签字确认。复核的目的一方面是确保上一个环节审批无误；另一方面是与上一个审批环节形成牵制，提高审批的严谨性。

（4）支付资金

财务部门签字后，出纳或资金管理部门以相关资料为依据进行付款。

四、资金营运活动内部控制的关键控制点及控制措施

资金活动与企业各项业务的发生密不可分，所以企业日常的资金营运活动频繁且复杂，对资金营运活动进行控制，重点是找准内部控制的关键风险控制点，这样才能有针对性地采取相应的控制措施。关键控制点如下：

（1）审批控制点

资金营运活动得以有条不紊地开展有赖于资金收付审批权限的合理划分。审批控制点可以采取的措施：企业应当对办理资金收付业务的人员加以限制，并不是所有人都可以办理资金收付业务，只有相关的特定人员，或者取得了相关部门或特定人员授权的，才可以办理资金收付业务；部门有用款需求的，应当在申请材料中写清楚用款事由、支付金额等；经办人员和有关部门必须对申请材料进行审批与复核。

（2）复核控制点

复核控制点是关键控制点之一，原因在于复核环节与审批环节形成牵制，一来可以增加审批的准确性，二来防止审核人徇情枉法。复核分为上级对下级的复核、平行等级或者没有上下级关系的人员的复核。复核控制点包括会计主管根据原始凭证检查审核业务是否真实发生，审查票据的取得有没有违法，并签章确认。经过以上复核环节，会计人员检查凭证上的印章是否齐全，手续齐全后方可填制原始凭证。

（3）收付控制点

收款和付款意味着资金的流入与流出。当收款大于付款时，表明资金的流向为流入；当收款小

于付款时，表明资金的流向为流出。收付控制点主要有出纳不能凭空收付款，必须取得经过审核与复核的有关资料才能进行收付款，完成后，在凭证上盖戳记并登账；会计人员及时记账，出纳和会计之间应当定期对账。

（4）记账控制点

会计凭证和账簿可以反映企业的资金流向，如果记账环节存在管理漏洞，则将使会计信息失真。记账控制点主要有出纳人员、会计人员、主管会计，应当各司其职，按照各自岗位的要求，以资金收付款凭证作为依据及时登账。

（5）对账控制点

对账是记账和生成报表的间隔环节，起着承上启下的关键作用，对账关系会计信息质量，是确保会计信息的真实可靠的必要环节。对账控制点主要有账证核对、账表核对、账实核对。

（6）银行账户管理控制点

银行账户管理控制点主要有开户、启用新户和销户是否获得授权并且依照程序办理，严禁下级公司或者单位设立多套账簿。

（7）票据与印章管理控制点

遵循不相容职务分离的原则，保管用于办理付款业务印章的人员不得单独接触票据，保管票据的人员也不得单独接触付款业务印章。财务专用章与企业法人章也必须分开保管。

5.3 完成岗位任务

项目名称	经营预算的编制
任务情境	某上市公司是一家专门从事基础设施研发与建造、房地产开发及进出口业务的公司。2023 年，公司收到证监局《行政监管措施决定书》，显示公司存在一系列违规问题： （1）未按规定披露重大关联交易。公司监事刘某同时担任 F 公司的董事长、法定代表人；刘某的配偶李某担任 H 贸易公司的董事、总经理、法定代表人。2021 年度，公司与 F 公司关联交易总金额为 6712 万元，与 H 贸易公司的关联交易总金额为 87306 万元；2022 年度，公司与 H 贸易公司的关联交易总金额为 215395 万元。这些关联交易均超过 3000 万元且超过公司最近一期经审计净资产的 5%。根据证监会的规定，这些交易属于应当在年报中披露的重大关联交易。但是公司均未在这两年的年度报告中披露上述重大关联交易。 （2）违规在关联公司间进行频繁的资金拆借，非法占用上市公司资金。公司无视证监会关于禁止上市公司之间资金相互拆借的有关规定，2020 年 4 月至 2022 年 8 月，向关联公司 H 贸易公司、F 公司拆借和垫付资金 6 笔，共 27250 万元。 （3）通过派发高额工资等方式变相占用上市公司非经营性资金。2019—2022 年，包括董事长在内的公司高管人数分别为 17 名、19 名和 16 名，合计从公司领走 1317 万元、1436 万元和 1447 万元薪酬，均超过同期公司归属母公司股东的净利润水平。连续多年向公司董事、监事和高级管理人员提供购房借款。截至 2022 年 12 月 31 日，公司向公司董事、监事和高级管理人员提供的购房借款金额达到 610 万元。上述行为违反了《公司法》关于"公司不得直接或通过子公司向董事、监事、高级管理人员提供借款"的相关规定。 （4）利用上市公司信用为关联公司进行大量违规担保。公司 2018—2022 年为公司高管所属的公司提供担保的金额分别为 0.91 亿元、5.2 亿元、5.6 亿元、7.7 亿元。公司管理层将公司当作融资工具，为自己所属公司解决资金需求。一旦这些巨额贷款到期无法偿还，公司就必须承担还款的责任。 公司管理层频繁的违规行为，导致公司的发展陷入举步维艰的地步。2018—2022 年公司经营状况不佳，扣除非经常性损益后出现连续大额亏损的状况。公司连续多年资产负债率高达 70%，且流动资产和流动负债相差无几，财务风险很大。公司的每股收益连续多年走低，远低于上市公司平均水平，反映出公司股东的获利水平很低

续表

项目名称	经营预算的编制
任务目标	简要分析该公司资金活动存在的主要风险
任务点拨	（1）依据企业实际资料进行认真分析 （2）资金内部控制的要点
自我点评	

5.4 课后训练

请同学们课后按 5.3 岗位任务书内容要求制作一份 ppt 分析汇报书。

项目六 采购数字化应用管理

6.1 认知岗位职责

6.1.1 学习目标

（1）正确认知采购数字化概念；
（2）熟悉采购控制流程；
（3）理解掌握采购控制关键点；
（4）能够根据企业采购业务管控的特点和要求，提出相应的采购制度设计方案。

6.1.2 岗位分析

（1）明确采购业务内部各岗位的要求及重要性；
（2）熟悉职务规范包括工作识别信息、工作概要、工作职责和责任，以及任职资格的标准信息；
（3）利用业务与财务融合切入点，结合采购业务各流程节点特点，做好采购数字化的管理。

6.1.3 素质目标

（1）培养学生数字化和职业化应用能力；
（2）培养学生社会职业道德观和数字网络安全意识。

6.2 知识储备

资源一　数字化采购背景

一、数字化采购概念

采购数字化应用管理是指以提高采购效率、降低采购成本、优化供应链关系为目标，通过数字技术和信息系统的应用，实现采购过程的智能化、自动化和可视化。包括采购需求管理、供应商管理、采购合同管理、采购流程管理等关键环节的数字化。

德勤：通过应用人工智能、物联网、机器人流程自动化和协作网络等技术，打造可预测战略寻源、自动化采购与前瞻性供应商管理，从而实现降本增效，并显著降低风险，将采购部门打造成企业的价值创造中心。

SAP：数字化采购包含五个方面的意义，建立数字化供应市场、链接供应商网络生态、构筑智慧供应链风险管理体系、提升支出管理水平和合规性、最大化改善客户体验和服务效率。

麦肯锡：供应商与商业用户通过大数据、流程自动化和全新分析模型，提高采购环节效率，大幅降低成本，从而实现更快捷、更透明的可持续采购，重点在于识别和创造价值以及防止漏损，分成四个模块：支出可视化、协作性先进采购、采购支付以及绩效管理。

国家工业信息安全发展研究中心：以提质降本增效为出发点，面向从寻源到合同、从订单到支付及供应商管理等采购全流程，应用互联网、大数据、人工智能等新一代信息技术，构建数据驱动型的新型采购体系，实现采购系统升级、业务创新、流程优化和管理变革，提升供应链响应速度和协同效率。

（一）数字化能力及特点

1. 数字技能

学生应具备使用计算机、网络和其他数字化工具的基础技能。这些技能包括但不限于搜索和筛选信息、使用办公软件、操作社交媒体等。

2. 信息素养

信息素养是指学生在面对海量信息时，能够批判性地评估、筛选和整合信息的能力。包括理解信息、判断信息的价值和真实性及处理信息的能力。

3. 创新思维

在数字化时代，创新思维尤为重要。学生应具备运用数字化工具和资源进行创新的能力，如使用3D打印技术、编程或设计电子游戏等。

4. 协作能力

网络协作是数字化时代的重要能力。学生应学会通过网络与他人合作、交流和分享知识，同时掌握在团队中扮演各种角色的能力。

5. 网络安全意识

随着网络的普及，网络安全问题日益凸显。学生应了解网络安全的基本知识，如保护个人信息、识别网络钓鱼和避免网络欺诈等。

6. 节省成本

许多企业花费大量金钱和时间来维护过时的系统与商品。由于集成了更精简的运营和更快的风险管理，采用数字采购不仅可以节省前期资金，还可以在运营后节省时间和金钱。正确的软件可以使公司在运营框架内节省大量成本。

7. 创收

通过降低成本更容易增加收入。推动公司向前发展的关键是通过识别当前业务流程中的错误来利用各种可能性。员工和管理层可以通过模式识别、趋势评估和数据驱动机会的好处来改进他们的最佳实践并增加收入，方法是提高业务各个方面的透明度。

8. 增强便捷性和客户满意度

客户服务可能成为企业"成败"的关键因素。作为后端流程，由于缺乏可见性，它的作用可能很难被理解。让我们举一个例子，如果一个焦急的客户打电话询问延迟订单，他可能会因为客服满意的答复而打消取消订单的念头。然而，在下订单平台向客户提供前期库存信息不是更好吗？一个称职的数字采购系统可以通过提供剩余库存或产品信息让客户安心，并让客户操作更简单。

9. 增强企业文化和员工敬业度

数字采购可以引入人力资源管理的软件。这种系统能够处理绩效评估并验证员工培训效果。如果适当的机制使员工的工作更加简单、高效，员工的工作压力就会减轻，从而提高他们的工作积极性。

10. 敏捷

通过数字化采购，可以帮助企业转型，对市场趋势和客户需求做出快速反应，增强公司的灵活性和敏捷性，更好地适应环境变化。

（二）数字化采购作用与优势

优化采购流程：数字化应用管理可以帮助企业建立和优化采购流程，实现采购过程的规范化和标准化。通过设定采购流程的各个环节和标准化操作，提高采购工作的效率和准确性。

提高采购效率：系统可以实现采购流程的自动化和智能化，减少人工干预，降低采购周期，提高采购效率。采购人员可以快速地发起采购申请、询价、比价、选供应商和生成采购订单等操作。

降低采购成本：数字化采购可以通过优化采购流程、提高采购效率、降低物流成本和找到最优惠的供应商等方式，降低采购成本。同时，数字化采购可以更好地掌握供应商绩效，提高采购的成本效益。

协同供应链上下游：数字化系统是连接内部供应链与外部供应商的桥梁，能够实现内部需求的传递、采购与内部的协同，以及采购与供应商的协同，提高供应链的整体效率。

实现采购信息透明化：数字化应用管理可以提高采购过程的透明度，帮助企业更好地了解市场情况、采购成本、供应商绩效等信息,为采购决策提供有力支持。

强化供应商管理:数字化系统可以进行供应商协同管理,包括产品在线报价、采购对账、在线处理订单等,提高企业与供应商的作业效率。

采购数字化应用管理已成为现代企业管理中不可或缺的一环。通过数字化技术的应用,企业可以优化采购流程、提高采购效率、降低采购成本并强化供应商管理。同时,企业需要注重数据的智能化管理、专业人才的培养与引进以及风险管控等方面的工作,以推动数字化采购的持续发展和创新。

二、数字化采购与 ERP–SRM–SCM 的概念辨析

ERP 建立在信息技术基础上,是以系统化的管理思想,为企业员工及决策层提供决策手段的管理平台,其中采购管理模块具体有供应商信息查询、催货、采购与委外加工、价格分析等功能。

SRM 能改善与供应链上游供应商的关系,它是一种致力于实现与供应商建立和维持长久、紧密伙伴关系的管理思想和软件技术的解决方案,是数字化采购的一个重要模块。

SCM 供应链管理指在满足一定客户服务水平的条件下,为了使整个供应链系统成本达到最小而把供应商、制造商、仓库、配送中心和渠道商等有效地组织在一起来进行产品制造、转运、分销及销售的管理方法。

数字化采购是 ERP 采购管理模块的进一步延伸,不仅注重企业内部采购效率的提升,而且通过SRM、供应商协同、战略寻源等模块,帮助企业找到更优质的供应商,在线管理供应商,管控风险,形成"端到端"的采购管理体系。

三、数字化采购主要产品模块

在大数据、RPA、AI、物联网等技术的基础上,数字化采购产品模块分为两个部分:采购管理工具和第三方 B2B 采购平台。采购管理工具模块分为战略寻源、采购执行、供应商管理和供应商协同,侧重提高采购管理效率,提供相关工具的厂商称为工具型厂商。从采购物资类型切入,第三方 B2B 采购平台分为非生产性物资 B2B 采购平台、生产性非原料物资 B2B 采购平台和原料物资 B2B 采购平台(见图 6–1)。

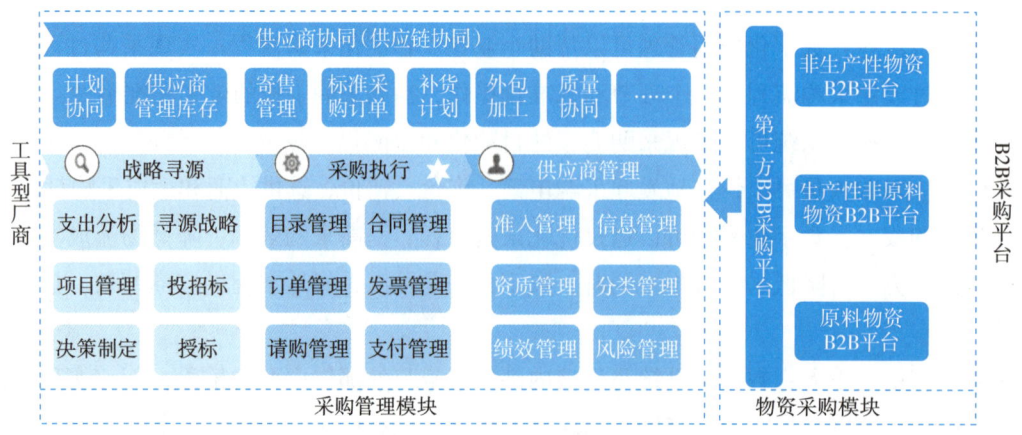

图 6–1　数字化采购产品模块

四、数字化采购产业图谱

工具型厂商如图 6-2 所示。

提供数字化采购软件（传统 or SaaS）特点：①通常拥有 ERP 的基因；②提供服务具有同质化倾向，竞争激烈；③获客成本高，复购率较高；④客户基本为中大型客户（单个模块的厂商没有覆盖采购管理核心流程，故没有囊括在内，如发票管理厂商、订单管理厂商等）。

图 6-2　工具型厂商

第三方 B2B 采购平台分为三类：提供原料物资采购平台；提供生产性非原料物资采购平台；提供非生产性原料物资采购平台，如图 6-3 所示。

特点：①行业性：不同的垂直行业会产生不同的生产性物资原料平台，且行业之间的壁垒很难打破；②盈利方式是获取差价和收取供应商的手续费；③细分赛道众多，僧少粥多，尚未出现激烈竞争态势；④客户覆盖大、中、小不同体量的客户。

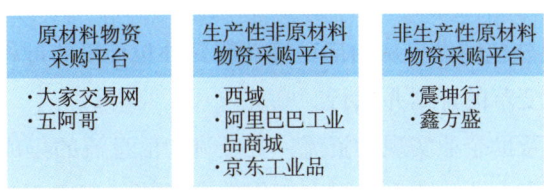

图 6-3　第三方 B2B 采购平台

资源二　传统采购模式与数字化采购模式概念

数字化采购，是指企业、机构通过数字化系统或平台从供应市场获取所需产品或服务的经营活动。在数字化采购中，相关参与方通过高效衔接的数字化工具，基于大数据分析和算法驱动形成决策智能化、流程自动化的全新协作方式，从而大幅提升采购效率、降低采购成本，实现更敏捷、更透明、可持续的采购。随着时代和信息技术的不断发展，传统的采购管理模式问题频出，制造企业应积极尝试应用先进的管理系统，实现企业采购系统信息化管理升级。那数字化采购管理模式是怎样的呢？

一、传统采购管理模式

（1）企业采购管理流程模式僵化，采购审批手续烦琐，缺乏系统筹划，工作效率低下。

（2）采购管理平台监控不到位，出现采购监控盲点，各部门信息互不相通，部门之间推诿扯皮、责任不清、冲突频繁发生。

（3）不注重供应商关系管理，缺乏对供应商质量的考核和监督，出现采购商品交货不及时、缺乏售后服务、产品数量和质量与采购合同不一致等问题。

（4）缺乏信息技术支撑，企业采购各环节全部手工操作，采购平台管理过程效率低下，极大耗费时间和人力成本。

二、数字化采购管理模式

（1）供应商管理：包含供应商信息管理，提供供应商资格审核框架，实时跟踪每个供应商的资格审核状态及绩效，并根据这些信息进行归纳。

（2）产品管理：包括产品价格控制、比价、库存等管理。

（3）采购计划管理：各部门可根据各自不同的费用类别来制订不同的采购计划。根据采购计划，管理采购完成率和跟踪偏差，并在整个采购计划和执行过程中提供预警。

（4）招标管理：系统提供了一个有效的框架，帮助企业为招标阶段制定有效的计划与策略，实时追踪与管理招投标的整个过程；还支持端到端的电子招投标过程，招标方与投标方都可以在这个平台上获取实时的招标信息、沟通信息以及双方提交的共享文档等。

（5）订单管理：系统支持从采购申请到付款整个采购过程的管理。采购订单、销售单与付款可以由每个部门分别管理，也可以由整个企业统一管理。

（6）外包管理：分阶段设定目标通常对外包前期的成败起着至关重要的作用。数字化采购能有效避免模糊与不切实际的目标，从而建立明确与行之有效的外包目标。同时把需要外包的内容进行整理与核计。

（7）变革管理：把需要外包的内容从内部环境转移到外包环境的过程，为外包变革管理提供了一个框架，快速有效地制订变革的计划并执行。

数字化采购管理模式可帮助企业实现物资流、资金流和信息流的集成和共享，增强采购信息的透明度，减少工作失误，提高企业采购系统平台工作效率。数字ERP系统以企业管理为核心，利用信息科学技术，实现管理、供应链、生产、销售等活动自动化，建立一个实现企业上下游一体化流程的管理系统。科学构建集约化、标准化、可持续、高效的采购管理流程。同时将管理策略落实到具体的管理流程中，包括寻源策略、合同谈判、供应商资格化、采购渠道划分等一系列具体流程，落实到具体负责人，使整个业务流程可操作、可实施。只有实施采购数字化，才能帮助企业采购阳光合规、降本增效。

资源三　数字化采购管理系统的优势

采购是保障企业正常运转所需物资稳定供应的核心环节，对企业实现降本增效实践具有重要意义。近年来，随着数字化转型升级逐步渗透到企业生产经营的每一个环节，以新一代信息技术为驱动的数字化采购正在颠覆传统采购业务。

当前，我国数字化采购市场已进入爆发期，2025年数字化采购进入采购高发阶段。在这个阶段，数字化采购系统、区块链和预测分析等技术正在不断提高采购领导者及其团队的效率、透明度和战略决策。基于云的数智采购解决方案将成为常态，其可扩展性允许企业根据业务增长或市场变化灵活调整采购规模，实时协作功能促进采购团队、供应商以及企业内部其他部门之间的高效沟通与协作。此外，2025年数字化采购还呈现以下趋势：

第一，AI和数字化转型。AI和数字化转型将继续主导采购行业，机器学习和自动化技术将在供应链流程中取得更大进展。AI工具用于分析海量数据，识别模式、预测趋势并提出建议，帮助企业降低成本、优化预测和需求计划，并加强风险管理。

第二，风险管理。面对地缘政治紧张、经济不确定性等挑战，采购团队需制定主动的风险识别、评估和缓解策略，依赖AI分析技术深入分析供应商数据、市场趋势等，以降低风险。

第三，区块链技术。提高供应链的透明度和可追溯性，创建安全、不可更改的交易记录，降低风险和潜在问题。

这些趋势和技术的发展将推动数字化采购进入一个新的阶段，提升企业的采购效率和竞争力。数字化采购为何如此受企业的欢迎？原因主要如下：首先，精细运营稳定的供应链成为中国企业关注的重点；其次，电商的普及与消费端更快的需求迭代，对企业商品质量、供应链响应速度、低库存运营提出更高的要求；最后，后疫情时代让企业逐渐认识到要通过采购供应链的数字化来增强抵御不可抗力风险的能力。

一、企业应用数字化采购管理系统的优势

相比传统线下供应商模式，成熟的线上数字化采购服务能够有效满足企业经营、生产各领域多样化场景的需求，通过搭建数字化采购商城管理系统，让整个采购流程和管理变得更加快捷、高效、透明，助力企业降低经营管理成本，大幅提升资源使用效率，加快企业价值增长。数字化采购商城管理系统解决方案，可帮助提升企业采购管理、提高企业采购效率，创新管理理念，实现企业从采购需求、采购计划、采购招标、采购合同到采购执行的全过程管理，让采购业务流程更便捷、更高效。

二、数字化采购全面管理行为

采购信息可记录：数字化采购协同平台实现操作步骤信息留存，为后续数据积累和数据分析打下基础。

全程留痕可追踪：数字化采购系统全流程线上协同，做到可追溯、可复查，保证采购的阳光透明。

数据成果可分析：数字化采购管理系统可对采购过程中的数据沉淀资产进行科学的分析处理，输出有针对性的分析报告。

采购行为可计划：通过企业采购管理系统平台对历史数据的分析，优化采购的操作流程，实现降本增效。

客户需求可预测：根据数字化采购系统历史采购数据，预测周期性采购需求，提早规划，优化供应链全流程。

采购决策可改善：海量数据资产经过科学的分析处理，可为企业决策者提供丰富且专业的采购决策支撑。

三、数字化采购管理内容应用

采购业务全周期管理：数字化采购商城管理系统对采购业务进行从采购需求、采购计划到采购寻源、采购执行的全流程管理。

多寻源方式管理：数字化采购协同平台支持招标、询比价、竞价、竞争谈判、单一来源等多种采购寻源，充分竞争，择优采购，确保企业采购管理系统平台业务公正化，流程阳光化。

供应商全过程管理：数字化采购协同平台对供应商进行认证、准入、考核、评级的全过程管理，不断优化供应商库，企业可利用供应商资源结构，稳步增强全平台的电子化采购透明度。

采供门户在线互动：采供双方在线完成询价/报价、邀标/受标、发标/投标等业务互动，企业采购管理系统平台统一信息流与业务流，实现企业利益最大化。

业务流程可视化：在数字化采购商城管理系统上，审批流程节点及寻源阶段状态清晰可见，便于业务跟踪及监控。

多端预警提醒：数字化采购管理系统平台支持站内提醒、移动端提醒、邮件提醒及报表预警等多种预警提醒方式。

互联网时代，数字化技术的飞速发展深刻改变了诸多企业的采购方式、管理逻辑，身处数字化转型的大背景下，通过数字化采购实现企业的提质增效、降低风险，已成为企业实现管理升级的必经之路。

资源四　制定采购数字化战略步骤

"采购战略"一词，来源于英文 Sourcing Strategy。在实行采购战略（Strategic Sourcing）的采购组织中，制定和执行采购战略是非常重要的一项工作。75% 的首席采购官（CPO）认为，采购战略是一项长期计划，目的是从高效的供应商列表中经济高效地获取必要的供应。这些供应商将遵守采购条款，按时交付优质产品。通常采购战略取决于许多因素，如采购时间、可用预算、总拥有成本（TCO）、可能的风险等。

采购战略通常侧重降低成本、减轻风险和有机扩展之类的选择。例如，采购价格控制是降低采购成本的重要途径，也会贯彻"掌握市场行情，做好采购供应，严格制度，廉洁奉公，保质保量，降低成本"的采购管理工作方针的重要措施。"采购战略"是由著名咨询企业科尔尼（A. T. Kearney）于20世纪80年代首次提出的，科尔尼致力于采购战略的研究和推广工作，已为全球500强企业中的2/3提供过采购战略咨询服务。采购战略"是计划、实施、控制战略性和可操作性采购决策的过程，目的是指导采购部门的所有活动都围绕提高企业能力展开，以实现企业远景计划"。它有别于常规的采购管理，注重的是"最低总成本"（而常规采购注重的是"单一最低采购价格"），用于系统地评估一个企业的购买需求及确认内部和外部机会，从而减少采购的总成本，其好处在于充分平衡企业内外部优势，以降低整体成本为宗旨，涵盖整个采购流程，实现从需求描述直至付款的全程管理。

而数字化是将许多复杂多变的信息转变为可以度量的数字、数据，再以这些数字、数据建立起适当的数字化模型，把它们转变为一系列二进制代码，引入计算机内部，进行统一处理，这就是数字化的基本过程。在操作管理过程中采购价格控制的目标是防止有关人员从中徇私舞弊，保证采购物品价格的合理性。目前，全球78%的CPO将降低成本作为他们的首要采购战略，那么如何降低成本呢？

（1）寻求更优秀的供应商，通过对现有供应商的改进提高来降低采购成本，如改进供应商的质量，降低供应商不合格产品质量成本；

（2）改善采购技术，通过运用采购技巧和战术来降低采购成本，包括供应商参与产品开发，利用供应商的技术和工艺；

（3）优化整体供应商结构及供应配套体系，包括通过供应市场调研等寻找更好的新供应商，通过市场竞争招标采购，与其他单位合作实行集中采购；

（4）使用降低采购成本的方法，如集中采购法、价值分析法、作业导向成本法、目标成本法；

（5）降低采购物流成本的主要途径，加快物流速度，扩大物流量，减少物资周转的环节，采用先进、合理的物流技术，改善物流管理，加强经济核算，实现物流管理的现代化。

一、采购战略类型

所谓企业采购战略，是指企业采购所采用的带有指导性、全局性、长远性的基本运作方案，包含以下几个方面内容：

（1）集中采购：集中采购是一种将时间、人力和采购等各种资源进行集中整合来执行的采购作业。适用于采购物料通用性高、地理位置接近、供应市场结构有利于谈判、价格波动大的情况。

（2）分散采购：分散采购是由企业下属各单位实施的满足自身生产经营需要的采购战略。适用于企业规模大、采购品种多且差异性大、地理位置分布广泛、各部门需求独特且紧急情况多的情况。

（3）联合采购：联合采购是指对同一物料或服务有需求的许多企业形成一个采购联盟来向供应商统一订货，以扩大采购批量，降低采购价格或成本。适用于法制健全、基础设施完善的联合采购环境。

（4）按采购技术分类的采购战略：包括传统采购、订货点采购、MRP采购、JIT采购、电子商务采购和供应链采购。

（5）按采购品种性质分类的采购战略：包括常规品采购战略、紧缺品采购战略、生鲜品采购战略、数字品采购战略、时令品采购战略和珍稀品采购战略。

（6）其他策略：如按需采购、现货采购、提前采购、批量采购和生命周期采购等，这些策略根据具体需求和市场情况灵活运用，以达到最佳的采购效果。

二、采购战略步骤

1. 分析企业支出

制定采购战略的第一步是分析企业的现有支出。为此，需要从内部利益相关者、供应商和参与采购过程的所有其他方获取数据。

在此步骤中获得的数据不仅可以用作企业内的知识库，还可以用作采购战略的基础。诸如总拥有成本之类的工具可用于识别和分析项目/服务除其初始购买价格之外经常被忽略或未知的成本。

2. 确定业务需求

要设计能够提供最佳结果的强大采购战略，必须清楚地了解企业的需求。这种基于事实的分析将帮助你在其他职能和业务目标之间调整采购战略并确定其优先级。

3. 评估市场状况

评估市场状况需通过多维度的分析框架和量化指标，结合内外部环境因素综合判断。以下是主要方法和步骤。

第一步：宏观环境分析。

PEST/PESTEL 模型：分析政治（政策稳定性、法规变化）、经济（GDP 增速、利率水平）、社会（人口结构、消费趋势）、技术（创新速度、数字化渗透）、环保（可持续发展要求）、法律（合规风险）等因素对市场的影响。关注 GDP 增长率、失业率、消费者信心指数等，判断经济周期对市场需求的驱动或抑制作用。

第二步：行业生命周期定位。

判断市场处于导入期、成长期、成熟期或衰退期，不同阶段需匹配差异化的竞争策略。

识别特征：增长率、利润率、技术成熟度等。

第三步：竞争态势评估。

首先，进行 SWOT 分析，明确企业内部的优势（如技术专利）、劣势（如成本控制），外部的机会（如政策红利）、威胁（如替代品崛起），并确定优先级。

其次，对标竞争对手分析竞品的产品线、定价策略、市场份额及业务模式（如直销 VS 代理）。

最后，通过财务数据（如利润率、ROE）评估其可持续性。

股东权益报酬率＝可供普通股东分配的净利润/平均普通股东权益×100%

这个比率通常被称为净资产收益率，英文缩写 ROE（Rate of Return on Common Stockholders' Equity）。

第四步：客户与需求洞察。

以市场细分为主导，按地理、人口、行为等维度划分客户群体，识别高价值目标市场。

通过调研获取用户偏好、购买动机及痛点（如环保诉求）。同时注意需求动态监测，跟踪消费者行为变化（如线上消费占比提升），最后利用大数据挖掘潜在需求（如搜索关键词分析）。

4. 设定明确的目标

一旦确定了业务需求，就该对需要实现的目标提出清晰的愿景了。前面步骤中收集的数据可用于确定采购过程中的细节。

确定这些因素后，按照它们对企业底线的影响降序进行排序。诸如 SWOT 分析之类的工具可用于识别采购功能的当前状态。例如，如果你需要减少异常支出，则需要实施可使流程透明的采购软件。

5. 定义采购政策

采购策略是指根据公司的战略目标和实际需求，制定相应的采购决策和方法，包括选择合适的供应商、采购什么类型的产品或服务等。采购策略旨在确保在特定成本范围内获得最优质的原材料和服务，并完成对客户的准时交付。采购策略反映了企业的愿景、目标和目的，所有采购活动方针与企业经营策略保持一致。当采购策略与企业经营策略和业务目标保持一致时，预计投资回报率将提高 3.8 倍。采购策略是企业生产保障的关键支柱之一，能确保最大化地利用现有资源和产出质量最佳。

6. 实施采购软件

实施采购软件应结合企业需求与市场工具特性，分为选型、实施步骤及注意事项三部分。

第一，采购软件选型指南。

（1）明确需求与预算

企业规模：中小型企业可优先考虑低成本、易部署的工具（如飞书多维表格、简道云），大型企业则需综合型平台（如 Coupa5、SAP Ariba）。

行业特性：制造业需关注库存与供应链管理（飞书多维表格），招标采购场景可选用权鸟夺标 App 等专用工具（见表 6-1）。

表 6-1 采购软件分类

类型	代表工具	适用场景	优势
综合型	Coupa5、SAP Ariba	中大型企业全流程管理	功能全面，支持战略寻源与风险控制
行业专用	权鸟夺标 App	招标采购、政府/医院采购	数据权威，支持供需追踪
低成本/易用型	飞书多维表格、简道云	中小企业、快速部署需求	低代码定制，1 天内上线

（2）核心功能匹配

供应商管理：支持供应商资质审核、绩效评估（如 Coupa、Worktile）。

流程自动化：自定义审批流程（飞书多维表格）、采购订单跟踪（简道云）。

数据分析：实时报表生成（Coupa）、库存预警（简道云）。

（3）系统兼容性

优先选择支持与现有 ERP、财务系统集成的工具（如简道云、Oracle Procurement Cloud）。

第二，实施步骤。

（1）需求调研与规划

梳理现有采购流程痛点，明确优化目标（如减少审批时间、降低库存成本）。

成立跨部门实施团队（采购、IT、财务）。

（2）系统部署与测试

快速部署工具：如飞书多维表格支持 1 天内上线，简道云通过低代码配置缩短实施周期。

模块测试：重点验证核心功能（如订单管理、供应商评估）与数据准确性。

(3) 培训与推广

针对操作人员开展分阶段培训，结合实际案例演示（如飞书多维表格的 AI 辅助功能）。

制定内部使用手册，设立问题反馈通道。

(4) 持续优化

基于使用数据调整流程（如优化库存预警阈值），定期评估供应商绩效。

第三，注意事项。

需避免低价陷阱，警惕"低价中标"导致的系统功能缺陷，优先选择技术评分体系完善的工具。确保工具符合企业数据加密标准（如 Coupa 的供应商风险监控），满足大模型安全合规要求。选择支持供应商分级管理的工具（如 Worktile、简道云），避免项目转包风险。

比如，满足现代企业采购管理多样性需求的 SRM 采购管理系统，它能够端到端地跟踪从采购到付款的流程，帮助采购团队通过可靠的数据和信息作出明智的采购决策。

从确定采购需求到完成付款，采购流程的每个步骤都将得到简化。SRM 采购软件的同类最佳功能将发现并解决过程差距，并在无须任何人工干预的情况下执行采购政策。

7. 概述采购战略

借助有关数据和信息，制定一份采购战略。列出期望的目标，以及实现这些目标的策略。

目标必须是可衡量的、对时间敏感的和切合实际的。战术计划将列出实现预定目标的方法。采购战略也可以包含一个"大创意"，最终将突破可能性的界限。

8. 制定数字采购战略

在前面步骤中获得的数据和信息的帮助下，制定一份数字采购战略（如修改采购技术、战略、流程、人才、技能和支持系统）。

实施数字化采购战略应被视为优先事项，因为它使企业能将更多的时间花在供应商和采购的战略上，而不是花在管理任务和交易上。数字化采购战略管理将帮助企业部署获得超额收益所需的资源，同时企业通过建立门户管理、物料数据管理、供应商管理、采购需求管理、询比价采购、招投标采购、采购订单协同、采购合同等板块，能有效规避采购风险，降低采购成本，并使它们的采购流程更加灵活、方便、安全、有效。

资源五　制订采购业务内部控制原则及方案

一、采购业务内部控制应遵循的原则

设计采购业务内部控制制度最基本的原则是相互牵制原则、成本效益原则、岗位责任原则、协调配合原则。

（一）相互牵制原则

一项完整的采购业务，如果经过两个以上的相互制约环节对其进行监督和核查，其发生错弊现象的可能性就很小。就具体内控措施来说，相互牵制必须考虑横向控制和纵向控制两个方面的制约关系。从横向关系来讲，完成某个环节的工作需有来自彼此独立的两个部门或人员协调运作、相互

监督、相互制约、相互证明；从纵向关系来讲，完成某个工作需经过互不隶属的两个或两个以上的岗位和环节，以使下级受上级监督，上级受下级牵制。例如，在材料采购控制系统中，采购部门只有凭领导审批后的采购单或合同（纵向牵制）进行采购，而采购的材料必须经过验收（横向牵制），才能办理有关手续。

因而只有经过横向关系和纵向关系的核查与制约，才最大限度地减少发生错弊的可能，或者即使发生问题也易尽早发现，及时纠正。

（二）成本效益原则

企业最关心的是经济效益，如果单纯从控制的角度来考虑，参与控制的人员和环节越多，控制措施越严密，控制的效果就越好，其发生的错弊现象就越少，但因控制活动造成的控制成本就越高。因此，在设计采购业务内部控制时，一定要考虑控制投入成本和控制产出效益之比，要根据企业自身经营的实际情况，权衡实施成本与预期效益，科学设计，力争以最小的控制成本取得最大的控制效果。

（三）岗位责任原则

采购业务内部控制的设立是与企业的管理模式紧密联系的，企业按照其推行的管理模式设立工作岗位，并赋予其责、权、利，规定相应的操作规程和处理程序。在设置岗位时必须考虑授权岗位和执行岗位的分离、执行岗位和审核岗位的分离、保管岗位和记账岗位的分离等，通过不相容职责的划分，各部门和人员之间相互审查、核对与制衡，避免一个人控制一项交易的各个环节，以防止员工的舞弊行为。

（四）协调配合原则

设计采购业务内部控制制度要有利于各部门之间、人员之间相互配合、协调同步、紧密衔接，避免只管相互牵制而不顾办事效率的做法，导致不必要的扯皮和脱节现象。为此，必须做到既相互牵制又相互协调，保证经营管理活动连续、有效地进行。

二、采购业务内部控制制度的设计

（一）职务分离制度

采购环节中的主要业务有提交请购单、编制计划、审批计划、市场调研、招标投标、签订采购合同、订货、收货和入账等。在这些业务中需要进行职务分离的主要有：

（1）生产或销售部门根据生产使用量或销售需要量提出需要采购的物资品种和数量，仓储部门依据提供的需采购物资品种、数量及现有库存量，制订采购计划，报预算管理部门审批，然后由采购部门依据经管部门提供的市场调研报告进行公开询价。

（2）由生产或销售部门、采购部门、财务部门和法律部门、经营管理部门共同组织招标投标来选择供应商，并会同供货单位签订采购合同。

（3）物资的采购人员不能同时负责所购物资的质检、验收、保管。

（4）物资的采购人员、保管人员、使用人员不能同时负责会计记录。

（5）采购人员应与负责付款审批的人员相分离。

（6）审核付款人员应与付款人员相分离。

（7）记录应付账款的人员应与出纳人员相分离。

（二）请购单控制制度

在确定物资采购时，必须由物资的使用部门根据未来一定期间的需要量，以填制"物资需求单"的方式提前通知物资保管部门，"物资需求单"由使用部门的制单、审核、批准人员签字。保管部门根据使用部门提供的需要量，再根据现有物资的库存量计算出请购量，正式提交"物资请购单"。经过物资保管部门主管签字的请购单报预算管理部门审批并会同采购部门、财务部门确认制订采购计划。财务部门根据资金使用情况签署执行意见，采购部门将采购计划报主管领导批准、存档备案并办理招标订货手续。

（三）审批控制制度

根据企业生产、使用情况的实际需求，兼顾所需物资的特性，结合现有库存情况，制订品种、数量、交货期较准确的采购计划，上报经营管理部门审批，金额较大的一类物资采购由经理办公会审批。对于计划内的采购项目，具有请购权的部门应严格按照计划执行进度办理请购手续；对于超计划和计划外代购项目，具有请购权的部门应对需求部门提出的申请进行审核后再办理请购手续，并报审批人审批，审批人根据其职责、权限以及实际需要进行审批。

（四）订货控制制度

经管部门提供附有供应商的价格表、质量等级、供应量、电话、地址的市场调研报告，并定期对供应商的信誉、价格、质量进行评估，建立包括价格、质量标准、折扣、付款条件、供应商信誉、电话、地址等信息的供应商档案，从中筛选质量好、价格低、信誉好的供应商，由生产或销售部门、采购部门、财务部门、法律部门共同进行招标投标，最终确定供应商。采购部门具体办理订货手续签订订货合同及订货单，并将订货单及时传送给生产、销售、保管和会计等有关部门，以备合理安排生产、销售、收货和付款。企业对物资采购每年进行一次招投标，以增强现有供应商的竞争意识。

（五）货物验收控制制度

企业所订购的货物运到后先入验收库由业务部门开具入库通知单、验收单。质检部门按照国家标准、行业标准、企业标准进行质量检验，各类物资必须具备各种规定资质。验收合格后出具"质量检验合格单"或在验收单上加盖"质检合格"章。如不合格查明原因，并向主管书面报告，及时向供应商提出异议。验收人员根据入库通知单、验收单及所附有关质量证明书、合格证、技术图纸、装箱单、过磅单、发货明细对货物进行数量、质量验收。验收无误后在验收单加盖"验讫"章。验收中发现数量、质量不符或数量短缺、损坏、无质量证明和技术资料等无法验收时，及时向供应主管书面报告。采购人员把盖章齐全的入库单、验收单、采购合同以及发票送到财务部门进行报账，物资会计要对所送来的单据核对、整理，无误后编制挂账通知单。

（六）货款支付控制制度

由采购请购单、订货单和验收单共同构成的收货业务完成后，会计部门就取得了供货方的发票、验收单和采购合同等表示货物已经验收入库并应支付货款或应付账款已经发生的原始凭证。这些原始凭证审核无误后，会计部门应该连续编号，及时、准确地记录物资的增加和银行存款、预付账款的减少或应付账款的增加。如有部分退货，需从原发票中扣除后再办理结算。对物资的核算必须根据企业的整体管理要求设置一级账户和明细账户，并正确地进行记录。会计正确地进行计量并计入适当的账户和适当的期间，由专人按照约定的付款日期、折扣条件管理应付账款，已到期的应付账款须经有关授权人审批后方可办理货款结算与支付。

（七）会计稽核与对账制度

一方面，要求无论是货款的支付，还是应付账款发生的记录，进货业务涉及的所有原始凭证、记账凭证，都必须经过稽核人员或会计主管审核后方能记账；另一方面，要求对进货业务发生的应付账款必须及时、定期地与客户对账，防止债务虚列及由此造成的业务人员舞弊行为。

三、采购业务操作步骤

（一）编制需求计划和采购计划

采购业务从计划（或预算）开始，包括需求计划和采购计划。在企业实务中，需求部门一般根据生产经营需要向采购部门提出物资需求计划，采购部门根据该需求计划归类、汇总、平衡现有库存物资后，统筹安排采购计划，并按规定的权限和程序审批后执行。该环节的主要风险是需求或采购计划不合理、不按实际需求安排采购或随意超计划采购，甚至与企业生产经营计划不协调等。

主要管控措施：第一，生产、经营、项目建设等部门，应当根据实际需求准确、及时地编制需求计划。需求部门提出需求计划时，不能指定或变相指定供应商。对独家代理、专有、专利等特殊产品应提供相应的独家、专有资料，经专业技术部门研讨后，经具备相应审批权限的部门或人员审批。第二，采购计划是企业年度生产经营计划的一部分，在制订年度生产经营计划过程中，企业应当根据发展目标实际需要，结合库存和在途情况，科学安排采购计划，防止采购量过高或过低。第三，采购计划应纳入采购预算管理，经相关负责人审批后，作为企业刚性指令严格执行。

（二）请购

请购是指企业生产经营部门根据采购计划和实际需要提出的采购申请。该环节的主要风险是缺乏采购申请制度，请购未经适当审批或超越授权审批，可能导致采购物资过量或短缺，影响企业正常生产经营。

主要管控措施：第一，建立采购申请制度，依据购买物资或接受劳务的类型，确定归口管理部门，授予相应的请购权，明确相关部门或人员的职责权限及相应的请购程序。企业可以根据实际需要设置专门的请购部门，对需求部门提出的采购需求进行审核，并进行归类汇总，统筹安排企业的采购计划。第二，具有请购权的部门对于预算内的采购项目，应当严格按照预算执行进度办理请购手续，并根据市场变化提出合理采购申请。对于超预算和预算外采购项目，应先履行预算调整程序，由具备相应审批权限的部门或人员审批后，再行办理请购手续。第三，具备相应审批权限的部门或人员审批采购申请时，应重点关注采购申请内容是否准确、完整，是否符合生产经营需要，是否符合采购计划，是否在采购预算范围内等。对不符合规定的采购申请，应要求请购部门调整请购内容或拒绝批准。

（三）选择供应商

选择供应商，也就是确定采购渠道，它是企业采购业务流程中非常重要的环节。该环节的主要风险是供应商选择不当,可能导致采购物资质次价高,甚至出现舞弊行为。

主要管控措施:第一,建立科学的供应商评估和准入制度,对供应商资质信誉情况的真实性和合法性进行审查,确定合格的供应商清单,健全企业统一的供应商网络。企业新增供应商的市场准入、供应商新增服务关系以及调整供应商物资目录,都要由采购部门根据需要提出申请,并按规定的权限和程序审核批准后,纳入供应商网络。企业可委托具有相应资质的中介机构对供应商进行资信调查。

第二,采购部门应当按照公平、公正和竞争的原则,择优确定供应商,在切实防范舞弊风险的基础上,与供应商签订质量保证协议。

第三,建立供应商管理信息系统和供应商淘汰制度,对供应商提供物资或劳务的质量、价格、交货及时性、供货条件及其资信、经营状况等进行实时管理和考核评价,根据考核评价结果,提出供应商淘汰和更换名单,经审批后对供应商进行合理选择和调整,并在供应商管理系统中作出相应记录。

(四) 确定采购价格

如何以最优"性价比"采购到符合需求的物资,是采购部门的永恒主题。该环节的主要风险是采购定价机制不科学,采购定价方式选择不当,缺乏对重要物资品种价格的跟踪监控,引起采购价格不合理,可能造成企业资金损失。

主要管控措施:第一,健全采购定价机制,采取协议采购、招标采购、询比价采购、动态竞价采购等多种方式,科学合理地确定采购价格。对标准化程度高、需求计划性强、价格相对稳定的物资,通过招标、联合谈判等公开、竞争方式签订框架协议。第二,采购部门应当定期研究大宗通用重要物资的成本构成与市场价格变动趋势,确定重要物资品种的采购执行价格或参考价格。建立采购价格数据库,定期开展重要物资的市场供求形势及价格走势商情分析并合理利用。

(五) 订立框架协议或采购合同

框架协议是企业与供应商之间为建立长期物资购销关系而作出的一种约定。采购合同是指企业根据采购需要、确定的供应商、采购方式、采购价格等情况与供应商签订的具有法律约束力的协议,该协议对双方的权利、义务和违约责任等情况作出了明确规定(企业向供应商支付合同规定的金额、结算方式,供应商按照约定时间、期限、数量与质量、规格交付物资给采购方)。该环节的主要风险是框架协议签订不当,可能导致物资采购不顺畅;未经授权对外订立采购合同,合同对方主体资格、履约能力等未达要求、合同内容存在重大疏漏和欺诈,可能导致企业合法权益受到侵害。

主要管控措施:第一,对拟签订框架协议的供应商的主体资格、信用状况等进行风险评估;框架协议的签订应引入竞争制度,确保供应商具备履约能力。第二,根据确定的供应商、采购方式、采购价格等情况,拟定采购合同,准确描述合同条款,明确双方权利、义务和违约责任,按照规定权限签署采购合同。对于影响重大、涉及较高专业技术或法律关系复杂的合同,应当组织法律、技术、财会等专业人员参与谈判,必要时可聘请外部专家参与相关工作。第三,对于重要物资验收量与合同量之间允许的差异,应当作出统一规定。

(六) 管理供应过程

管理供应过程,主要是指企业建立严格的采购合同跟踪制度,科学评价供应商的供货情况,并根据合理选择的运输工具和运输方式,办理运输、投保等事宜,实时掌握物资采购供应过程的情况。该环节的主要风险是缺乏对采购合同履行情况的有效跟踪,运输方式选择不合理,忽视运输过程保险风险,可能导致采购物资损失或无法保证供应。

主要管控措施:第一,依据采购合同中确定的主要条款跟踪合同履行情况,对有可能影响生产或工程进度的异常情况,应出具书面报告并及时提出解决方案,采取必要措施,保证需求物资的及时供应。第二,对重要物资建立并执行合同履约过程中的巡视、点检和监造制度。对需要监造的物资,择优确定监造单位,签订监造合同,落实监造责任人,审核确认监造大纲,审定监造报告,并及时向技术等部门通报。第三,根据生产建设进度和采购物资特性等因素,选择合理的运输工具和运输方式,办理运输、投保等事宜。第四,实行全过程的采购登记制度或信息化管理,确保采购过程的可追溯性。

(七)验收

验收是指企业对采购物资和劳务的检验接收,以确保其符合合同相关规定或产品质量要求。该环节的主要风险是验收标准不明确、验收程序不规范、对验收中存在的异常情况不作处理,可能造成账实不符、采购物资损失。

主要管控措施:第一,制定明确的采购验收标准,结合物资特性确定必检物资目录,规定此类物资出具质量检验报告后方可入库。第二,验收机构或人员应当根据采购合同及质量检验部门出具的质量检验证明,重点关注采购合同、发票等原始单据与采购物资的数量、质量、规格型号等核对一致。对验收合格的物资填制入库凭证,加盖物资"收讫章",登记实物账,及时将入库凭证传递给财会部门。物资入库前,采购部门须检查质量保证书、商检证书或合格证等证明文件。验收时涉及技术性强的、大宗的和新、特物资,还应进行专业测试,必要时可委托具有检验资质的机构或聘请外部专家协助验收。第三,对于验收过程中发现的异常情况,如无采购合同或大额超采购合同的物资、超采购预算采购的物资、毁损的物资等,验收机构或人员应当立即向企业有权管理的相关机构报告,相关机构应当查明原因并及时处理。对于不合格物资,采购部门依据检验结果办理让步接收、退货、索赔等事宜。对于因延迟交货造成生产建设损失的,采购部门要按照合同约定索赔。

(八)付款

付款是指企业在对采购预算、合同、相关单据凭证、审批程序等内容审核无误后,按照采购合同规定及时向供应商办理支付款项的过程。该环节的主要风险是付款审核不严格、付款方式不恰当、付款金额控制不严,可能导致企业资金损失或信用受损。

主要管控措施:企业应当加强采购付款的管理,完善付款流程,明确付款审核人的责任和权力,严格审核采购预算、合同、相关单据凭证、审批程序等相关内容,审核无误后按照合同规定,合理选择付款方式,及时办理付款。要着力关注以下方面:第一,严格审查采购发票等票据的真实性、合法性和有效性,判断采购款项是否确实应予支付。例如,审查发票填制的内容是否与发票种类相符、发票加盖的印章是否与票据的种类相符等。企业应当重视采购付款的过程控制和跟踪管理,如果发现异常情况,应当拒绝向供应商付款,避免出现资金损失和信用受损。第二,根据国家有关支付结算的相关规定和企业生产经营的实际,合理选择付款方式,并严格遵循合同规定,防范由付款方式不当带来的法律风险,保证资金安全。除不足转账起点金额的采购可以支付现金,采购价款应通过银行办理转账。第三，加强预付账款和定金的管理，涉及大额或长期的预付款项，应当定期进行追踪核查，综合分析预付账款的期限、占用款项的合理性、不可收回风险等情况，发现有疑问的预付款项，应当及时采取措施，尽快收回款项。

（九）会计控制

会计控制主要指采购业务会计系统控制。该环节的主要风险是缺乏有效的采购会计系统控制，未能全面真实地记录和反映企业采购各环节的资金流与实物流情况，相关会计记录与相关采购记录、仓储记录不一致，可能导致企业采购业务未能如实反映，以及采购物资和资金受损。

主要管控措施：第一，企业应当加强对购买、验收、付款业务的会计系统控制，详细记录供应商情况、采购申请、采购合同、采购通知、验收证明、入库凭证、退货情况、商业票据、款项支付等情况，做好采购业务各环节的记录，确保会计记录、采购记录与仓储记录核对一致。第二，指定专人通过函证等方式，定期向供应商寄发对账函，核对应付账款、应付票据、预付账款等往来款项，对供应商提出的异议应及时查明原因，报有权管理的部门或人员批准后，作出相应调整。

资源六　数字化采购如何引领采购转型

数字化采购涉及使用应用程序和系统来捕获、整合和管理与采购相关的所有数据及信息。企业选择数字化采购是因为它减少了企业对电子表格和电子邮件线程的依赖，并且使流程标准化。数字化采购意味着放弃手动数据输入、文书工作和复杂的请求管理，而选择使用通过集成和自动化简化采购的软件。

正确的工具可以大大帮助采购团队摆脱手动流程，但数字化采购不仅是软件和应用程序。成功的采购是合适的人员、流程和技术在战略上良好合作的结果。有效数字化采购战略的五个基本组成部分见表6-2。

表6-2　有效数字化采购战略的基本组成部分

统一技术堆栈	困扰采购流程的许多问题源于支离破碎的技术堆栈，当遗留系统和应用程序不能很好地协同工作时就会出现这种情况。技术堆栈中的不统一有许多症状，包括手动数据输入、孤岛、流程差距和电子表格蔓延。通过统一堆栈的组件，团队可以帮助信息更轻松地流动，并从现有应用程序中获得更多收益。这是一个被称为"堆栈可扩展性"的功能
标准化流程	流程标准化意味着按照相同的步骤顺序完成流程或工作流的每个实例。通过避免延误和错误并最大限度地降低风险，标准化流程会产生更一致的结果。虽然标准化对所有类型的业务流程都很重要，但它对采购团队管理的高风险流程和工作流来说也是必不可少的
合作关系	采购流程通常需要来自各种内部利益相关者的意见或行动，其中一些人不属于采购团队，可能完全属于另一个部门。外部利益相关者也很重要，因为供应商和物流提供商在采购过程中也发挥着关键作用。这使得建立有效采购战略的合作伙伴关系尤为重要
反馈回路	由于采购是一项协作工作，因此团队需要集中的途径来接收所有利益相关者的反馈。这种反馈有助于他们改进和优化工作流程。它还使采购团队意识到有问题的模式，如高错误率、持续中断的交接以及 SLA 或数据孤岛的问题
低代码自动化	低代码自动化将自动化功能与低代码框架融合在一起。这使团队能够保持敏捷性和适应性，以便他们能够快速响应供应链或流程中的变化。采购团队使用可视化界面访问功能并修改他们的表格、工作流和流程，从而省去将每个更改请求发送给 IT 的不便。同样，无须 IT 干预即可快速轻松地配置自动化。需要明确的是，低代码自动化使 IT 团队处于控制之中，但与许多遗留系统相比，它使采购团队具有更大的灵活性和访问权限

6.3 完成岗位任务

1. 总体要求：明确企业采购原则和流程管控目标。
2. 掌握采购业务具体关键控制方法：关联交易环节。
3. 重视职业操守。

任务一　分析采购流程内部控制流程关键点

【案例一】假设沈某在担任浙江长征有限责任公司市场部门经理期间，通过向他人索要空白合同及商业零售发票，伪造购销合同，虚构了购买 350 万元材料的事实，并指令保管员填写虚假的材料入库单，又用写有 150 万元和 200 万元的两张空白发票平账，并到财务报销。

从案例中可以看出沈某之所以能贪污 350 万元，除其自身道德因素外，还表明浙江长征有限责任公司采购流程内部存在严重问题。

请思考：采购流程内部存在的问题有哪些？

任务二　分析数字化公益采购新模式

数字化公益采购新模式是近年来随着数字化技术的发展而逐渐兴起的一种公益采购方式。这种模式利用先进的数字化技术和工具，对传统的公益采购流程进行改造和优化，实现采购活动的电子化、智能化和自动化。长期以来，公益慈善机构在应对物资捐助项目时，面临着物资采购、仓储、配送、结算、资金管理等诸多问题。数字化公益采购新模式的出现，旨在解决这些痛点，提高公益采购的效率、透明度和可追溯性，从而为公益事业的高质量发展提供有力支持。

譬如，以京东企业业务为例，该业务为公益机构提供了"快采购、轻管理、一站式"的数字化采购管理服务解决方案。在四川雅安地震救援中，京东企业业务发挥了自身优势，从商品供应、物流配送、服务运营等方面对项目交付进行了全力保障。通过智能决策体系快速匹配灾区最急需的物资，并打通京东自营库存和供应商库存，实现全国范围内的商品寻源。同时，依托先进的分布式仓储模式，就近从河南本地仓库紧急调集救灾物资，并以最快的速度送到抗洪救灾前线。此外，京东企业业务还帮助公益机构搭建起数字化的一站式管理平台，对采购的全流程进行可视化、智能化管理。

请思考：京东数字化采购的特点是什么？

任务三　项目实训：采购数字化规划和流程设计

【实训目标与要求】

本实训目标是培养学生运用所学的企业采购数字化管理进行制度设计的能力。其要求是：

1. 掌握采购业务控制内容、关键点及其制度建设要求。

2. 能够根据采购流程并结合公司内部控制环境，设计一套有效的采购数字化管理制度。

【实训资料】

浙江长征家具制造有限责任公司于2020年成立，年销售额为1000万元，企业人员配备有限，业务处于发展期，主要市场在华东区域，客户端以中小企业及商场领域为主；许多业务相互交叉，一人多岗是普遍现象，因而存在管控环节不清、责任不明的情况。特别是采购业务的合同签订、付款等环节，既没有形成较完整的内部控制体系，也没有健全的控制制度。针对这种状况，公司决定进行采购数字化管理。

【实训提示】

1. 以采购数字化管理为核心方案，可上网收集同类性质、同规模企业相关内部制度作为参考。

2. 在进行具体流程设计时，一定要结合公司实际，不能生搬硬套，要体现公司的特点。

3. 所设计的管理流程既要符合企业内部控制基本规范和配套指引的要求，又要具有可操作性，制度的具体条款要反映公司的生产经营与管理实际，切忌空洞。

【实训成果提交】

文档格式：

1. 设计一套比较完整的采购数字化规划和流程。

2. 文档统一以 Word 2010 或 Word 2007 版本为准。

3. 在制度后面署名，某小组：张三、李四、王五。

4. 组长在各成员名字下面按贡献大小打系数。

5. 成果文档名：制度名（某班某组）。

6. 小组文件夹包括实训成果和参考资料两部分，文件夹名（某班某组）。

实训成果模板如下：

项目名称	采购数字化规划与流程设计
任务情境	浙江长征家具制造有限责任公司于2020年成立，年销售额为1000万元，企业人员配备有限，业务处于发展期，主要市场在华东区域，客户端以中小企业及商场领域为主；许多业务相互交叉，一人多岗是普遍现象，因而存在管控环节不清、责任不明的情况。特别是采购业务的合同签订、付款等环节，既没有形成较完整的内部控制体系，也没有健全的控制制度。针对这种状况，公司决定进行采购数字化管理

续表

项目名称	采购数字化规划与流程设计
任务目标	（1）设计采购数字化 （2）规划和流程设计
任务点拨	（1）采购各环节对接 （2）可以参照中小型企业采购模块 （3）准确描述关键控制点，体现精准、合理、效率
采购数字化规划与流程设计内容（可另附）	
点评	

6.4 课后训练

在信息化社会中，数字化能力对未来的发展具有重要意义。通过强化数字化教育、注重信息技术课程和多元化的实践活动，以及加强网络安全教育等措施，可以有效地提升学生的数字化能力，为其未来的全面发展打下坚实的基础。

常见问题：

1. 哪些职业需要具备较高的数字化能力？

许多职业需要具备较高的数字化能力，如程序员、数据分析师、平面设计师、市场营销专员等。

2. 如何评估学生的数字化能力？

可以通过观察学生在课堂上的表现、作业、在线测试以及项目合作等方式来评估学生的数字化能力。

3. 如何帮助学生克服数字化学习的障碍？

可以通过提供个性化的指导和帮助，解决学生在数字化学习中遇到的问题。同时，提倡自主学习和合作学习，提高学生的自我效能感和自信心。

项目七

实物资产流程设计与应用融合管理

7.1 认知岗位职责

7.1.1 学习目标

（1）了解实物资产，如固定资产及库存管理的管理意识；
（2）熟悉固定资产业务控制的内容和控制流程；
（3）理解掌握固定资产及库存业务控制的关键点；
（4）能够根据企业资产管理的特点和要求，提出相应的制度设计方案。

7.1.2 岗位分析

（1）明确固定资产及库存业务内部各岗位的要求与重要性；
（2）熟悉职务规范，包括工作识别信息、工作概要、工作职责和责任，以及任职资格的标准信息；
（3）利用业务与财务融合管理模式，结合各岗位管理的特点，熟悉企业固定资产业务、库存管理业务的规范性及重要性。

7.1.3 素质目标

（1）培养学生资产管理安全意识；
（2）培养学生社会实践动手能力。

7.2 知识储备

实物资产管理是帮助组织保持资产良好状态的重要活动。如果一个组织没有实际照顾其资产，那么资产性能将开始下降，并且可能会发生资产故障。在当今的市场中，任何组织都不能容忍错误，因为它对企业来说可能是致命的。

实物资产管理是对设备、车辆、机器等固定资产的管理。固定资产包括房屋、建筑物、机器设备、运输设备、工器具等，它在生产过程中用来改变或影响劳动对象的劳动资料，它能在若干个生产周期内发挥其作用而不改变原有的实物形态，但它的价值随着磨损程度逐渐减少，减少的价值以折旧的形式转移到生产的产品中，构成产品价值的组成部分。

实物资产管理的目的：一是延长资产寿命并使其保持良好状态，二是更好地管理从采购到处置的资产生命周期。提高资产效率很重要，因为资产可以为组织增加价值，而且它们是组织的支柱。

资源一　实物资产流程设计与应用融合管理定位

实物资产流程设计与应用融合管理是企业资产管理的重要环节，它涉及资产的申购、采购、入库、领用、调拨、报废等多个环节，旨在确保资产的实物安全和价值发挥。以下是对实物资产流程设计与应用融合管理的基本要求。

一、实物资产流程设计

（1）申购管理

使用部门根据实际需求填写申购单，明确所需资产的种类、数量、规格等信息。申购单需经过部门负责人、财务部门等相关人员的审核和批准。

（2）采购管理

采购部门根据批准的申购单进行采购，确保采购的资产符合规格和质量要求。采购过程中需与供应商进行充分的沟通和协商，确保采购的顺利进行。

（3）入库管理

采购的资产到货后，仓库管理员需进行验收，核对资产的数量、规格、质量等信息。验收合格的资产需进行入库处理，并更新库存记录。

（4）领用管理

使用部门领用资产时，需填写领用单，明确领用的资产种类、数量等信息。领用单需经过部门负责人与仓库管理员的审核和批准。领用后的资产需进行登记和跟踪管理。

（5）调拨管理

资产在不同部门或不同地点之间进行调拨时，需填写调拨单，明确调拨的资产种类、数量、调入和调出部门等信息。

调拨单需经过调入和调出部门的负责人以及资产管理部门的审核与批准。调拨后的资产需进行更新和跟踪管理。

（6）报废管理

资产达到报废标准或无法继续使用时，需进行报废处理。报废前需进行资产评估和审批，确保报废的合理性。报废后的资产需进行注销和清理处理。

二、应用融合管理

（1）信息化管理系统

引入实物资产管理系统，将资产的申购、采购、入库、领用、调拨、报废等流程进行信息化管理。

通过系统实现资产的实时跟踪和监控，提高资产管理效率和准确性。

（2）条形码/RFID 技术

在资产上粘贴条形码或 RFID 标签，实现资产的快速识别和追踪。通过扫描条形码或 RFID 标签，可以快速获取资产的信息和状态。

（3）移动端应用

开发移动端应用，方便员工随时随地进行资产管理操作。员工可以通过移动端应用进行资产申购、领用、调拨等操作的申请和审批。

（4）跨部门协同

加强资产管理部门与使用部门、财务部门等之间的沟通和协作。通过定期的会议、报告等方式，确保各部门之间的信息共享和协同工作。

（5）持续优化

根据企业的实际情况和资产管理需求，持续优化实物资产流程设计和应用融合管理。定期对资产管理系统进行升级和改进，提高系统的稳定性和功能性。

实物资产流程设计与应用融合管理是企业资产管理的重要环节，通过合理的流程设计和先进的管理手段，可以确保资产的实物安全和价值发挥。企业应引入信息化管理系统、条形码/RFID 技术、移动端应用等先进手段，加强跨部门协同和持续优化工作，不断提高资产管理的效率和准确性。

资源二　固定资产预算编制分类说明

一、固定资产按作用和用途分类

固定资产的日常管理和核算应遵循以下分类。

（1）生产用固定资产

生产用固定资产是指直接服务于生产、经营过程的固定资产。

（2）非生产经营用固定资产

非生产经营用固定资产是指不直接服务于生产、经营的各种固定资产，如职工宿舍、食堂、浴室等使用的房屋、设备和其他固定资产。

（3）租出固定资产

租出固定资产是指出租给其他单位使用的固定资产。

（4）未使用固定资产

未使用固定资产是指已购建完成但未投入使用的新增固定资产。已投入使用但尚未办理竣工决算的固定资产应先暂估入账,并于暂估入账的次月按估计价值计提折旧,待办理竣工决算后,再按实际价值进行调整。

(5) 不需用固定资产

不需用固定资产是指因质量不合格、结构调整、列入搬迁、生产条件变化、产品改型换代等,对本企业已无使用和利用价值,但状态完好、部件齐全随时可以调剂利用的固定资产。

(6) 土地

土地是指由国家无偿划入并已经估价单独入账的土地。因土建工程征地而支付的补偿费,应计入与该土地直接相关的房屋、建筑物的价值内,不单独作为土地价值入账。通过有偿方式取得的土地使用权计入无形资产管理。

(7) 融资租入固定资产

融资租入固定资产是指采取融资租赁方式租入的固定资产,在租赁期内,应视同自有固定资产管理。

二、固定资产按结构和性能分类

固定资产的分类方法主要按结构和性能划分,全部固定资产先分为生产用、非生产用、土地三部分,三部分资产再划分为房屋、建筑物、设备、管理用具四大类,并结合本行业特点按照使用部门或资产性态细分为若干小类(见表7-1)。

表7-1 固定资产预算　　　　　　　　　　　　　　　　　　　　　　　　单位:万元

项目	固定资产原值			
	期初余额	增加	减少	期末余额
一、生产用固定资产				
房屋建筑物				
机器设备				
其他				
二、非生产用固定资产				
1. 销售部门				
房屋建筑物				
机器设备				
2. 管理部门				
交通工具				
办公设备				
电子设备				
其他				
合计				

三、固定资产的特征与确认

(一) 固定资产的特征

(1) 商品提供劳务、出租或经营管理而持有。企业持有固定资产的目的是为生产商品提供劳务、出租或经营管理的需要，而不像产品一样对外销售。

（2）使用寿命超过一个会计年度。企业使用固定资产的期限较长，能在一年以上的时间里为企业创造经济价值。

（3）属于有形的资产。

（二）固定资产的确认

固定资产符合定义的前提下，应当同时满足以下两个条件才予以确认：

（1）与该固定资产有关的经济利益很可能流入企业。在实务中判断固定资产包含的经济利益是否流入企业时，主要依据是该固定资产所有权相关的风险和报酬是否转移给了企业。

（2）该固定资产的成本能够可靠计量。成本能够可靠计量是资产确认的一项基本条件，企业在确认固定资产成本时必须取得确凿的证据。

资源三　固定资产管理编制说明

一、总体要求

保证资产的完整性、安全性、效率性。

二、基本要求

（1）全面掌握固定资产信息

全面掌握固定资产信息对于管理者而言意义重大，管理者可以通过现有的固定资产信息对企业固定资产的需求作出预估，控制后续的收入、支出分配，作出合理的判断决策。那么如何快速有效地了解资产信息呢？用户可以借助资产云管理一类的固定资产管理软件，快速生成资产报告和盘点，方便快捷。

（2）提高固定资产利用效率和寿命

这是企业固定资产管理工作中最直接有效的一点，提高固定资产利用率可以避免固定资产的闲置与浪费，定期对固定资产进行维修保养，能延长固定资产寿命，使固定资产利用最大化，从而最终达到为企业节约经营成本的目的。

（3）固定资产管理的完整性

固定资产管理的核心实际上是对企业固定资产的全生命周期进行管理，包括采购—录入—使用—保养—维修—盘点—报废等，只有将每一个流程都做到完整有效地管理，才能保障企业积极健康地发展。

（4）计提折旧，固定资产的报废更新

计提折旧的意义在于以分期费用摊销的计算方式，将固定资产长期的使用价值转移到年限周期内企业生产经营活动成本中，有利于企业评估经济利益的预期实现。正确地对固定资产进行计提折旧，保证固定资产的及时报废与更新，能够减少企业临时状况的发生，使得企业的生产经营能够有条不紊地运行。

（5）固定资产管理责任明确

固定资产管理的最终目的除使企业管理者清晰明了地知道固定资产状况如何外，还能对用户进行管理，能够明确使用人及其管理权限，从而追踪溯源，建立起健全的固定资产管理责任制度。

三、中小企业固定资产管理中常见的问题

（1）固定资产核算不规范

首先，固定资产登记录入存在漏洞，对账人员只进行资产总分类账统计，忽视细节，导致财务账户无法对账。其次，固定资产折旧没有充分考虑不同资产的损失和损失特点，造成资产折旧不合理，忽视无形损失造成的折旧不足，导致资产的真实状况无法反映。

（2）强调购置而非管理

由于企业缺乏验收制度，往往出现采购需求不一的问题，且不能追溯到责任。固定资产管理制度不健全，造成企业家底不清、资产状态不明、资产管理困难等问题。同时，由于盘点不及时，无法及时发现损坏资产、调拨资产、维保资产以及报废资产，造成资产流失严重。

（3）需要改进管理手段

固定资产管理手段不够科学，导致资产使用效率偏低。企业和负责固定资产采购管理工作的一般是采购部门，但资产多数是分配到一线部门使用，由于一线部门业务繁忙，没有设置专职的固定资产管理员，部门人员变动频繁、工作交接失误极易导致账实不符，造成流失严重。

（4）账卡物不符问题

账卡物的一致是为了确保会计信息是真实和准确的。账卡物不符合规定的原因一般是企业固定资产管理不到位。造成这种情况的原因有以下三点：

第一，财务会计信息不真实、不及时，不能真实反映和有效控制固定资产的状况，不能真实反映固定资产的实际数量和增减变化情况。因此，当固定资产增加时，会计不能及时、准确地进行处理。对被减值的资产也不进行核销，造成资产流失严重。账物不能统一，导致财务账面失去了对资产的控制。

第二，由于各种原因，以盘盈、接受捐赠和自由转让的形式转移的固定资产没有及时入账，导致资产不能在账面上体现。

第三，由于各部门之间缺乏沟通，因此部门之间相互转移资产没有任何形式的转让申请或转让文件，导致资产管理人员的信息和财务账户没有调整。一些岗位人员调动频繁，长期下来，造成资产下落不明。

四、中小企业固定资产管理流程设计

固定资产管理是一项涉及基础设施部门、财务部门、后勤部门等的复杂组织工作。固定资产管理是指对固定资产的计划、登记、购置、领用、使用、验收、维修、报废等全过程的管理，如图7-1所示。如固定资产管理不当，就会产生资产核算不一致、责任人不明确、效率低下、盘点工作费时费力且易出错等状况。这也导致固定资产的流失率和闲置率居高不下，造成固定资产的浪费，企业经营成本上升。

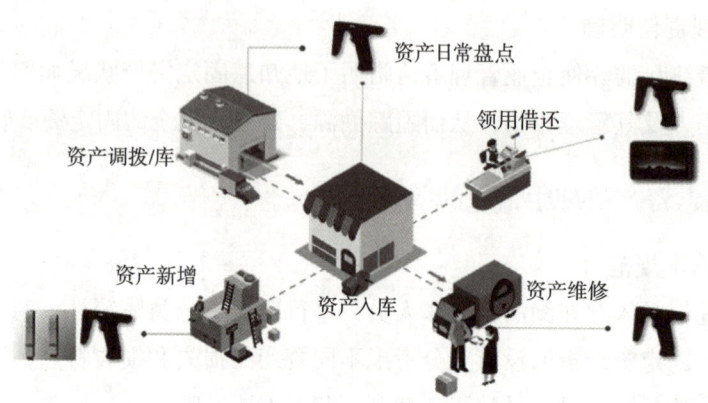

图 7－1　固定资产管理流程

（1）管理固定资产的购置

在企业中，固定资产一般遵循购建、价值转让和补偿、实物更新的顺序循环。固定资产取得后，实行分级管理，即由使用部门管理，并按其类别与会计部门进行分类编号、粘贴样品签名。每一附属单位、职能部门预算购置的固定资产，须报总公司预算委员会批准后，方可购置，如图 7－2 所示。

固 定 资 产 卡 片

卡片编号：＿＿＿＿＿＿＿＿ 录入日期：＿＿＿＿＿＿＿＿

类别编号：＿＿＿＿＿＿＿＿ 类别名称：＿＿＿＿＿＿＿＿

生产厂家：＿＿＿＿＿＿＿＿ 规格型号：＿＿＿＿＿＿＿＿

固定资产编号：＿＿＿＿＿＿ 固定资产名称：＿＿＿＿＿＿

使用部门：＿＿＿＿＿＿＿＿ 开始使用日期：＿＿＿＿＿＿

使用年限（月）：＿＿＿＿ 计量单位：＿＿＿＿ 数量：＿＿＿

管理部门：＿＿＿＿ 存放地点：＿＿＿＿ 使用状况：＿＿＿＿

原　　值：＿＿＿＿＿＿＿＿ 折旧方法：＿＿＿＿＿＿＿＿

图 7－2　固定资产卡片

（2）管理固定资产的日常维护

固定资产管理包括对领用、借用、归还、退回、调拨、转存、维修、报废和清理操作环节进行管理。同时，可以记录每个资产的操作用途，以便未来可追溯，可以更新资产的用户、存储部门、使用状态等数据。

（3）管理固定资产的增加、转移、闲置和减少

财务部门按月登记“财产目录”整体反映固定资产状况。财务部门按月编制“固定资产增减表”，应于次月送管理部门核对。

（4）管理固定资产折旧

设定每个资产的残值率、原始价值、折旧年限、每月的折旧日期。到每个月设定日期后，便会自动折旧对应金额，得出剩余价值。

（5）管理低值易耗品

低值易耗品批量登记。在领取低值易耗品时，需要填写领用人、领用部门、领用数量、领用用途等数据，规范低值易耗品管理，减少低值易耗品支出。

（6）管理固定资产定期盘点控制

企业应当与财务部门每年至少进行一次固定资产库存盘点，企业管理、人事、财务、工会等核心部门应当派专人负责此项工作，加强领导协调，并且每一项固定资产盘盈、亏损、损毁，都要找出原因，写一份书面报告，并根据企业的管理权限，经管理层批准，进行期末计价控制。企业固定资产应当在期末根据账户价值与回收金额之间的差额计算，并计提可回收金额与面值之间的差额（见表7-2）。

表7-2 固定资产盘点表

盘点单位：　　　　　　　　　　　　　　　　　　　　　　　　　盘点日期：　年　月　日

序号	资产名称	型号	数量	单位	存放部门	购置日期	启用日期	使用年限	资产使用情况			账面价值		使用人签字
									在用	闲置	待报废	原值	净值	
1														
2														
3														
4														
5														
6														
7														
8														
9														
10														

盘点部门：　　　　　　　　　　　　　　　　　　　　　　　　　盘点人：

五、固定资产管理采购流程设计

固定资产管理采购流程设计如图7-3所示。

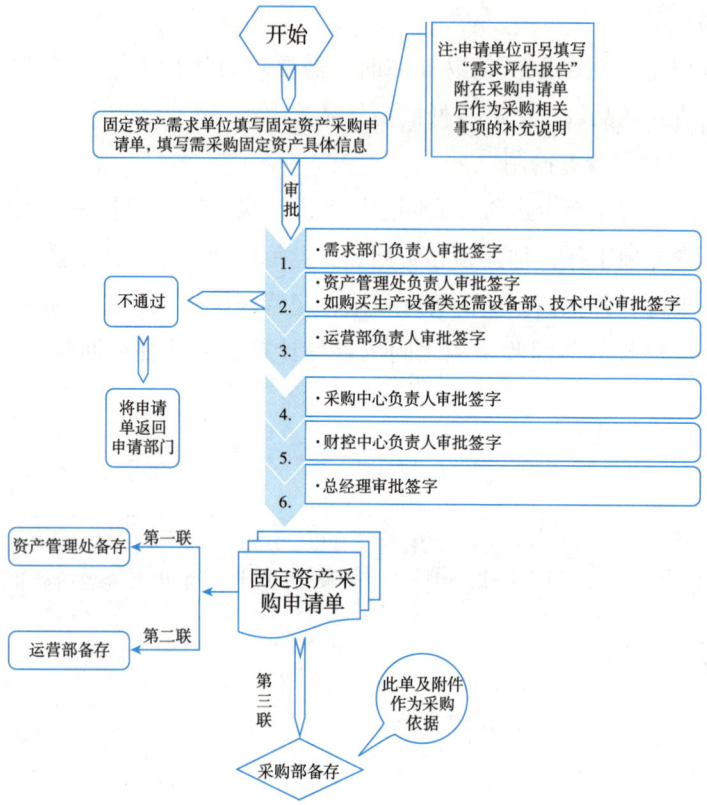

图 7-3　固定资产管理采购流程设计

六、固定资产调拨流程设计

固定资产调拨流程设计如图 7-4 所示。

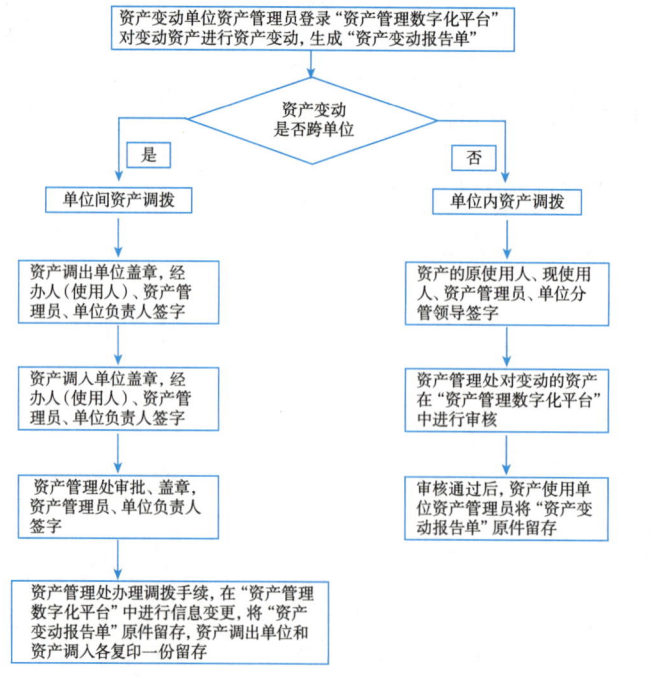

图 7-4　固定资产调拨流程设计

七、固定资产报废流程设计

固定资产报废流程设计如图 7-5 所示。

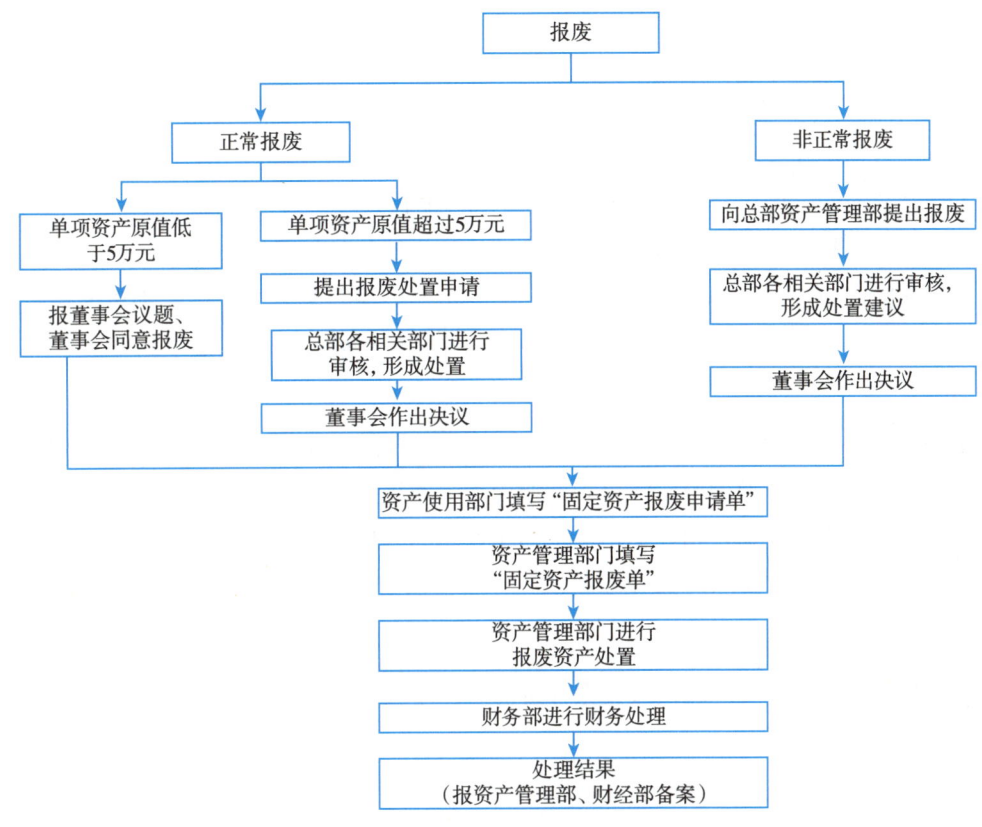

图 7-5　固定资产报废流程设计

八、固定资产会计核算

固定资产会计核算主要包括固定资产的初始计量、折旧计算和日常管理等方面。固定资产的日常管理包括核算、记录和监控等方面。企业应建立完善的固定资产管理制度，确保资产的准确记录和有效利用，具体措施包括定期盘点、维护保养、报废处理等，以确保固定资产的完整性和使用效率。

固定资产的计算涉及多个方面，以下是对固定资产计算方法的详细解析。

1. 固定资产原值的计算

固定资产原值是指企业购建某项固定资产并使其达到可供使用状态前所发生的一切合理必要的支出，通常包括购置价格、运费、安装费、税费等。如果资产是自建的，则原值为建造过程中的全部成本。

2. 固定资产折旧的计算

（1）累计折旧：累计折旧是各期折旧费用的总和。折旧费用是固定资产在使用过程中由于磨损、老化等原因而逐渐转移到产品成本或期间费用中的那部分价值。

(2) 年度折旧费用：年度折旧费用可以通过固定资产原值乘以折旧率来计算。折旧率则根据固定资产的使用年限、预计净残值等因素来确定。

(3) 折旧方法：常用的折旧方法包括年限平均法、工作量法、双倍余额递减法和年数总和法等。

年限平均法：将固定资产的原值减去预计净残值后的余额，在预计使用年限内平均摊销。

年度折旧费用＝固定资产原值×（1－预计净残值率）÷预计使用年限

工作量法：根据实际工作量来计算折旧额。

单位工作量折旧额＝固定资产原价×（1－预计净残值率）÷预计工作总量

某项固定资产月折旧额＝该项固定资产当月工作量×单位工作量折旧额

双倍余额递减法：在每个会计期间内，按照上一个会计期间末未摊销金额乘以两倍折旧率进行摊销。在折旧年限到期前两年内，将固定资产净值扣除预计净残值后的余额平均摊销。

年折旧率＝2÷预计使用寿命（年）×100%

年数总和法：将固定资产的原值减去预计净残值后的余额，乘以一个逐年递减的分数来计算每年的折旧额。分数等于尚可使用寿命除以预计使用年限的年数总和。

年折旧率＝尚可使用寿命÷预计使用年限的年数总和×100%

年折旧额＝（固定资产原价－预计净残值）×年折旧率

3. 固定资产净值的计算

固定资产净值是指固定资产原值减去累计折旧后的净额，反映了固定资产在某一时刻的实际价值，计算公式为

固定资产净值＝固定资产原值－累计折旧

4. 固定资产增值的计算

固定资产增值是指固定资产在持有期间由于市场价值上升等原因而增加的价值。计算公式为

固定资产增值＝增加的市场价值－旧资产净值

5. 其他相关指标的计算

(1) 固定资产周转率：反映了企业固定资产的使用效率。计算公式为

固定资产周转率＝销售收入÷固定资产净值

(2) 固定资产偿还期限：反映了企业用固定资产购买价来偿还所需的时间。计算公式为

固定资产偿还期限＝固定资产购买价÷年度净利润

(3) 固定资产投资回报率：反映了企业固定资产投资的盈利能力。计算公式为

固定资产投资回报率＝净利润÷固定资产净值

(4) 固定资产利润率：同样反映了企业固定资产的盈利能力，与固定资产投资回报率类似，但计算方式略有不同。计算公式为

固定资产利润率＝净利润÷固定资产净值×100%

例如，固定资产周转率主要用于分析对厂房、设备等固定资产的利用效率，比率越高，说明利用率越高，管理水平越高。如果固定资产周转率与同行业平均水平相比偏低，说明企业对固定资产的利用率较低，可能会影响企业的获利能力。

固定资产周转率表示在一个会计年度内，固定资产周转的次数，或表示每 1 元固定资产支持的销售收入。固定资产周转率的正常范围是 0.8～1，说明固定资产效率利用较高。

案例一

假设一家中小企业 2024 年的主营业务收入是 1000 万元，期初固定资产净值是 500 万元，期末固定资产净值是 600 万元，那么平均固定资产净值就是（500 + 600）÷ 2 = 550 万元。

固定资产周转率就是 1000 ÷ 550 = 1.82。

那么，这个"1.82"到底意味着什么呢？它代表的是企业每投入 1 元固定资产，能创造出 1.82 元的收入。

案例二

企业固定资产折旧计算

企业拥有 6 辆小汽车，每辆小汽车原价均为 62 万元，分别由车间部门、销售部门、管理部门、研发部门（费用化）、自建厂房项目部、出租外用使用。预计每辆总行驶里程均为 50 万千米，预计每辆报废时的净残值均为 2 万元，本月每辆行驶里程为 5000 千米。固定资产折旧采用工作量法。

折旧计算：

单位工作量折旧额 = 固定资产原价 ×（1 - 预计净残值率）÷ 预计工作总量

每辆小汽车单位工作量折旧额 = 620000 ×（1 - 2/62）= 10000（元/万千米）

本月每辆小汽车折旧额 = 10000 × 5000/100000 = 5000（元）

账务处理：

借：制造费用——折旧费	5000（车间部门）
销售费用——折旧费	5000（销售部门）
管理费用——折旧费	5000（管理部门）
研发支出——费用化支出 - 折旧费	5000（研发部门）
在建工程——厂房	5000（自建厂房项目部）
其他业务成本	5000（出租外用）
贷：累计折旧	30000

案例三

企业固定资产报废处理

企业报废设备 1 台，原价为 50 万元，已计提折旧 45 万元，未计提减值准备。

账务处理：

借：固定资产清理	50000
累计折旧	450000
贷：固定资产——A 设备	500000

案例四

企业固定资产盘亏处理

企业财产清查时发现短缺电脑 1 台，原价为 3000 元，已提折旧 1200 元。

账务处理：

借：待处理财产损益－待处理固定资产损益　　　　　　　　　　　　1800
　　贷：固定资产－电脑　　　　　　　　　1800（同时应冲减已计提的累计折旧 1200 元）

综上所述，固定资产的计算涉及多个方面和多个指标，企业需要根据自身情况和会计准则的要求来选择合适的计算方法与折旧方法，以确保固定资产价值的准确核算和反映。

资源四　库存管理体系编制说明

库存管理系统是生产、计划和控制的基础。该系统通过对仓库、货位等账务管理及入/出库类型、入/出库单据的管理，及时反映各种物资的仓储、流向情况，为生产管理和成本核算提供依据。通过库存分析，为管理及决策人员提供库存资金占用情况、物资积压情况、短缺/超储情况、ABC分类情况等不同的统计分析信息。通过对批号的跟踪，实现专批专管，保证质量跟踪的贯通。

在美国，有些企业库存周期只有 8 天，但有些中国企业的库存周期长达 51 天，仅运输成本一项，占销售额的比例就高达 30%。从物流成本构成看，中国物流管理成本占总成本的 14%，而美国只有 3.8%。对物流企业进行库存管理，其实就是降低其成本。物流企业作为供应链的一部分，不管是对库存进行管理还是要降低成本，都要从供应链的角度来实行。由于我国物流业发展还处于从起步到成熟的阶段，整体的物流规划能力的经验不足，并且物流信息化程度不高，许多物流管理还是以人工管理为主，直接导致仓储和库存成本居高不下。但从 20 世纪 60 年代以来企业信息化的趋势来看，物流企业的库存管理也需趋向于信息化、网络化和高度集成化，随着信息技术的高速发展和国外大型物流企业纷纷涌入中国，作为现代企业的物流管理的核心部分——库存管理，也要适应时代的发展。

一、库存管理目标与财务目标

管理目标是指企业对各类原材料、在产品、半成品、产成品、商品、周转材料、代销代管存货、委托加工存货、代修存货等进行经营管理业务中应达到的目标。

（1）优化人员配置，执行有效职责分工和权限范围。
（2）确定合理的库存，防止存货积压闲置，造成浪费。
（3）科学保管，定期盘点，保证数量准确、质量合格。
（4）规范存货处置，避免造成企业资产流失。
（5）存货保管符合国家有关安全、消防、环保等规定。
（6）存货交易合同符合合同法等国家法律法规和企业内部规章制度。

财务目标是指企业通过对存货进行内部控制，确保存货账目与实际相符。

（1）保证存货账目真实、准确、完整。

（2）财务账表与实物核对相符。

（3）存货成本计价准确。

（4）存货的确认、计量和报告应当符合国家统一的会计准则制度。

二、管理方法及内容

库存管理的方法有归口分级控制法、ABC控制法、适时制存货管理。库存管理的流程是基础数据维护、入库操作、出库操作、领料操作、库存调拨、损耗操作、盘点操作、套件组合（分拆）、报表输出等。

（1）基础数据维护：基础数据维护包括仓库信息、存放地点信息、组件构成信息、库存常用数据等。

（2）仓库信息：用于定义多仓库，如A仓库、B仓库……

（3）存放地点信息：用于定义仓库中的某一具体位置，如A仓库A202货位。

（4）组件构成信息：用于定义组件的零件构成，以便进行套件组合时调用。

（5）入仓操作：入仓操作用于对物品入库进行管理，包括正常入库、采购入库、生产入库，入库记录信息有物品编号、名称、规格、数量、单价、金额、存放地点等，入库后物品的库存数量、结存均价、金额都将自动作相应变化。

（6）正常入仓：正常入仓用于进行非采购、非生产的入仓操作。

（7）采购入仓：采购入仓用于进行采购商品的入库操作，入仓单与采购订单关联。

（8）生产入仓：生产入仓用于进行生产产品的入库操作，入仓单与生产单关联。

（9）出仓操作：出仓操作用于对物品的出仓进行管理，包括正常出仓、销售出仓、生产领料出仓，出仓记录信息有物品编号、名称、规格、数量、单价、金额、存放地点等，出仓后物品的库存数量、结存均价、金额都将自动作相应变化。

（10）正常出仓：正常出仓用于进行非销售、非生产的物品出仓操作。

（11）销售出仓：销售出仓用于进行销售产品的出仓操作，出仓单与销售订单关联。

（12）生产领料出仓：生产领料出仓用于进行生产所需物品的出仓操作，出仓单与生产单关联。

（13）调拨操作：调拨操作可对各存放地点、各仓库之间进行物品转移，调拨记录的信息有概要信息（如调拨单号、调拨原因、经手人、审核人、日期）、明细信息（如商品编号、名称、规格、材料、单位、单价、数量、金额、转出地点、转入地点）。

（14）盘点操作：盘点操作用于进行库存盘点，盘点时填写盘点单。

三、库存管理流程设计

库存管理流程设计如图7-6所示。

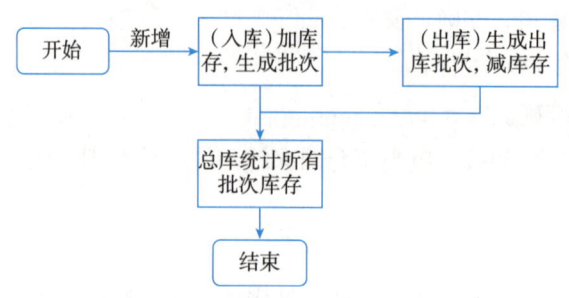

图 7-6 库存管理流程设计

四、库存管理流程新增设计

库存管理流程新增设计如图 7-7 所示。

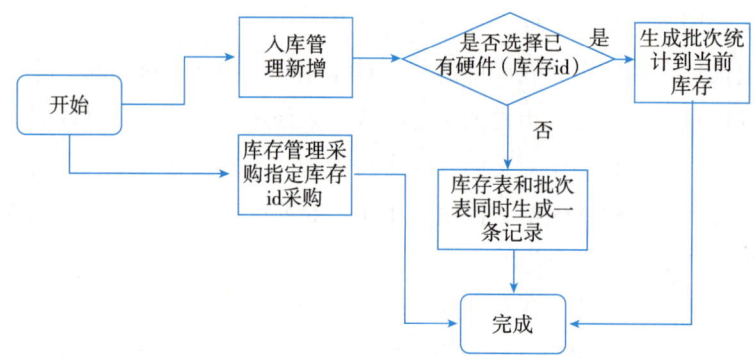

图 7-7 库存管理流程新增设计

五、库存盘点流程

盘点的六步流程是盘点计划、盘点安排、盘点准备、盘点作业、原因分析和账务处理。

（一）盘点计划

凡事预则立，不预则废。做任何事，计划总是先行的，盘点也一样，在进行盘点之前，我们需要制订盘点计划。

盘点计划涉及的方面很多，根据仓库的实际情况也各不相同，但以下三个方面是盘点计划不可缺少的。

（1）盘点计划第一个要确定的是时间，即盘点各项操作的具体的时间，包括仓库停止作业时间、账务处理与冻结的时间、盘点准备时间、盘点开始时间、初盘时间、复盘时间等。

（2）盘点计划第二个需要确定的是人员，即参与盘点的人员。这里说的是参与，指全部盘点动作涉及的人员，包括盘点实际操作人员、盘点监督人员和盘点辅助人员等。盘点人员确定后，盘点计划中还需要明确这些人员的具体分工、安排和在盘点中起到的作用。

（3）盘点计划第三个要确定的是相关部门的配合事项，以及整个盘点过程需要注意的特殊事项。这一点非常重要，因为盘点不是一个人在战斗，也不是仓库一个部门在战斗，需要各方的共同努力与参与，需要各方的配合和支持。

（二）盘点安排

盘点计划是对盘点任务的总体设计与规划，是标准的计划层面的操作；而盘点安排是执行，是对盘点计划的执行。

盘点安排怎么对盘点计划进行执行呢？主要包括以下两个方面。

（1）对盘点计划进行确认。也就是说，我们的盘点计划，需要经过讨论达成共识，再经领导审批确认后，才能成为真正的可以去执行的计划。对盘点计划讨论、审核、审批的过程，是盘点的安排的重要组成部分，也是盘点安排的关键步骤。

（2）对参与盘点的人员进行详细的分工和安排。上面盘点计划中有一项提到了人员分工，不过盘点计划中的人员分工不会说得那么详细，具体的、详细的明细盘点分工安排，需要在盘点计划确定后另行正式出具（盘点人员分工清单）。

盘点安排还有一项任务是得到各相关部门的支持，往往需要借助领导的力量来完成这个任务。所以在必要时，对于盘点安排我们可以组织专门的盘点会议进行。

（三）盘点准备

盘点准备，也就是盘点前的准备。在确定盘点的各个要求时间节点和各项参与的盘点人员后，开始盘点前，我们还需要做各种准备工作。

盘点前的准备工作包括但不限于以下几点：仓库整理与清洁、仓库账务冻结前单据处理、仓库账目处理、特殊物料标识、盘点表打印、盘点工具准备等。

另外，除以上几点，盘点准备还有两项重要任务。一是再次通知和提醒各部门及相关人员盘点各种截止与开启时间，如供应商停止送货，生产停止领料与入库等。二是在盘点准备时全方位对盘点进行宣传。盘点需要多方配合与支持，但是仅靠参与人员主动或公司强制是不够的，还需要企业的宣传与说服。所以宣传和说服是盘点准备中的一项十分重要的任务。

（四）盘点作业

盘点流程的第四步是盘点作业，也就是执行盘点，进行盘点的具体动作，即采取一定的方法进行初盘、复盘和复核等。

这一步是盘点的主要工作内容，也是完成盘点任务的主要部分。

（五）原因分析

盘点流程的第五步是原因分析，对盘点结果的分析。仓库盘点的原因分析主要分为两个方面。

（1）账实不符的原因分析。这一点说的是库存不准的原因是什么。只有找到了原因，才能进行下一步的账务处理。只有分析了账实不符的原因，找到了真正的原因，才能提升仓库管理水平。

（2）表现异常的原因分析。什么叫表现异常？就是说当次的表现和平常完全不一样。比如，平常盘点准确率在98%以上，这次只有90%；或者之前都挺低（90%左右），这次却大幅提升（99%）。这些就是表现异常。我们要对这些异常进行深入的原因分析和经验总结。

（六）账务处理

盘点流程的最后一步是账务处理。仓库的账务处理存在于仓库作业流程的整个过程之中，不管是入库、出库，还是盘点，最后一步都需要进行账务处理。

盘点的账务处理主要是对账实不符进行账务调整。这里特别提醒一点，账务调整必须有经审批的账实不符原因分析表或调整申请表，也就是说，要有凭据。

六、库存处置流程

（1）库管人员每月底统计存货所需处置的物品，说明原因，经其部门主管核准后填写存货处置申请单，见表7-3。

（2）质量管理部、生产管理部根据存货处置申请单，对产成品、原辅料、包材、化剂等进行核验并出具检测结果。

（3）生产管理部、经营管理部根据存货处置申请单，对五金、劳保、杂类等进行核验并出具检测结果。

（4）财务资产部根据存货处置申请单，对申请处置物品进行减值评估并出具评估报告。

（5）财务资产部负责将各相关部门核验后的存货处置申请单、检测结论及减值评估报告报公司总经理审批或总部审批。

（6）处置金额具体审批按照公司授权审批制度执行。

表7-3 存货处置申请单

申请时间： 库存部门：
处理方法： 收货机构：
处理原因：

序号	商品编码	名称	批次	库存	申请数量	进价	售价	供应商	申请处理原因	备注

七、库存管理周转率及关键控制点

（一）库存管理周转率

库存管理周转率指某时间段的出库总金额（总数量）与该时间段库存平均金额（或数量）的比率。提高库存周转率对于加快资金周转、提高资金利用率和变现能力具有积极的作用。库存周转率考核的目的在于从财务的角度预测整个公司的现金流，从而考核整个公司的需求与供应链运作水平。

库存周转率又叫存货周转率，是衡量和评价企业购入存货、投入生产、销售收回等各环节管理状况的综合性指标。它是销货成本被平均存货所除而得到的比率，或叫存货周转次数，用时间表示的存货周转率就是存货周转天数。

存货周转计算公式：

存货周转率（次）＝销售（营业）成本÷平均存货

月平均存货＝（月初存货＋月末存货）÷2

月存货周转率（天）= 30 ÷ 存货周转率（次）

（二）库存管理关键控制点

第1层次KPI：交货及时率、存货周转率、呆滞积压物资金额或比率。

第2层次KPI：销售预测的准确度、库存数据的准确性、系统数据的准确度、供应商交货及时率或柔韧度、库存物资的成套率、采购订货周期（订货量、天数）、生产计划完成率、在制品与产成品比例。

八、库存管理相关计算数据指标

库存管理案例中的计算公式主要包括以下五个方面。

（1）库存周转率

月库存周转率 = 30 ÷ 可销售天数

月预计销售 = 日均销售 × 30天

库存均值 = （期初库存 + 期末库存）÷ 2

月周转率 = 月销售额 ÷ 月库存均值

月库存均值 = 月销售额 ÷ 月周转率

案例五

浙江某公司2024年的销售成本为1000万元，期初库存额为200万元，期末库存额为150万元。该公司的年度库存周转率为

库存周转率 = 1000 ÷ [（200 + 150）÷ 2] = 1000 ÷ 175 ≈ 5.71（次）

这说明该公司一年内平均每年的库存周转了5.71次。

库存周转率是衡量企业管理效益的重要指标之一，较高的库存周转率表示企业的库存能够更快地转化为销售收入，有利于降低资金占用和库存损耗。而较低的库存周转率表示库存管理方面可能存在问题，需要及时采取措施来改善情况，如优化供应链管理、加强销售预测等。需要特别注意的是，库存周转率的计算结果会受行业特性和企业经营策略的影响。不同行业的库存周转率有差异，如快消品行业的库存周转率通常较高，而大宗商品行业的库存周转率相对较低。同时，企业经营策略的不同也会导致库存周转率有所差异，如高库存周转率可能会降低库存安全率，从而增加缺货的风险。因此，在计算和分析库存周转率时，需要综合考虑行业和企业自身的特点，以便得出更准确的结论。

（2）销售和库存毛利额

销售毛利额 = 销售金额 − 销售成本

库存毛利额 = 库存零售金额 − 库存成本金额

销售毛利率 = 销售毛利额 ÷ 销售总金额

库存毛利率 = 库存毛利额 ÷ 库存总金额

案例六

浙江某公司2024年销货成本为3000万元，销售收入为4285.71万元，毛利率是30%。

销售毛利率 =（4285.71 - 3000）÷ 4285.71 × 100% = 30%。

销售毛利率表示每 1 元销售收入扣除销售成本后，有多少钱可以用于期间成本和利润的形成。销售毛利率是企业销售净利率的基础，没有足够的利润空间将不会盈利。

（3）成本率和毛利率

成本率 = 产品成本 ÷ 销售额 × 100%

成本率 = 1 - 毛利率

成本 = 金额 × 成本率

毛利率 =（销售收入 - 销售成本）÷ 销售收入 × 100%

案例七

浙江某公司 2024 年若产品总成本是 1000 元，销售额是 1500 元，则成本率为 66.67%。

成本率用于评估产品的盈利能力，成本率越低，盈利能力越强；毛利率越高，表示企业在每单位销售收入中能保留更多利润。毛利率的计算不仅在商业领域有着广泛的应用，对于投资者和企业管理者来说，也是评估企业经营状况的一个重要指标。通过毛利率可以了解企业的盈利能力，分析成本控制的效果，以及市场竞争力。需要注意的是，毛利率的计算结果会受不同行业和企业自身经营策略的影响。因此，在评估企业的盈利能力时，还需要结合其他财务指标和市场环境进行综合分析。

（4）进货和补货

预计进货 = 期末库存 - 期初库存 + 销售

实际进货 = 采购进货 - 采购退货 + 调拨入库 - 调拨出库

（5）其他指标

达成率 =（实际 - 目标）÷ |目标| + 1

完成进度 = 当前完成额 ÷ 目标额 × 100%

占比 = 部分 ÷ 整体（所有占比相加等于 1）

售罄率 = 销售数量 ÷ 总进货数量

这些公式可以帮助企业在库存管理中进行精确计算，优化库存管理策略，提高运营效率。

九、ABC 分类管理

案例八

某家具制造企业库存优化实践

1. 案例背景

某中型家具制造企业面临库存积压严重、资金周转率低的问题。企业年销售额约为 1.2 亿元，库存品类达 200 余种，需通过 ABC 分类法优化库存管理，聚焦核心物料管控。

2. 数据收集与整理

企业选取以下典型物料进行 ABC 分类分析（见表 7-4）：

表 7-4 物料需求量及单价

物料名称	年需求量	单价（元）	年使用金额（万元）
中纤板加工件	175992 块	85	1496.0
通用五金件	55000 个	12	66.0
油漆及天那水	95000 千克	25	237.5
水刨花板加工件	87352 块	70	611.5
实木材料	4300 立方米	800	344.0
封边条	188000 米	5	94.0
布料皮革	98000 平方米	30	294.0
工具耗材	125115 个	8	100.1

数据来源：2024 年库存年报。

3. ABC 分类实施步骤

（1）计算年使用金额并排序（见表 7-5）

表 7-5 物料年使用金额排序

排序	物料名称	年使用金额（万元）	占总金额的比例（%）	金额累计占比（%）
1	中纤板加工件	1496.0	46.13	46.13
2	水刨花板加工件	611.5	18.86	64.98
3	实木材料	344.0	10.61	75.59
4	布料皮革	294.0	9.07	84.66
5	油漆及天那水	237.5	7.32	91.98
6	工具耗材	100.1	3.09	95.07
7	封边条	94.0	2.90	97.96
8	通用五金件	66.0	2.04	100

（2）分类标准应用

A 类（占金额 40% 以上）：中纤板加工件；

B 类（占金额 10%~39%）：水刨花板加工件、实木材料；

C 类（占金额 9% 以下）：布料皮革、油漆及天那水、工具耗材、封边条、通用五金件。

4. 分类管理策略（见表 7-6）

表 7-6 分类管理策略

类别	管理措施	实施效果
A 类	每日库存监控，设置安全库存阈值（±5%） 采用 JIT，缩短补货周期至 3 天	库存周转率提升 40%，缺货率下降至 1.2%
B 类	月度盘点，按经济订货批量（EOQ）采购 与 2 家供应商建立长期合作	采购成本降低 12%，库存资金占用减少 18%
C 类	季度集中采购，采用"双箱法"简化管理 取消低效供应商（年采购额 <5 万元）	管理耗时减少 60%，供应商数量精简 35%

5. 实施成果

库存优化：总库存金额从 3450 万元降至 2200 万元（降幅 36.2%）；

资金效率：库存周转天数从 98 天缩短至 62 天；

成本控制：年采购成本节约 320 万元，主要来自 A 类物料集约化采购。

资源五　固定资产管理成功案例

案例背景：

某公司是一家大型制造业公司，拥有多家生产基地和办事处。公司拥有大量的固定资产，包括工厂设备、办公设备、车辆等。由于过去管理不善，固定资产管理效率低下，导致固定资产记录不准确，易丢失和损坏，造成资源浪费和额外开支。公司决定进行固定资产管理方案的改进。

解决方案：

（1）引入固定资产管理软件：公司决定引入一款专业的固定资产管理软件，用于全面记录和跟踪固定资产的信息。通过该软件，可以实时查看固定资产的位置、使用情况、维修记录等关键信息，提高固定资产的管理效率。

（2）标识和编号固定资产：每个固定资产都被贴上唯一的标识和编号，方便管理和跟踪。在固定资产管理软件中，每个资产的详细信息包括名称、规格、购买日期、保修期等都被准确记录。

（3）定期盘点和检查：公司制定了固定资产的定期盘点和检查制度，确保资产的准确性和完整性。每季度负责固定资产管理的部门会组织一次全面的盘点，核对实际数量与系统记录的数量是否一致。

（4）资产维修和保养：公司建立了固定资产的维修和保养体系，确保固定资产的正常运作和延长使用寿命。每个固定资产都有相应的维修保养记录，定期进行维修和保养。

（5）员工培训和意识提升：公司组织了固定资产管理的培训课程，培训员工正确使用管理软件以及正确处理资产的维修和保养。加强对员工的资产管理意识培养，要求员工爱护公司的固定资产，避免浪费和损坏。

案例效果：

通过以上的改进措施，该公司固定资产管理效果明显改善。公司实施固定资产管理软件后，固定资产的记录准确性大大提高，实时跟踪固定资产的状态也更加方便。由于定期盘点和检查制度的建立，丢失和损坏的情况明显减少，节约了额外开支。资产维修和保养的规范也延长了固定资产的使用寿命，减少了资产更换的成本。通过培训和意识提升，员工对固定资产的管理意识得到了提高，有效地减少了人为因素对固定资产的损害。

总结：

该案例通过引入固定资产管理软件、标识和编号资产、定期盘点和检查、资产维修和保养以及员工培训和意识提升等措施，成功改进了固定资产管理方案，提高了管理效率及减少了浪费和损失。这一成功案例为其他企业提供了有益的借鉴和经验。

资源六　艾永亮：超级产品战略如何让优衣库做到"零库存"

运用超级产品战略，让产品不积压库存是许多服装企业的梦想，而这个梦想优衣库实现了。优衣库平均库存周转天数为83天，比国内许多同类企业快至少一半，那么优衣库是如何做到"零库存"的？在日本经济萎靡不振时，优衣库逆势而上，利润增长1500倍，营业额增长160倍。哪怕是在中国较为"偏僻"的门店，年销售额也在2000万元以上，线上旗舰店更是几亿元的销售额，其销售额是国内同类服装企业品牌的10倍，优衣库被称为最会卖衣服的企业。而优衣库之所以能够做出如此出色的成绩，其核心就在于它让每一款产品都有成为超级产品的潜力，让产品帮助企业做到"零库存"。

这里的"零库存"指的是产品原材料、半成品、产成品，在采购、销售、生产、配送的过程中，以快速周转的状态，通过上下游企业的合作，将库存量最小化。

超级产品战略：挑战市场趋势

在产品创新方面，采用不同的产品创新模式，对所有年龄段不同性别能穿的服饰进行深度创新。

这类方式能为企业带来几大好处：

（1）减轻库存压力，降低犯错率；

（2）面对的消费者较为全面，而不是局限于指定的人群，能够形成更大规模的市场；

（3）能帮助优衣库在非标准化的服装市场中找到标准化的细分市场，让其变得简单，并在门店形象与产品方面进行一体化管理。

优衣库的SKU平均保持在1000款，而本土化休闲服装基本保持在2000~5000款。虽然优衣库的SKU数量并不多，但它对每一款产品的深度创新，让每一款产品的不同款式覆盖了消费者生活的方方面面，尤其是在产品颜色的选择上，每一款产品五六种颜色，备受消费者青睐。许多企业会制订产量计划与销售计划，作为企业增长的目标。优衣库也有增长目标，但它的增长更像是顺其自然。例如，优衣库会根据上年的产量计划定义今年的产量计划，从而做到短期内调节产量，从长期的目标来看可以防止库存积压。企业需要对门店消费者需求进行预测，洞察消费者需求，用数据进行汇总，模拟并每周监控。

因此，优衣库每周都会根据不同门店的情况来决定每个门店放多少货架，什么产品摆放在什么位置，什么时候这款产品能够卖光。根据市场需求调整门店活动、月计划、周计划、季度计划，反馈产品数据，及时应对市场变化。

超级产品战略：打造超级产品需要靠数据，而不是拍脑袋的创新

每一位优衣库员工在进入企业的第一天不是做销售，而是观察并理解门店的销售数据、产品数据，感受数字的变化，通过产品创造数字。通过收集每款产品的销售数据，将数据进行汇总，优衣库拥有了庞大的数据库；通过分析产品数据来进行产品创新，及时调整战略方案，优衣库基本上做到了"零库存"。很多服装企业会因为库存问题而苦恼，而优衣库并没有库存"纠缠"，这与优衣库随时能根据每款产品的数据变化而作出改善密不可分，数字成为企业打造超级产品的"路标"。

超级产品战略：以用户为中心的战略模式

在超级产品战略中，优衣库以"周"为基本单位，每周门店内的工作人员会根据消费者对产品的反应调整产品数量或进行产品创新。所以当产品摆放在货架上时，当季哪些产品能够成为超级产品的可能性一目了然。国内许多服装企业会凭借感觉或经验来预测市场，这种做法虽然有效，却不如精准的数据，也无法适应快速变化的市场，一旦预测出现偏差，产品库存积压在所难免。在超级产品战略中，不仅要关注线下数据，就连线上数据也不容放过。就拿优衣库来说，2000年优衣库正式在线上进行销售，而在上新产品的同时，优衣库会根据线上购买的消费者群体、单次金额、消费频率这几大数据精准地将优衣库的线下门店开在那些销售量较高的区域，而精准的开店率让优衣库的产品在很大程度上备受欢迎，减少库存的风险。

分析数据正是国内许多服装企业所缺少的，国内大多数服装企业只会看着一个月前的数据，根据那些数据来进行补货，分析哪些产品受欢迎，殊不知这些数据早已跟不上市场的变化。

超级产品战略：自下而上产品创新

在运用超级产品战略的过程中，我们会发现，产品和门店是企业能够跟消费者连接的方式，因此，想要打造超级产品，洞察消费者成为优衣库重要的工作。在优衣库门店，一线员工将产品销售情况、洞察消费者、收集消费者的意见汇总，结合店长建议，将信息反馈到总部。而总部根据消费者的反馈，对产品进行创新，最终让产品成为引发抢购热潮的超级产品。在快时尚市场中，第一时间掌握信息尤为重要。而在超级产品战略中，以当下市场反应为准，对产品品质进行管控，根据数据与消费者反馈快速作出决策，及时迭代产品，让产品帮助企业做到"零库存"。

7.3 完成岗位任务

现代企业正在向数字化和信息化转型。固定资产管理作为企业管理和运营中最重要的环节，也因科学技术的发展而得到了优化。企业的固定资产管理是什么？具体来说，固定资产管理通常用来解决企业固定资产管理意识薄弱、账户不一致、固定资产流通无法跟踪、管理责任无法落实、盘点效率低等问题。云呐推出了二维码固定资产管理平台，为中国企业提供高效的数字固定资产管理解决方案，以优化企业固定资产管理现状，提高固定资产利用率，降低固定资产流失率和闲置率，加快企业向数字化转型。

实施方案：从固定资产的采购、入库、移动、调拨、升级、损坏、报废等全生命周期进行监控，遇到任何问题及时汇报。

实施模块：库存管理、采购管理、设备信息管理、工单管理、设备维护、运行管理、文档管理。

任务一　设计固定资产管理相关表格及流程图

问题1：

请同学们参照表7－2设计浙江长征家具制造有限责任公司固定资产盘点表（数据可假设性自拟）。

问题 2：

请同学们参照图 7-3 设计浙江长征家具制造有限责任公司固定资产采购流程图。

问题 3：

请同学们参照图 7-5 设计浙江长征家具制造有限责任公司固定资产报废流程图。

问题 4：

假设浙江长征家具制造有限责任公司 2024 年营业收入为 600 万元，期初固定资产净值为 220 万元，期末固定资产净值为 180 万元，平均固定资产净值为（220＋180）÷2＝200 万元，那么固定资产周转率是多少？请计算并评价企业状况。

任务二　计算库存管理核算方法

【案例一】 假设浙江长征家具制造有限责任公司 2023 年一季度的销售物料成本为 200 万元，其季度初的库存价值为 30 万元，该季度末的库存价值为 50 万元，那么其库存周转率为多少？

该企业用平均 40 万元的现金在一个季度里面周转了几次，赚了几次利润？

请思考：如果每季度平均销售物料成本不变，每季度底的库存平均值也不变，那么该企业的年库存周转率变为多少，并解释存货周转率指标含义。

任务三　如何区别财务与仓库部门职能关系

财务职能是指企业财务在运行中所固有的功能。财务的职能源于企业资金运动及其所体现的经济关系，表现为筹资、用资、耗资、分配等过程中的管理职能，包括财务预测、财务决策、财务计划、财务控制、财务分析等；仓库职能是指储存和保管功能、调节供需的功能、调节货物运输能力、流通配送加工的功能等。

请思考：如何正确区分财务与仓库管理工作职责？

财务管理的职责	仓库管理的职责
1.	1.
2.	2.
3.	3.
具体工作职责：	具体工作职责：

任务四　项目实训一：ABC 分类管理

【案例二】 假设浙江长征家具制造有限责任公司有 9 种商品的库存，有关资料如下表所示，为了对这些库存商品进行有效的控制和管理，该企业打算根据商品的投资大小进行分类。

（1）请选用 ABC 分析法将这些商品分为 A、B、C 三类。

（2）给出 A 类库存物资的管理方法。

商品编号	单价（元）	库存量（件）
a	5.00	200
b	2.00	100
c	4.00	125
d	1.40	200
e	1.00	140
f	7.50	1000
g	3.00	120
h	1.00	120
i	0.70	100

分析：

（1）ABC分类管理方法：

A类：资金金额占总库存资金总额的60%~80%，品种数目占总库存品种总数的5%~20%；

B类：资金金额占总库存资金总额的10%~15%，品种数目占总库存品种总数的20%~30%；

C类：资金金额占总库存资金总额的0%~15%，品种数目占总库存品种总数的60%~70%。

根据已知数据，按照商品所占金额从大到小的顺序排列，计算结果见表1：

表1　商品金额排序

商品编号	单价（元）	库存量（件）	金额（元）	金额累计（元）	占全部金额的累计比例（%）	占全部品种的累计比例（%）
f	7.50	1000	7500	7500	74.3	11.1
a	5.00	200	1000	8500	84.2	22.2
c	4.00	125	500	9000	89.1	33.3
g	3.00	120	360	9360	88.9	44.4
b	2.10	100	210	9570	94.8	55.6
d	1.00	200	200	9770	96.7	66.7
e	1.00	140	140	9910	98.1	77.8
h	1.00	120	120	10030	99.3	88.9
i	0.70	100	70	10100	100	100

根据以上表格的计算结果，按照ABC分类管理的方法，可以对此企业的库存进行如下分类（请填写表2数据）：

表2　企业库存分类

分类	每类金额（元）	库存品种数百分比（%）	占用金额百分比（%）
A类			
B类			
C类			

(2) 请评价 A 类库存。

任务五　项目实训二：固定资产管理流程设计

【实训目标与要求】

本实训目标是培养学生运用所学的企业固定资产知识与制度要求进行流程设计的能力。其要求是：

1. 掌握固定资产管理实质内容、流程节点要求。
2. 能够根据模拟公司固定资产流程并结合公司实际情况，进行相关流程制度设计。

【实训资料】

浙江长征家具制造有限责任公司于2020年成立，年销售额为1000万元，企业人员配备有限，业务处于发展期，主要市场在华东区域，客户端以中小企业及商场领域为主。根据预算，2022年销售业绩较2021年增长10%，员工人数增加20名，同时开拓华北市场。根据公司管理层要求，对2022年固定资产管理制度及体系进行修订，形成一套较完整且健全的流程制度。

【实训提示】

1. 根据业务需要，结合实际情况针对性设计。
2. 需要完成各流程节点及管理要点设计。

【实训成果提交】

文档格式：

1. 设计一套比较完整的固定资产管理制度。
2. 文档统一以 Word 2010 或 Word 2007 版本为准。
3. 在制度后面署名，某小组：张三、李四、王五。
4. 组长在各成员名字下面按贡献大小打系数。
5. 成果文档名：制度名（某班某组）。
6. 小组文件夹包括实训成果和参考资料两部分，文件夹名（某班某组）。

实训成果模板如下：

项目名称	固定资产管理制度
任务情境	浙江长征家具制造有限责任公司于2020年成立，年销售额为1000万元，企业人员配备有限，业务处于发展期，主要市场在华东区域，客户端以中小企业及商场领域为主。根据预算，2022年销售业绩较2021年增长10%，员工人数增加20名，同时开拓华北市场。根据公司管理层要求，对2022年固定资产管理制度及体系进行修订，形成一套较完整且健全的流程制度
任务目标	设计一套完整固定资产管理制度
任务点拨	（1）设计资产在各节点（如购入、调拨、报废等）流程 （2）企业规模以中小型为例 （3）准确描述流程节点及关键控制点
制度内容	
点评	

7.4　课后训练

制造企业固定资产管理问题与对策思考。

背景：某制造企业拥有大量的机器设备、厂房等固定资产，但固定资产管理水平未能同步提升，导致了一系列问题。

问题：

（1）固定资产核算存在偏差，财务报表不准确。

（2）部分固定资产长期闲置或利用率低，造成资源浪费。

（3）缺乏有效的资产调配机制，未能及时调整资产使用情况。

请大家思考，提出合理对策。

项目八 多维度融合财务分析

8.1 认知岗位职责

8.1.1 学习目标

(1) 了解财务分析的工作目标;
(2) 熟悉财务分析的内容和控制节点;
(3) 理解掌握财务分析的各项指标计算;
(4) 能够根据企业经营管理的财务分析结果,给出建议。

8.1.2 岗位分析

(1) 明确财务分析岗位的要求及重要性;
(2) 熟悉职务规范,包括工作识别信息、工作概要、工作职责和责任,以及任职资格的标准信息;
(3) 利用业务与财务融合管理模式,结合各岗位管理的特点,掌握财务分析的各项应用。

8.1.3 素质目标

(1) 培养学生的创新、分析能力,鼓励学生勇于探索、敢于创新,把自己的创新理念融入课程学习;
(2) 培养学生思维,提高学生解决问题和分析问题的能力。

8.2 知识储备

资源一　如何编制财务分析

财务情况说明书是对企业一定会计期间内生产经营、资金周转和利润实现及分配等情况的综合性说明，是财务会计的重要组成部分。它全面扼要地提供企业和其他单位生产经营、财务活动开展情况，分析经营业绩和存在的不足，是财务会计报告使用者了解和考核有关单位生产经营和业务活动开展情况的重要资料。

财务情况说明书至少应对以下情况作出说明：企业生产经营的根本情况；利润实现和分配情况；资金增减和周转情况；对企业财务状况、经营成果和现金流量有重大影响的其他事项。

企业通常需要反映以下有关企业生产经营的基本情况：企业主营业务范围及经营情况；企业所处的行业以及在本行业中的地位，如按销售额排列的名次；企业员工的数量和专业素质情况；经营中出现的问题与困难及解决方案；对企业业务有影响的知识产权的有关情况；经营环境的变化；新年度的业务开展方案，如生产经营的总目标及措施；开发、在建工程的预期进度；配套资金的筹措方案；需要披露的其他业务情况与事项。

利润实现和分配情况，主要是指企业本年度实现的净利润及其分配情况。例如，实现的净利润；在利润分配中提取的法定盈余公积和法定公益金额；累计可分配利润；资本公积转增实收资本（或股本，下同）的情况；等等。如果在本年度内没有发生利润分配情况或资本公积转增实收资本情况，那么企业需要在财务情况说明书中明确说明。企业利润的实现和分配情况对判断企业未来发展前景至关重要，所以需要企业披露有关利润实现和分配情况方面的信息。

资金增减和周转情况主要反映年度内企业各项资产、负债、所有者权益、利润构成工程的增减情况及其原因，这对于财务会计报告使用者了解企业的资金变动情况具有非常重要的意义。

资源二　多维度财务分析师主要职责内容

企业财务分析的内容有偿债能力、营运能力、盈利能力、资金实力。企业的资产、负债和所有者权益从不同方面反映企业的生产规模、资金周转情况和企业经营的稳定程度。而财务分析师主要分析公司财务状况，研究行业内公司信息，跟踪融资策略、财务分析和财经政策；分析实际发生的财务账目，针对实际情况判断、解释与预算产生的重要差异，预测公司财务收益和风险；分析评估各项业务和各部门业绩，提供财务建议和决策支持；预测并监督公司现金流和各项资金使用情况；撰写各种财务分析报告、投资财务报告、可行性研究报告；等等。

岗位职责：

（1）分析、预测月收入、成本、毛利水平及销售变动，向管理层提供财务建议和决策支持；

（2）分析公司财务状况，对筹融资策略进行财务分析和财经政策跟踪；

（3）预测公司财务收益和风险，分析评估各项业务和各部门业绩，提供财务建议；

（4）协助各部门制定预算格式和编制方法，并分析预算和实际金额的差异；

（5）分析公司费用变动及现金流变动，提出合理化建议；

（6）熟悉财务报表、各种指标及趋势分析、成本分析、敏感性分析方法；

（7）熟悉常见财务绩效评价方法和工具模型使用；

（8）抗压能力和时间观念强，具备较强的幻灯片和表格制作能力；

（9）协助部门经理处理部门事务或领导交办的其他工作；

（10）其他。

资源三　多维度财务分析目标和基本指标

财务目标（见表8-1）：

表8-1　多维度财务分析目标

目标定位	基本思想	利弊分析	备注
销售最大化	以销定产，注重市场开发	没考虑盈利、风险、资金成本和利益主体等因素	
利润最大化	开拓市场，在销售增长的同时，控制成本水平	没考虑风险、资金成本和利益主体等因素；会计核算的局限性	
价值最大化	为股东创造价值，同时兼顾相关者利益	以股东价值为核心，保持顾客、员工、社会等利益相关者价值的平衡；充分考虑市场、盈利、风险、资金成本、核算影响和非财务等因素	

基本指标：

1. 变现能力比率

变现能力是企业产生现金的能力，它取决于可以在近期转变为现金的流动资产的数量。

（1）流动比率

公式：流动比率 = 流动资产合计 ÷ 流动负债合计

企业设置的标准值：2。

意义：体现企业偿还短期债务的能力。流动资产越多，短期债务越少，则流动比率越大，企业的短期偿债能力越强。

分析提示：低于正常值，企业的短期偿债风险较大。一般情况下，营业周期、流动资产中的应收账款数额和存货的周转速度是影响流动比率的主要因素。

（2）速动比率

公式：速动比率 = （流动资产合计 - 存货）÷ 流动负债合计

保守速动比率（超速动比率）是衡量企业短期偿债能力的核心指标，其计算公式为：

保守速动比率 = （现金 + 短期证券 + 应收票据 + 应收账款净额）÷ 流动负债 × 100%

现金：可直接用于偿债的货币资金；

短期证券：短期内可快速变现的投资；

应收票据：具备法律约束力的债权凭证；

应收账款净额：扣除坏账准备后的应收账款与其他应收款。

该比率高于1通常表明企业短期偿债能力较强；低于0.8则可能面临流动性风险。

例如：某企业现金0.16亿元、短期证券0、应收票据0.28亿元，流动负债0.34亿元时，保守速动比率计算为（0.16+0+0.28）÷0.34=0.50，显示短期偿债压力较大。

企业设置的标准值：1。

意义：比流动比率更能体现企业偿还短期债务的能力。因为流动资产中，尚包括变现速度较慢且可能已贬值的存货，因此将流动资产扣除存货再与流动负债对比，更能衡量企业的短期偿债能力。

分析提示：低于1的速动比率通常被认为是短期偿债能力偏低。影响速动比率的可信性的重要因素是应收账款的变现能力，账面上的应收账款不一定都能变现，也不一定非常可靠。

变现能力分析总提示：

（1）增加变现能力的因素：可以动用的银行贷款指标；准备很快变现的长期资产；偿债能力的声誉。

（2）减弱变现能力的因素：未做记录的或有负债；担保责任引起的或有负债。

2. 资产管理比率

（1）存货周转率

公式：存货周转率＝产品销售成本÷［（期初存货＋期末存货）／2］

企业设置的标准值：3。

意义：存货的周转率是存货周转速度的主要指标。提高存货周转率，缩短营业周期，可以提高企业的变现能力。

分析提示：存货周转速度反映存货管理水平，存货周转率越高，存货的占用水平越低，流动性越强，存货转换为现金或应收账款的速度越快。它不仅影响企业的短期偿债能力，也是整个企业管理的重要内容。

（2）存货周转天数

公式：存货周转天数＝360÷存货周转率
　　　　　　＝［360×（期初存货＋期末存货）÷2］÷产品销售成本

企业设置的标准值：120。

意义：企业从购入存货、投入生产到销售出去所需要的天数。提高存货周转率，缩短营业周期，可以提高企业的变现能力。

（3）应收账款周转率

定义：指定的分析期间内应收账款转为现金的平均次数。

公式：应收账款周转率＝销售收入÷［（期初应收账款＋期末应收账款）÷2］

企业设置的标准值：3。

意义：应收账款周转率越高，说明其收回越快。反之，说明营运资金过多呆滞在应收账款上，影响正常资金周转及偿债能力。

分析提示：应收账款周转率，要与企业的经营方式结合考虑。以下几种情况使用该指标不能反映实际情况：第一，季节性经营的企业；第二，大量使用分期收款结算方式；第三，大量使用现金结算的销售；第四，年末大量销售或年末销售大幅下降。

（4）应收账款周转天数

定义：表示企业从取得应收账款的权利到收回款项、转换为现金所需要的时间。

公式：应收账款周转天数 = 360 ÷ 应收账款周转率

= （期初应收账款 + 期末应收账款）÷ 2 ÷ 产品销售收入

企业设置的标准值：100。

（5）营业周期

公式：营业周期 = 存货周转天数 + 应收账款周转天数。

= {［（期初存货 + 期末存货）÷ 2］× 360} ÷ 产品销售成本 + {［（期初应收账款 + 期末应收账款）÷ 2］× 360} ÷ 产品销售收入

企业设置的标准值：200。

意义：营业周期是从取得存货开始到销售存货并收回现金的时间。一般情况下，营业周期短，说明资金周转速度快；营业周期长，说明资金周转速度慢。

分析提示：营业周期一般应结合存货周转情况和应收账款周转情况一并分析。营业周期的长短，不仅体现企业的资产管理水平，还会影响企业的偿债能力和盈利能力。

（6）流动资产周转率

公式：流动资产周转率 = 销售收入 ÷ ［（期初流动资产 + 期末流动资产）÷ 2］

企业设置的标准值：1。

意义：流动资产周转率反映流动资产的周转速度，周转速度越快，越会相对节约流动资产，相当于加大资产的投入，提高企业的盈利能力；而迟缓的周转速度，需补充流动资产加入周转，造成资产的浪费，降低企业的盈利能力。

分析提示：流动资产周转率要结合存货、应收账款一并进行分析，和反映盈利能力的指标结合在一起使用，可全面评价企业的盈利能力。

（7）总资产周转率

公式：总资产周转率 = 销售收入 ÷ ［（期初资产总额 + 期末资产总额）÷ 2］

企业设置的标准值：0.8。

意义：该指标反映总资产的周转速度，周转越快，说明销售能力越强。企业可以采用薄利多销的方法，加速资产周转，带来利润绝对额的增加。

分析提示：总资产周转指标用于衡量企业运用资产赚取利润的能力。经常和反映盈利能力的指标一起使用，全面评价企业的盈利能力。

3. 负债比率

负债比率是反映债务和资产、净资产关系的比率。它反映了企业偿付长期债务的能力。

（1）资产负债比率

公式：资产负债率 = （负债总额 ÷ 资产总额）× 100%

企业设置的标准值：0.7。

意义：反映债权人提供的资本占全部资本的比例。该指标也被称为举债经营比率。

分析提示：负债比率越大，企业面临的财务风险越大，获取利润的能力也越强。如果企业资金不足，依靠欠债维持，导致资产负债率特别高，偿债风险就应该特别注意了。资产负债率为60%～70%，比较合理、稳健；达到85%及以上时，应视为发出预警信号，企业应特别注意。

（2）产权比率

公式：产权比率=（负债总额÷股东权益）×100%

企业设置的标准值：1.2。

意义：反映债权人与股东提供的资本的相对比例，反映企业的资本结构是否合理、稳定，同时也表明债权人投入资本受股东权益的保障程度。

分析提示：一般说来，产权比率高是高风险、高报酬的财务结构；产权比率低，是低风险、低报酬的财务结构。从股东来说，在通货膨胀时期，企业举债，可以将损失和风险转移给债权人；在经济繁荣时期，举债经营可以获得额外的利润；在经济萎缩时期，少借债可以减少利息负担和财务风险。

（3）有形净值债务率

公式：有形净值债务率=[负债总额÷（股东权益-无形资产净值）]×100%

企业设置的标准值：1.5。

意义：产权比率指标的延伸，更为谨慎、保守地反映在企业清算时债权人投入的资本受股东权益的保障程度。不考虑无形资产包括商誉、商标、专利权以及非专利技术等的价值，它们不一定能用来还债，为谨慎起见，一律视为不能偿债。

分析提示：从长期偿债能力看，较低的比率说明企业有良好的偿债能力，举债规模正常。

（4）已获利息倍数

公式：已获利息倍数=息税前利润÷利息费用

=（利润总额+财务费用）÷（财务费用中的利息支出+资本化利息）

通常也可用近似公式：

已获利息倍数=（利润总额+财务费用）÷财务费用

企业设置的标准值：2.5。

意义：企业经营业务收益与利息费用的比率，用以衡量企业偿付借款利息的能力，也叫利息保障倍数。只要已获利息倍数足够大，企业就有充足的能力偿付利息。

分析提示：企业要有足够大的息税前利润，才能保证负担得起资本化利息。该指标越高，说明企业的债务利息压力越小。

4. 盈利能力比率

盈利能力就是企业赚取利润的能力。不论是投资人还是债务人，都非常关心这个专案。在分析盈利能力时，应当排除证券买卖等非正常专案、已经或将要停止的营业专案、重大事故或法律更改等特别专案、会计政策和财务制度变更带来的累积影响数等因素。

（1）销售净利率

公式：销售净利率=净利润÷销售收入×100%

企业设置的标准值：0.1。

意义：该指标反映每一元销售收入带来的净利润是多少，表示销售收入的收益水平。

分析提示：企业在增加销售收入的同时，必须相应获取更多的净利润才能使销售净利率保持不变或有所提高。销售净利率可以分解成为销售毛利率、销售税金率、销售成本率、销售期间费用率等指标进行分析。

（2）销售毛利率

公式：销售毛利率＝［（销售收入－销售成本）÷销售收入］×100%

企业设置的标准值：0.15。

意义：表示每一元销售收入扣除销售成本后，有多少钱可以用于各项期间费用和形成盈利。

分析提示：销售毛利率是销售净利率的基础，没有足够大的销售毛利率便不能形成盈利。企业可以按期分析销售毛利率，据此对企业销售收入、销售成本的发生及配比情况作出判断。

（3）资产净利率（总资产报酬率）

公式：资产净利率＝净利润÷［（期初资产总额＋期末资产总额）÷2］×100%

企业设置的标准值：根据实际情况而定。

意义：把企业一定期间的净利润与企业的资产相比较，表明企业资产的综合利用效果。指标值越高，表明资产的利用效率越高，说明企业在增加收入和节约资金等方面取得了良好的效果，否则相反。

分析提示：资产净利率是一个综合指标。净利的多少与企业资产的多少、资产的结构、经营管理水平有着密切的关系。影响资产净利率高低的原因有产品的价格、单位产品成本的高低、产品的产量和销售的数量、资金占用量的大小。可以结合杜邦财务分析体系来分析经营中存在的问题。

（4）净资产收益率（权益报酬率）

公式：净资产收益率＝净利润÷［（期初所有者权益合计＋期末所有者权益合计）÷2］×100%

企业设置的标准值：0.08。

意义：净资产收益率反映公司所有者权益的投资报酬率，也叫净值报酬率或权益报酬率，具有很强的综合性。是最重要的财务比率。

分析提示：杜邦分析体系可以将这一指标分解成相联系的多种因素，进一步剖析影响所有者权益报酬的各个方面，如资产周转率、销售利润率、权益乘数。另外，在使用该指标时，还应结合"应收账款""其他应收款""待摊费用"进行分析。

5. 现金流量分析

现金流量表的主要作用：第一，提供本企业现金流量的实际情况；第二，有助于评价本期收益质量；第三，有助于评价企业的财务弹性；第四，有助于评价企业的流动性；第五，用于预测企业未来的现金流量。

流动性分析：流动性分析体现了将资产迅速转变为现金的能力。

（1）现金到期债务比

公式：现金到期债务比＝经营活动现金净流量÷本期到期的债务

本期到期债务＝一年内到期的长期负债＋应付票据

企业设置的标准值：1.5。

意义：以经营活动的现金净流量与本期到期的债务比较，可以体现企业的偿还到期债务的能力。

分析提示：企业能够用来偿还债务的除借新债还旧债外，一般是经营活动的现金流入才能还债。

（2）现金流动负债比

公式：现金流动负债比＝年经营活动现金净流量 ÷ 期末流动负债

企业设置的标准值：0.5。

意义：反映经营活动产生的现金对流动负债的保障程度。

（3）现金债务总额比

公式：现金债务总额比＝经营活动现金净流量 ÷ 期末负债总额

企业设置的标准值：0.25。

分析提示：计算结果要与过去比较、与同业比较才能确定高与低。这个比率越高，企业承担债务的能力越强。这个比率同时体现了企业的最大付息能力。

获取现金的能力：

（1）销售现金比率

公式：销售现金比率＝经营活动现金净流量 ÷ 销售额

企业设置的标准值：0.2。

意义：反映每元销售得到的净现金流入量，其值越大越好。

分析提示：计算结果要与过去比、与同业比才能确定高与低。这个比率越高，企业的收入质量越好，资金利用效果越好。

（2）每股营业现金流量

公式：每股营业现金流量＝经营活动现金净流量 ÷ 普通股股数

普通股股数由企业根据实际股数填列。

企业设置的标准值：根据实际情况而定。

意义：反映每股经营所得到的净现金，其值越大越好。

分析提示：该指标反映企业最大分派现金股利的能力。超过此限，就要借款分红。

（3）全部资产现金回收率

公式：全部资产现金回收率＝经营活动现金净流量 ÷ 期末资产总额

企业设置的标准值：0.06。

意义：说明企业资产产生现金的能力，其值越大越好。

分析提示：把上述指标求倒数，可以分析全部资产用经营活动现金回收需要的时间长短。因此，这个指标体现了企业资产回收的含义。回收期越短，说明资产获现能力越强。

6. 财务弹性分析

（1）现金满足投资比率

公式：现金满足投资比率＝近五年累计经营活动现金净流量÷（同期内的资本支出＋存货增加＋现金股利）

企业设置的标准值：0.8。

取数方法：近五年累计经营活动现金净流量应指前五年的经营活动现金净流量之和；同期内的资本支出、存货增加、现金股利之和也从现金流量表相关栏目取数，均取近五年的平均数。

资本支出，从购建固定资产、无形资产和其他长期资产所支付的现金专案中取数。

存货增加，从现金流量表附表中取数。取存货的减少栏的相反数即存货的增加。现金股利，从现金流量表的主表中，分配利润或股利所支付的现金专案取数。如果实行新的企业会计制度，该专案为分配股利、利润或偿付利息所支付的现金，则取数方式为主表分配股利、利润或偿付利息所支付的现金专案减去附表中财务费用。

意义：说明企业经营产生的现金满足资本支出、存货增加和发放现金股利的能力，其值越大越好。比率越大，资金自给率越高。

分析提示：达到1，说明企业可以用经营获取的现金满足企业扩张所需资金；若小于1，则说明企业部分资金要靠外部融资来补充。

（2）现金股利保障倍数

公式：现金股利保障倍数 = 每股营业现金流量 ÷ 每股现金股利
         = 经营活动现金净流量 ÷ 现金股利

企业设置的标准值：2。

意义：该比率越大，说明支付现金股利的能力越强，其值越大越好。

分析提示：分析结果可以与同业比较，与企业过去比较。

（3）营运指数

公式：营运指数 = 经营活动现金净流量 ÷ 经营应所得现金

其中，经营所得现金 = 经营活动净收益 + 非付现费用
         = 净利润 − 投资收益 − 营业外收入 + 营业外支出 + 本期提取的折旧 + 无形资产摊销 + 待摊费用摊销 + 递延资产摊销

企业设置的标准值：0.9。

意义：分析会计收益和现金净流量的比例关系，评价收益质量。

分析提示：接近1，说明企业可以用经营获取的现金与其应获现金相当，收益质量高；若小于1，则说明企业的收益质量不够好。

资源四　杜邦体系编制分析

杜邦财务分析体系是一种分解财务比率的方法，从评价企业绩效最具综合性和代表性的净资产收益率指标出发，利用各主要财务比率指标间的内在有机联系，对企业财务状况及经济效益进行综合系统的分析评价。财务管理是公司管理的重要组成部分，公司的管理层负有实现企业价值最大化的责任。管理层需要一套实用有效的财务分析体系，据此评价和判断企业的经营绩效、经营风险、财务状况及获利能力等，美国杜邦公司创造的杜邦财务分析体系（The Du Pont System）就是一种比较实用的财务分析体系。

一、计算公式

净资产收益率 = 销售净利率 × 总资产周转率 × 权益乘数

销售净利率 = 净利润 ÷ 销售收入

权益净利率 = 权益乘数 × 资产净利率

权益乘数 = 1 ÷ （1 - 资产负债率）

资产负债率 = 负债总额 ÷ 资产总额

资产净利率 = 销售净利率 × 资产周转率

销售净利率 = 净利润 ÷ 销售收入

资产周转率 = 销售收入 ÷ 平均资产总额

该体系以净资产收益率为龙头，以总资产净利率和权益乘数为核心，重点揭示企业获利能力及权益乘数对净资产收益率的影响，以及各相关指标间的相互作用关系。该体系层层分解至企业最基本生产要素的使用、成本与费用的构成和企业风险，揭示指标变动的原因和趋势，满足经营者通过财务分析进行绩效评价的需要，在经营目标发生异动时能及时查明原因并加以修正，为企业经营决策和投资决策指明方向（见图 8 - 1）。

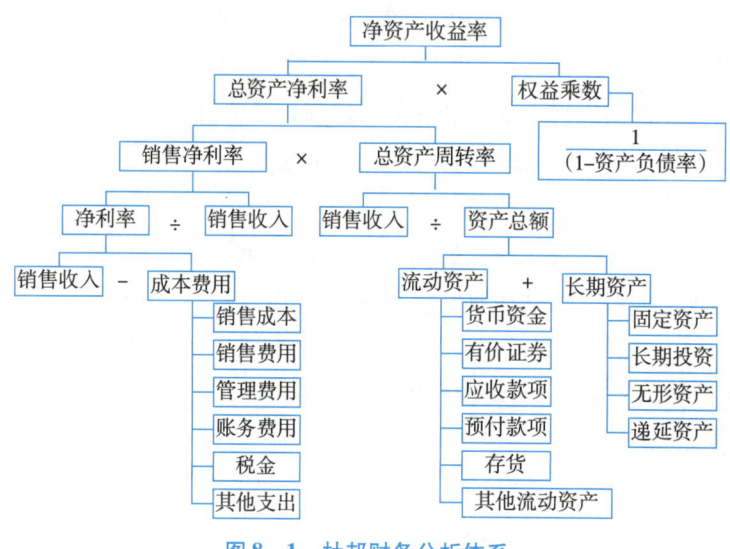

图 8 - 1　杜邦财务分析体系

二、指标解释

（1）净资产收益率是一个综合性最强的财务比率，是杜邦分析系统的核心。它反映所有者投入资本的获利能力，同时反映企业筹资、投资、资产运营等活动的效率，它的高低取决于总资产净利率和权益乘数的水平。决定净资产收益率高低的因素有三个：权益乘数、销售净利率和总资产周转率。权益乘数、销售净利率和总资产周转率三个比率分别反映了企业的负债比率、盈利能力比率和资产管理比率。

（2）权益乘数主要受资产负债率影响。负债比率越大，权益乘数越高，说明企业的负债程度越高，给企业带来的杠杆利益越大，同时给企业带来的风险越大。

（3）总资产净利率也是一个重要的财务比率，综合性也较强。它是销售净利率和总资产周转率的乘积，因此，要进一步从销售成果和资产营运两个方面来分析。

销售净利率反映了企业净利润与销售收入的关系，从这个意义上看提高销售净利率是提高企业盈利能力的关键所在。要想提高销售净利率，一是要增加销售收入，二是降低成本费用，而降低各项成本费用开支是企业财务管理的一项重要内容。通过各项成本费用开支的列示，有利于企业进行成本费用的结构分析，加强成本控制，以便为寻求降低成本费用的途径提供依据。

企业资产的营运能力，既关系到企业的获利能力，又关系到企业的偿债能力。一般而言，流动资产直接体现企业的偿债能力和变现能力；非流动资产体现企业的经营规模和发展潜力。两者之间应有一个合理的结构比率，如果企业持有的现金超过业务需要，就可能影响企业的获利能力；如果企业占用过多的存货和应收账款，则既会影响获利能力，又会影响偿债能力。为此，要进一步分析各项资产的占用数额和周转速度。对流动资产应重点分析存货是否有积压现象，货币资金是否闲置，应收账款中分析客户的付款能力和有无坏账的可能；对非流动资产应重点分析企业固定资产是否得到充分的利用。

资源五　企业财务报表分析的内容与要求

财务报表分析通过分析资产负债表、损益表、现金流量表和内部报表等，揭示企业财务状况和财务成果变动的情况及其原因；偿债能力分析、盈利能力分析、营运能力分析、发展能力分析构成了财务报表分析的大致框架。

一、对财务报表的解读与分析

（一）资产负债表分析

1. 资产结构分析

（1）资产结构的弹性分析就是要比较报告期和基期的资产结构，从中判断金融资产比重的变化情况，以确定企业资产结构的弹性水平。资产结构的弹性，就是资产总量随时调整的可能性及资产内部结构可随时调整的可能性，这取决于弹性资产，即金融资产在总资产中所占的比重。金融资产具体指货币资金、短期投资、应收票据、一年内到期的长期债权投资、长期投资中的股票和债券投资。

保持一定数量的金融资产可以降低企业的财务风险和资产风险，但金融资产的机会成本较高，过量的金融资产会导致企业效率和效益的下降，因此，金融资产的持有量应根据企业自身经营特点和宏观经济等因素合理确定。

（2）资产结构的收益性分析。资产划分为收益性资产、保值性资产和支出性资产，为了提高盈利水平，应尽可能地直接增加形成企业收益性资产的比重，减少其他两类资产的比重。

（3）资产结构的风险性分析实践中，存在三种资产风险结构类型：保守性资产结构、中庸性资产结构和风险性资产结构。三种风险结构的差别在于使流动资产保持在什么水平以及维持什么水平的金融资产、存货资产和信用资产。一般来说，流动资产的风险比较小。

企业应尽力构建一种既能满足生产经营对不同资产的要求，又使经营风险最小的资产结构。

2. 融资结构分析

（1）融资的期限结构：按时间长短，分为长期融资和短期融资。长期融资包括所有者权益和长期负债，短期融资包括短期负债。

（2）融资的流动性结构：流动性，主要是由到期偿还约束性的高低而引起的。

（3）融资的方式结构：融资方式即企业获得资金的手段，负债和所有者权益各项目的划分，实际上已反映了各自的融资方式。

不同的融资结构，其成本和风险是各不相同的。最佳的融资结构应是成本最低而风险最小的融资结构。

企业要得以正常生存和发展，其资金来源必须可靠而又稳定，资金运用必须有效而又合理，企业流动负债、长期负债与所有者权益之间，以及各项资产之间，必须保持一个较为合理的比例关系。

（二）利润表和利润分配表分析

通过利润表和利润分配表，可以考察企业投入的资本是否完整，判断企业盈利能力大小或经营效益好坏，评价利润分配是否合理。

利润表的项目分析可以从收益构成的主营业务、附营业务以及营业外收支的角度进行项目搭配与排列，从而形成多层次的收益结构。

利润表的项目分析以主营业务收入为起点，以净利润为终点。分析收益的业务结构，可以了解不同业务的获利水平，明确它们各自对企业总获利水平的影响方向和影响程度。

企业的收益是由不同部分组成的，每个部分对盈利的持续性和重要性不一样。企业的利润可分为主营业务利润和其他业务利润、税前利润和税后利润、经营利润和投资收益等。这些项目的数额和比例关系会导致收益质量不同，在预测未来时有不同意义。

利润分配表能全面揭示企业利润分配的去向结构等情况，用以考核企业利润的分配是否合理，是否正确计算应上缴的或应分配的各项基金，是否有挪用利润或弄虚作假等违法行为，从而保证各方管理者的经济利益和整个企业的健康发展。

（三）现金流量表分析

现金流量表有助于评价企业支付能力、偿还能力和周转能力。现金流量表所揭示的现金流量信息可以从现金角度对公司或企业偿还长短期债务和支付利息、股利或利润等支付能力做进一步的分析，从而作出更可靠、更稳健的评价。

现金流量表有助于分析企业收益质量。一般来说，净利润增加，现金流量净额也增加，但在某些情况下，如企业虽然大量销售了商品，但货款没能及时收回，由此影响了资金周转，收益质量表现不佳。

现金流量表有助于预测企业未来的发展情况：一方面，如果现金流量中各部分现金流量结构合理，现金流入流出无重大异常波动，一般来说企业的状况基本良好；另一方面，企业存在的症状也可在现金流量表中得到反映，如从投资、筹资活动流入流出的现金中可以分析企业是否过度扩大经营规模。

现金流量表的分析主要从各种活动引起的现金流量的变化及各种活动引起的现金流量占企业现金流量总额的比重去分析：①现金流量的结构分析。现金流量的结构分析包括总体结构分析和内部结构分析。总体结构分析是指企业的经营活动现金流量、投资活动现金流量和筹资活动现金流量中，各部分现金净流量占企业现金净增加额的比重。内部结构分析是在经营活动现金流量、投资活动现金流量和筹资活动现金流量内部进一步分析各现金流入项目与现金流出项目占各现金流入量及现金流出量的比重。通过这一分析，可以了解掌握一定时期内，现金流入量的主要来源和现金流出量的主要去向，以及影响企业现金增减比变化的重要因素，确保现金流量的结构合理。②现金流量的充足性分析。现金流量的充足性分析一般注重企业是否有足够的现金满足生产经营与投资的需要，用以反映和考察现金流量所能满足偿债需要的程度。

（四）内部报表分析

内部报表提供了更为详细具体的信息和一些不便公开的信息，是管理者进行财务预测和决策的重要依据，也是企业编制经营计划的信息来源。

（五）财务分析的四个维度

财务分析是一种重要的工具，用于了解企业的财务状况、发现风险和机会，以及制定战略决策。一般来说，财务分析的四个维度主要包括以下内容。

1. 偿债能力分析

偿债能力分析是指企业偿还各种债务的能力，包括短期偿债能力和长期偿债能力。短期偿债能力主要关注企业到期债务与可支配流动资产之间的关系，衡量指标有流动比率和速动比率等。长期偿债能力则是指企业偿还1年以上债务的能力，可通过资产负债率、长期负债与营运资金的比率及利息保障倍数等指标来分析。

企业偿债能力分析

某企业是一家中小型制造业公司，在市场上有着一定的知名度和竞争力。下面将通过分析其财务状况来评估其偿债能力。

（1）流动比率

流动比率是衡量企业短期偿债能力的重要指标，可以通过企业的流动资产和流动负债的比率来计算。假设该企业流动资产为500000元，流动负债为250000元，则其流动比率为2。一般而言，流动比率大于1表示企业具备较好的短期偿债能力。

（2）速动比率

速动比率排除了存货这种相对不易变现的资产，将企业当前能够迅速偿还债务的现金和其他接近现金的资产与流动负债做比较。假设该企业的速动资产为300000元，流动负债为250000元，则其速动比率为1.2。一般来说，速动比率大于1表示企业有较好的偿债能力。

（3）债务比率

债务比率是衡量企业长期偿债能力的重要指标，可以通过企业的长期债务与总资产的比率来计算。假设该企业的长期债务为800000元，总资产为1200000元，则其债务比率为0.67。一般来说，债务比率越低，企业的长期偿债能力越强。

通过以上指标的分析，可以看出该企业的偿债能力较好。它具备较高的流动比率和速动比率，意味着在短期内履行债务的能力较强。同时，较低的债务比率也意味着其长期偿债能力较强。因此，该企业能够按时履行债务，并保持较好的信誉度。

案例二

个人的偿债能力分析

个人想要购买一辆新能源汽车。下面将通过分析他的财务状况来评估他的偿债能力。

（1）收入能力

个人的收入能力是评估其偿债能力的重要因素。假设他的月收入为10000元，而他购买汽车的月还款额为3000元，则他的收入覆盖率为33.3%。一般来说，收入覆盖率大于30%表示个人具备较好的偿债能力。

（2）负债比率

负债比率是衡量个人长期偿债能力的重要指标，可以通过个人的债务与总资产的比率来计算。假设他的债务为50000元，总资产为100000元，则他的负债比率为0.5。一般来说，负债比率越低，个人的长期偿债能力越强。

（3）信用评级

个人的信用评级也是评估其偿债能力的参考因素。假设他的信用评级为A级，表示他的信用良好，具备较强的借款能力和还款意愿。

通过以上指标的分析，可以得出此人的偿债能力较好。他拥有较高的收入覆盖率，能够在月收入范围内履行汽车贷款还款。同时，他的负债比率较低，意味着他具备较强的长期偿债能力。另外，他的良好信用评级也提高了他的借款能力和还款意愿。因此，他具备购买汽车的偿债能力。

综上所述，偿债能力对企业和个人来说都是一个重要的考量因素。通过合理的财务分析，可以评估偿债能力的大小，为决策提供参考。

2. 盈利能力分析

盈利能力分析是指通过对企业的投入产出比进行分析，评估企业获取利润能力的一种分析手段。企业盈利能力分析可从企业盈利能力一般分析和股份公司税后利润分析两个方面来研究，包括的基本指标有净资产收益率、总资产报酬率、收入利润率、成本利润率、每股收益、普通股权益报酬率和股利发放率等。这些指标可以帮助企业了解自己的盈利水平和盈利能力，从而制定更加合理的经营策略。

盈利能力是指公司在一定时期内赚取利润的能力，利润率越高，盈利能力就越强。对于经营者来讲，通过对盈利能力的分析，可以发现经营管理环节出现的问题。对公司盈利能力的分析，就是对公司利润率的深层次分析。盈利能力指标主要包括营业利润率、成本费用利润率、盈余现金保障倍数、总资产报酬率、净资产收益率和资本收益率六项。实务中，上市公司经常采用每股收益、每股股利、市盈率、每股净资产等指标评价其获利能力。

营业利润率是企业一定时期营业利润与营业收入的比率，其计算公式为

营业利润率＝营业利润÷营业收入×100%

营业利润率越高，表明企业市场竞争力越强，发展潜力越大，盈利能力越强。在实务中，也经常使用销售毛利率、销售净利率等指标来分析企业经营业务的获利水平。其计算公式分别如下：

销售毛利率＝（销售收入－销售成本）÷销售收入×100%

销售净利率 = 净利润 ÷ 销售收入 × 100%

成本费用利润率是企业一定时期利润总额与成本费用总额的比率。其计算公式为

成本费用利润率 = 利润总额 ÷ 成本费用总额 × 100%

成本费用总额 = 营业成本 + 营业税金及附加 + 销售费用 + 管理费用 + 财务费用

成本费用利润率越高，表明企业为取得利润而付出的代价越小，成本费用控制得越好，盈利能力越强。

盈余现金保障倍数是企业一定时期经营现金净流量与净利润的比值，反映了企业当期净利润中现金收益的保障程度，真实地反映了企业盈余的质量。其计算公式为

盈余现金保障倍数 = 经营现金净流量 ÷ 净利润

一般来说，当企业当期净利润大于 0 时，盈余现金保障倍数应当大于 1。该指标越大，表明企业经营活动产生的净利润对现金的贡献越大。

总资产报酬率是企业一定时期内获得的报酬总额与平均资产总额的比率，反映了企业资产的综合利用效果。其计算公式为

总资产报酬率 = 息税前利润总额 ÷ 平均资产总额 × 100%

息税前利润总额 = 利润总额 + 利息支出

一般情况下，总资产报酬率越高，表明企业的资产利用效益越好，整个企业盈利能力越强。

反映企业盈利能力的指标很多，通常使用的有销售净利率、销售毛利率、资产净利率、净值报酬率。

例如，A 某投资一家中小型饭店，前期的装修、餐具、灶具、计算机、收银设备、办公桌椅、冰箱、空调、储物柜等投入 300 万元，1 年营业收入 100 万元，综合毛利率 60%，1 年的办公房租、店员工资等经营费用合计 40 万元。由此可计算出第一年的税前利润总额为 20 万元，假设企业所得税税率为 10%，那么净利润为 18 万元，就可以计算销售净利率。销售净利率 = 18 ÷ 100 × 100% = 18%。销售净利率达到 18%，这个水平的盈利能力已经很高了，但是如果把所有的资产投入考虑进去，A 某的饭店的总资产报酬率是多少呢？

计算结果：总资产报酬率 = 18 ÷ 300 × 100% = 6%。

从饭店成立以来的总投入来看，每年 6% 的总资产报酬率明显不能让人满意，按照目前的盈利能力，每年盈利 18 万元，那要想收回前期投资成本则大约要 17 年。

从上面这个案例中我们很清楚地看到，总资产报酬率和销售净利率反映盈利能力的角度是不一样的。如果销售净利率高，只能说明在这一段时期内企业的盈利能力强，但是不能反映公司全部资产的投资回报率，而总资产报酬率反映的是全部资产投入的回报率，二者明显不同。所以，在分析企业的盈利能力时，至少要从经营业务盈利指标和资产（资本）盈利指标两个角度分析。这样分析之后，能够更客观、更准确地了解企业的真实盈利能力，避免出现以偏概全的问题。

3. 营运能力分析

营运能力分析是指通过企业生产经营资金周转速度的有关指标反映出来的企业资金利用的效率，它表明企业管理人员经营管理、运用资金的能力。营运能力分析包括流动资产周转情况分析、固定资产周转情况分析和总资产周转情况分析等。这些分析可以揭示企业资产管理的效率，以及企业是否能够有效地利用其资产创造收入和利润。

营运能力分析的计算公式主要包括以下几种财务比率。

（1）应收账款周转

应收账款周转率是企业在一定时期内赊销净收入与平均应收账款余额之比，用于衡量企业应收账款周转速度及管理效率。应收账款周转率的计算公式为

赊销净收入 = 赊销收入 − 赊销退回 − 赊销折让 − 赊销折扣

应收账款周转率（次）= 赊销净收入 ÷ 平均应收账款

应收账款周转天数 = 360 ÷ 应收账款周转率 =（平均应收账款 × 360）÷ 销售收入

注：平均应收账款 =（期初应收账款 + 期末应收账款）÷ 2

应收账款周转率越高越好，表明企业收账迅速，账龄较短，资产流动性强，短期偿债能力强，并且可以减少坏账损失。

案例三

某企业年初应收账款为230万元，年末应收账款为250万元，本年产品销售收入为1200万元，本年产品销售成本为1000万元，则该企业应收账款周转天数为（　　）。

【答案解析】

应收账款周转天数 = 360 ×［（230 + 250）÷ 2］÷ 1200 = 72（天）

（2）存货周转

以成本为基础的计算公式：存货周转率（次）= 销售（营业）成本 ÷ 平均存货余额

以收入为基础的计算公式：存货周转率（次）= 营业收入 ÷ 平均存货余额

平均存货余额的计算方法：平均存货余额 =（年初存货余额 + 年末存货余额）÷ 2

存货周转率的计算方法：存货周转天数 = 360 ÷ 存货周转率（次）

存货周转率是衡量和评价企业购入存货、投入生产、销售收回等各环节管理状况的综合性指标。它反映了存货的流动性及企业管理存货的能力。存货周转率越高，表示存货周转速度越快，占用水平越低，流动性越强，存货转换为现金或应收账款的速度越快。

影响存货周转率的因素包括销售策略、生产计划、库存管理、供应链管理等。提高存货周转率的方法包括减少库存、提高商品销售额、加大销售与生产力度、生产适销产品、清理滞销产品、提高订货频率等。

案例四

浙江某企业期初存货200万元，期末存货300万元，本期产品销售收入为1500万元，本期产品销售成本为1000万元，则该存货周转率为（　　）。

【答案解析】

存货周转次数 = 销售成本 ÷ 平均存货 = 1000 ÷［（200 + 300）÷ 2］= 4（次）

（3）流动资产周转

流动资产周转率：流动资产周转次数 = 销售收入 ÷ 流动资产

流动资产周转天数 = 360 ÷（销售收入 ÷ 流动资产）

流动资产与收入比 = 流动资产 ÷ 销售收入

流动资产周转率反映的是一家企业在一年内流动资产周转了多少次，一般来说该指标需要大于1。

企业流动资产周转率越高，表明企业经营流动资产创造营业收入的能力越强，即企业在相同的流动资产数量下，能创造更多的收入，体现了企业高效率的资产管理水平。流动资产周转率是反映企业管理能力和运营效率的重要指标。与竞争对手对比之后，若该指标较低，则表明公司流动资产运营效率较低，与同行存在差距，公司需要找出原因加以改善。

案例五

浙江某企业2023年销售收入净额为250万元，销售毛利率为20%，年末流动资产为90万元，年初流动资产为110万元，则该企业流动资产周转率为（　　）。

【答案解析】

流动资产周转次数＝销售收入÷流动资产平均余额＝250÷［（90＋110）÷2］＝2.5（次）

案例六

浙江某公司2024年的有关资料如下：

①年初存货为12000元，应收账款为36000元。②年末流动负债为30000元，流动比率为2.5。③当年实现销售收入为160000元，销售毛利率为30%。④年末有关科目的余额分别为："原材料"科目7000元，"材料成本差异"科目500元（贷方），"生产成本"科目2000元，"应收账款－甲公司"科目21000元（借方），"应收账款－乙公司"科目5000元（贷方）。

要求：

（1）计算年末流动资产和速动比率（假设流动资产由速动资产和存货构成）。

（2）若以销售收入代替赊销净额，计算存货周转率和应收账款周转率（小数点保留两位）。

【答案解析】

（1）流动比率＝流动资产÷流动负债＝2.5，所以流动资产＝流动负债×流动比率＝30000×2.5＝75000元，年末存货＝原材料－材料成本差异贷方余额＋生产成本＝7000－500＋2000＝8500元，速动资产＝流动资产－存货＝75000－8500＝66500元，速动比率＝速动资产÷流动负债＝66500÷30000＝2.22。

（2）资产负债表中的应收账款是按照"应收账款"所属明细账借方余额和"预收账款"所属明细账借方余额合计减去坏账准备后的余额填列。本案例中没有给出"预收账款"及"坏账准备"的相关数据，所以假设不予考虑。

应收账款期末余额＝21000元，应收账款的平均余额＝（36000＋21000）÷2＝28500元，应收账款周转率＝赊销收入净额÷应收账款平均余额＝160000÷28500＝5.61次，存货的平均余额＝（12000＋8500）÷2＝10250元，销售成本＝销售收入×（1－销售毛利率）＝160000×（1－30%）＝112000元，存货周转率＝销售成本÷存货的平均余额＝112000÷10250＝10.93次。

案例七

浙江某公司2024年资产负债中相关资产项目数额见表8－2。

表8-2 浙江某公司2024年资产负债 单位：万元

项目	2022年末	2023年末	2024年末
流动资产	1250	1340	1430
其中：应收账款	512	528	520
存货	480	477	485
固定资产	1750	1880	1800
资产总额	4250	4380	4360

已知2024年销售收入净额为4800万元，比2023年增长了20%，其销售成本为3850万元，比2023年增长了18%，其中，该公司销售收入有30%为现销，其余70%为赊销。要求：计算2023年和2024年的总资产周转率、固定资产周转率、流动资产周转率、应收账款周转率、存货周转率和营业周期。

【答案解析】

根据所给资料计算各指标见表8-3。

表8-3 2023年和2024年浙江某公司各指标对比 单位：万元

项目	2023年	2024年	增减数
销售收入净额	4000（4800÷1.2）	4800	800
销售成本	3262.71（3850÷1.18）	3850	587.29
赊销收入净额	2800（4000×70%）	3360（4800×70%）	560
流动资产平均余额	（1250+1340）÷2=1295	（1340+1430）÷2=1385	90
应收账款平均余额	（512+528）÷2=520	（528+520）÷2=524	4
存货平均余额	（480+477）÷2=478.5	（477+485）÷2=481	2.5
固定资产平均余额	（1750+1880）÷2=1815	（1880+1800）÷2=1840	25
总资产平均余额	4315=[（4250+4380）÷2]	4370=[（4360+4380）÷2]	55
总资产周转率	4000÷4315=0.93	4800÷4370=1.1	0.17
固定资产周转率	4000÷1815=2.2	4800÷1840=2.61	0.41
流动资产周转率	4000÷1295=3.09	4800÷1385=3.46	0.37
应收账款周转率	2800÷520=5.38	3360÷524=6.41	1.03
存货周转率	3262.71÷478.5=6.82	3850÷481=8	1.18
营业周期	360÷5.38+360÷6.82=119.7	101.16	-19

（4）净营运资本周转

净营运资本周转率：净营运资本周转次数=销售收入÷净营运资本

净营运资本周转天数=360÷（销售收入÷净营运资本）

净营运资本与收入比=净营运资本÷销售收入

（5）非流动资产周转

非流动资产周转率：非流动资产周转次数=销售收入÷非流动资产

非流动资产周转天数=360÷（销售收入÷非流动资产）

非流动资产与收入比=非流动资产÷销售收入

（6）总资产周转

总资产周转率：总资产周转次数=销售收入÷总资产

总资产周转天数 = 360 ÷（销售收入 ÷ 总资产）

总资产与收入比 = 总资产 ÷ 销售收入

4. 发展能力分析

发展能力分析主要是通过对企业连续几期的财务指标、财务比率和财务报告的比较，来了解企业财务状况的变动趋势，包括变动的方向、数额和幅度，从而预测企业未来财务活动的发展前景。这些分析可以帮助企业了解自身的成长潜力和发展趋势，从而制定更加长远的发展规划。

此外，还有观点认为，财务分析维度还应包括现金流获取能力分析，即结构分析和盈利质量分析。同时，财务结构分析也是财务分析的一个重要方面，它涉及企业资源配置的合理性、企业财务实力、财务安全性和财务平衡性等方面的评估。

综上所述，财务分析的四个维度涵盖了企业的偿债能力、盈利能力、营运能力和发展能力等方面，这些分析有助于企业全面了解自己的财务状况和经营成果，从而制定更加合理的经营策略和发展规划。

8.3 完成岗位任务

财务分析是以会计核算和报表资料及其他相关资料为依据，采用一系列专门的分析技术和方法，对企业等经济组织过去和现在的有关筹资活动、投资活动、经营活动、分配活动的盈利能力、营运能力、偿债能力和发展能力等进行分析与评价的经济管理活动。它是为企业的投资者、债权人、经营者及其他关心企业的组织或个人了解企业过去、评价企业现状、预测企业未来作出正确决策提供准确的信息或依据的经济应用学科。

任务一　掌握运用日常指标分析

【案例一】假设浙江长征家具制造有限责任公司 2023 年某相关资料如下：

浙江长征家具制造有限责任公司 2023 年财务指标　　　　　　　　　　　单位：万元

项目	金额	项目	金额
货币资金	300	短期借款	300
短期投资	200	应付账款	200
应收票据	102	长期负债	600
应收账款	98（年初 82）	所有者权益	1025（年初 775）
存货	480（年初 480）	主营业务收入	3000
待摊费用	20	主营业务成本	2400
固定资产净值	1286	税前利润	90
无形资产	14	税后利润	54

（1）根据以上资料，计算该公司 2023 年的流动比率、速动比率和资产负债率。

（2）假设该公司同行业的各项比率的平均水平如下，试根据（1）的计算结果，对公司财务状况作简要评价。

比率名称	同行业水平分析
流动比率	1
速动比率	1
资产负债率	40%

任务二 计算财务报表数据并分析经营状况

【案例二】假设浙江长征家具制造有限责任公司2024年1—6月资料如下：

资产负债   单位：万元

项目	会计年度		
	2024－6－30	2023－6－30	增幅
货币资金	8302019384.66	7731341304.01	7.38%
交易性金融资产	13760.00	0	
应收票据	3361935809.22	4131433217.33	－18.63%
应收账款	1200491864.02	2543025045.80	－52.79%
预付款项	1353710038.60	1045192883.30	29.52%
其他应收款	540470310.30	485891107.59	11.23%
存货	2414504635.19	2370092215.38	1.87%
流动资产合计	17173145801.99	18306975773.41	－6.19%
长期股权投资	663609433.28	650129921.98	2.07%
投资性房地产	45947208.60	46381856.46	－0.94%
固定资产	14138396296.16	13229731453.74	6.87%
在建工程	3326169458.01	3981463499.05	－16.46%
工程物资	281717834.59	279446451.77	0.81%
无形资产	2002378153.21	284933246.83	602.75%
长期待摊费用	8889019.94	8947646.75	－0.66%
递延所得税资产	130990478.54	132405694.02	－1.07%
非流动资产合计	20598097882.33	18613439770.60	10.66%
资产总计	37771243684.32	36920415544.01	2.30%
短期借款	1625840000.00	1105900000.00	47.02%
应付账款	4232403041.65	6314674231.23	－32.98%
预收款项	1745404961.24	1753363607.13	－0.45%
应付职工薪酬	724037261.85	801373344.48	－9.65%
应交税费	529953680.95	890985793.85	－40.52%
应付利息	107600000.00	67250000.00	60.00%
其他应付款	3430155612.16	1857104446.27	84.70%
一年内到期的非流动负债	138760000.00	207520000.00	－33.13%
流动负债合计	12534154557.85	12998171422.96	－3.57%
长期借款	4488620000.00	4444240000.00	1.00%
应付债券	2969101070.44	2967007859.32	0.07%
长期应付款	24715422.98	23393697.88	5.65%

续表

项目	会计年度		增幅
	2024-6-30	2023-6-30	
递延所得税负债	750508.35	750508.35	0.00%
其他非流动负债	18429060.72	18442671.84	-0.07%
非流动负债合计	7502276062.49	7454494737.39	0.64%
负债合计	20036430620.34	20452666160.35	-2.04%
实收资本（或股本）	3151200000.00	3151200000.00	0.00%
资本公积	941823776.07	941341913.99	0.05%
盈余公积	1333035006.05	1333035006.05	0.00%
未分配利润	7938008368.48	7085998644.11	12.02%
少数股东权益	2502032915.62	2396120672.47	4.42%
归属母公司所有者权益	15232780148.36	14071628711.19	8.25%
所有者权益	17734813063.98	16467749383.66	7.69%
负债和所有者合计	37771243684.32	36920415544.01	2.30%

请同学们思考浙江长征家具制造有限责任公司以下问题：

（1）请填写以下表格数据。

项目	所占比重（%）
货币资金	
交易性金融资产	
应收票据	
应收账款	
预付款项	
其他应收款	
存货	
流动资产合计	

（2）请分析公司自身资产状况及资产变化说明。

（3）请分析公司自身负债及所有者权益状况及变化说明。

任务三　掌握企业投资者分析依据

沃伦·巴菲特是一个具有传奇色彩的人物，1956年他将100美元投入股市，40年间创造了超过200亿美元的财富。如将巴菲特旗下的伯克希尔·哈撒韦公司32年来的逐年投资绩效与美国标准普尔500种股票价格指数绩效相比，可以发现巴菲特在其中的29年击败了指数，只有3年落后于指数。更难能可贵的是，其中5年当美国股市陷入空头走势回落之际，巴菲特却创下逐年"永不亏损"的纪录。他不仅在投资领域成为无人能比的美国首富，而且成为美国股市权威的领袖，被美国著名的基金经理人彼得·林奇誉为"历史上最优秀投资者"，使全球各地的股票投资者都热衷于巴菲特的投资方法和理念。

巴菲特投资成功的最重要的经验是注重对公司的分析研究，阅读大量的年刊、季报和各类期刊，了解公司的发展前景及策略，仔细评估公司的投资价值，把握好入市时机。可见，财务报表分析对于投资决策的重要性。

请同学们结合本案例,说明企业投资者进行财务分析的依据及目的。

任务四　项目实训：财务分析报告编写

【实训目标与要求】

本实训目标是培养学生运用所学企业财务分析知识进行报告编写的能力。其要求是：

1. 掌握企业数据指标实质内容。
2. 能够结合公司实际情况，进行有效分析。

【实训资料】

请同学上网查询一家中小型企业，并对这家企业近三年财务及业务数据进行分析，编制一份完整的年度财务分析报告。

【实训提示】

1. 根据近三年业务需要，结合实际情况进行有针对性的分析。
2. 需要完成各项指标及同行数据比对。

【实训成果提交】

文档格式：

1. 编制一套比较完整的财务报告分析。
2. 文档统一以 Word 2010 或 Word 2007 版本为准。
3. 在制度后面署名，某小组：张三、李四、王五。
4. 组长在各成员名字下面按贡献大小打系数。
5. 成果文档名：制度名（某班某组）。
6. 小组文件夹包括实训成果和参考资料两部分，文件夹名（某班某组）。

实训成果模板如下：

项目名称	财务分析报告
任务情境	网上查询一家中小型企业，并对这家企业近三年财务及业务数据进行分析，编制一份完整的年度财务分析报告。
任务目标	编制一套完整财务分析报告
任务点拨	数据近三年 同行对比 业务营运 经营建议
报告内容 （可另行附件）	
点评	

8.4 课后训练

财务分析是一种评估和解释公司财务状况和经营绩效的方法。通过对财务报表和其他财务数据进行分析，可以帮助投资者、管理层和其他利益相关者了解公司的财务健康状况，以及评估公司的经营绩效和潜在投资机会。

在财务分析中，常用的工具包括财务比率分析、财务趋势分析和财务比较分析等。某公司的财务数据如下：

2024 年度净利润：100000 美元；

总资产：500000 美元；

总负债：200000 美元；

股东权益：300000 美元；

销售收入：800000 美元；

应收账款：100000 美元；

存货：50000 美元。

请计算以下财务比率并进行简易分析：

(1) 资产负债比率。

(2) 债务比率。

(3) 股东权益比率。

(4) 应收账款周转率。

(5) 存货周转率。

项目九 绩效管控方案设计

9.1 认知岗位职责

9.1.1 学习目标

（1）了解绩效管理与绩效评价定义、内容；
（2）掌握绩效考核评分等制度；
（3）理解平衡计分卡的运用；
（4）编制绩效考核说明书。

9.1.2 岗位分析

（1）明确绩效管控的要求及重要性；
（2）熟悉职务规范，包括工作识别信息、工作概要、工作职责和责任，以及任职资格的标准信息；
（3）利用绩效模式，安全有效地增加企业运营效益。

9.1.3 素质目标

（1）培养学生的创新思维管理能力，鼓励学生勇于探索、敢于创新，把自己的创新理念融入课程学习；
（2）培养学生社会实践动手能力。

9.2 知识储备

资源一 黑熊和棕熊的绩效管理思考

黑熊和棕熊都以养蜂为生。有一天，它们决定比赛看谁的蜜蜂产的蜜多。

黑熊想，蜜的产量取决于蜜蜂每天对花的"访问量"。于是它设计了一套复杂而精准的测量蜜蜂访问量的绩效管理系统。每过完一个季度，黑熊就公布每只蜜蜂的工作量。同时，黑熊设立了奖项，奖励访问量最高的蜜蜂。

棕熊认为蜜蜂产多少蜜，关键在于它们采回多少花蜜。花蜜越多，酿的蜂蜜也越多。于是它设计了一套简单而实用的绩效管理系统，测量每只蜜蜂每天采回花蜜的数量和整个蜂箱每天酿出蜂蜜的数量，并把结果张榜公布。它也设立了一套奖励制度，重奖当月采花蜜最多的蜜蜂。如果一个月的蜂蜜总产量高于上个月，那么所有蜜蜂都受到不同程度的奖励。

一年过去了，两只熊查看比赛结果，黑熊的蜂蜜不及棕熊的一半。

黑熊的绩效管理系统很精确，但它考核的绩效与最终的绩效并不直接相关。黑熊的蜜蜂为尽可能提高访问量，都不采太多的花蜜，因为采的花蜜越多，飞起来就越慢，每天的访问量就越少。蜜蜂之间竞争的压力太大，一只蜜蜂即使获得了很有价值的信息，它也不愿将此信息与其他蜜蜂分享。

而棕熊的蜜蜂则不一样，因为它不限于奖励一只蜜蜂，为了采集到更多的花蜜，蜜蜂相互合作。虽然采集花蜜多的能得到最多的奖励，但其他蜜蜂也能捞到部分好处，因此蜜蜂之间远没有到人人自危、相互拆台的地步。

管理启示是什么？

资料来源：吴重言. 看黑熊和棕熊如何评估采蜜绩效 [J]. 今日农药, 2012.

资源二 绩效考核相关定义及特点

一、绩效考核的基本概念

绩效考核是指通过对员工的工作表现进行定量化和定性化评估，量化和评估员工的工作质量、能力和工作态度的过程。它不仅是在评价周期末对员工的工作业绩作出评价，而且是一个完整的管理系统，旨在将员工的工作活动与公司战略目标相联系，确保员工的工作过程和工作结果与公司目标保持一致。

绩效考核是组织管理中一个重要的环节，旨在通过系统的方法、原理来评定和测量员工在职务上的工作行为、表现和结果。其特点主要体现在以下六个方面。

（1）多因性

绩效考核涉及多个因素，包括员工的技能、激励、机会和环境等。这些因素共同影响员工的工作绩效。因此，在进行绩效考核时，需要综合考虑这些因素，避免片面评价。

（2）多维性

绩效考核需要从多个维度来评价员工的工作表现。这些维度可能包括工作能力、工作态度、工作成果等。通过多维度的评价，可以更全面地了解员工的工作情况，从而作出更准确的判断。

（3）动态性

绩效考核是一个动态的过程。随着市场环境的变化、组织战略的调整以及员工个人能力的提升，绩效考核的标准和方法也需要相应地进行调整。这种动态性确保了绩效考核能够始终与组织的发展目标保持一致。

（4）系统性

绩效考核是一个系统性的工作，需要遵循一定的程序和步骤来进行。包括制定考核标准、收集考核数据、进行数据分析、给出考核结果以及反馈和改进等环节。通过这些环节的有序进行，可以确保绩效考核的公正性和有效性。

（5）客观性

尽管绩效考核涉及主观评价，但应尽量确保评价的客观性。这要求评价者基于事实和数据进行评价，避免个人偏见和主观臆断对评价结果产生影响。同时，需要建立有效的监督机制，确保评价过程的公正性和透明度。

（6）发展性

绩效考核不仅是对员工过去工作表现的评价，更是对员工未来发展的指导和激励。通过绩效考核，可以发现员工的优点和不足，为员工的职业发展规划提供依据。同时，绩效考核结果还可以作为员工晋升、薪酬调整等决策的依据。

综上所述，绩效考核具有多因性、多维性、动态性、系统性、客观性和发展性等特点。这些特点使得绩效考核成为组织管理中一个重要的工具，有助于提升员工的工作积极性和工作效率，推动组织的持续发展。

二、责任中心

责任中心是指承担一定经济责任，并享有一定权利的企业内部（责任）单位。责任中心就是将企业经营主体分割成拥有独立产品或市场的几个绩效责任单位，然后将综合的管理责任授权给这些单位，让他们处于市场竞争环境之中，通过客观的利润计算，实施必要的业绩衡量与奖惩措施，以期达成企业设定的经营成果目标的一种管理制度。

没有实施责任中心制度的单位常会面临重叠或归属不清问题。例如，企业一个产品的生产可能牵涉多个加工过程，还会牵涉采购备料，而采购备料又会涉及生产计划的安排情况，生产计划的安排与销售部门所做的预测紧密相关。出现了缺货现象，如果没有权责划分的话，可能就会出现以上部门互相指责的局面，到底谁对谁错就理不清楚了。因此责任中心制度的特点就是各部门人员的权责与绩效是分明的且可循的，每个责任中心都能独立完成工作，这样一旦出现问题，是哪个责任中心的责任一目了然。

责任中心可划分为成本中心、利润中心和投资中心。

1. 成本中心的考核指标

成本中心的考核指标包括成本（费用）变动额和成本（费用）变动率两项指标。

成本（费用）变动额 = 实际责任成本（费用） - 预算责任成本（费用）

成本（费用）变动率 = 成本（费用）变动额 ÷ 预算责任成本（费用） × 100%

2. 利润中心的考核指标

（1）当利润中心不计算共同成本或不可控成本时，其考核指标是利润中心边际贡献总额，该指标等于利润中心销售收入总额与可控成本总额（或变动成本总额）的差额。

（2）当利润中心计算共同成本或不可控成本，并采取变动成本法计算成本时，其考核指标包括利润中心边际贡献总额、利润中心负责人可控利润总额、利润中心可控利润总额。

3. 投资中心的考核指标

除利润指标外，主要考核能集中反映利润与投资额之间关系的指标，包括投资利润率和剩余收益。

（1）投资利润率

投资利润率又称投资收益率，是指投资中心所获得的利润与投资额之间的比率，可用于评价和考核由投资中心掌握、使用的全部净资产的盈利能力。其计算公式为

投资利润率 = 利润 ÷ 投资额 × 100% = 资本周转率 × 销售成本率 × 成本费用利润率

其中，投资额是指投资中心的总资产扣除对外负债后的余额，即投资中心的净资产。

为了评价和考核由投资中心掌握、使用的全部资产的总体盈利能力，还可以使用总资产息税前利润率指标。其计算公式为

总资产息税前利润率 = 息税前利润 ÷ 总资产 × 100%

投资利润率指标的优点有：能反映投资中心的综合盈利能力；具有横向可比性；可以作为选择投资机会的依据；可以正确引导投资中心的经营管理行为，使其长期化。该指标的最大局限性在于会造成投资中心的利益与整个企业利益的不一致。

（2）剩余收益

剩余收益是指投资中心获得的利润，扣减其投资额（或净资产占用额）按规定（或预期）的最低收益率计算的投资收益后的余额。其计算公式为

剩余收益 = 利润 - 投资额（或净资产占用额）× 规定或预期的最低投资收益率

= 息税前利润 - 总资产占用额 × 规定或预期的总资产息税前利润率

剩余收益指标能够反映投入产出的关系，能避免本位主义，使个别投资中心的利益与整个企业的利益统一起来。

三、转移定价

实行分权管理的企业或组织，各责任中心之间常常发生交易，即一个责任中心向另一个责任中心提供产品或服务（以下统称产品）。例如，轮胎分厂向汽车装配分厂提供轮胎；广告分公司为其他制造分公司设计产品外包装等。为了正确评价各责任中心的业绩，就要为转移的产品制定价格，即转移价格。这是因为对产品的提供方（卖方）来说，转移价格构成该责任中心的收入；而对产品

的接受方（买方）来说，转移价格构成该责任中心的成本。由于交易活动发生在组织内部，所以该价格被称为内部转移价格。需要指出的是，这里所说的责任中心，是指在组织中有权控制成本的发生、收入的实现或资金的筹集和使用的任何单位。它可以是不同的生产车间、执行不同职能的独立部门，也可以是一个企业的不同分支机构，甚至是一个集团的不同下属公司。

转移价格直接影响责任中心的业绩评价和决策，进而对组织整体产生影响，它是分权管理组织中极为重要和敏感的问题。良好的转移价格应当能够激励责任中心在实现自身目标的同时实现组织整体的目标。因此，制定转移价格应从以下原则出发。

（1）准确评价业绩

准确评价业绩是指不能使任何责任中心通过转移价格占取其他责任中心的利益。因为转移价格的高低对交易双方的业绩将产生此消彼长的影响，如果转移价格使一方侵蚀了另一方的利益，就会使利益受损的一方因得不到正确评价而逐渐丧失积极性，而受益一方也可能因唾手可得的业绩而不再付出100%的努力，这样转移价格就不再产生激励作用。

（2）保持目标一致

目标一致是指责任中心经理的转移定价决策能使组织整体利益最大化。转移定价决策关系着一系列经营决策，如购买方可以根据转移价格作出是内部购买还是外部购买的决策。如果内部购买符合组织整体利益，转移价格政策能够促成内部交易（交易双方都能获益），那么这种转移价格就符合目标一致的原则；反之，如果转移价格只能使一方获益，就不能促成内部交易，这就违背了目标一致原则。

（3）保留责任中心的自主权

保留责任中心的自主权是指中心管理层不应干涉责任中心经理的决策自由，制定的内部转移价格必须为各方所接受。转移价格通常由各责任中心自主决定，有的企业是由中心管理层制定。但国外的一项实证研究表明，与中心管理层制定转移价格相比，由各责任中心自主决定转移价格更有助于公司整体业绩的提高，并且有助于减少责任中心之间的冲突。这是因为各责任中心经理最了解转移产品的市场、价格、成本等信息，能够确定较为公平合理的转移价格，而这一价格会对制定决策、业绩评价产生积极的影响，促进分部业绩甚至组织整体业绩的提高。虽然在讨价还价的过程中可能会发生冲突，但一旦谈判成功，谈判双方还是愿意接受谈妥的转移价格，这将减少未来的冲突。由中心管理层制定转移价格则不容易符合公允要求，也就不容易使交易双方心悦诚服，这将抑制责任中心的积极性，还会埋下冲突的种子，而且违背了分权管理的初衷。但责任中心自主定价也不能完全脱离中心管理层的约束，因为自定的转移价格可能不符合目标一致原则。中心管理层有必要制定转移定价的指导原则，鼓励他们从组织整体利益出发作出转移定价决策，在下属责任中心的谈判陷入僵局的时候，还可以进行必要的调解。

事实上，很少有一种转移价格能同时满足以上三个原则。而且一种转移价格是否能达到企业转移定价的目的，取决于很多因素，特别是环境（如有无市场价格、行业特点）和组织自身（如规模、分权程度、业绩评价指标）的因素。但以上三个原则可以在组织制定转移价格时给予他们指导。

四、绩效管理特点

绩效管理是组织管理中至关重要的环节，它涉及对员工的绩效进行计划、评估、反馈和改进的一系列过程。绩效管理的特点可以归纳为以下七点。

（1）目标导向性

绩效管理以明确的目标为核心，这些目标通常与组织战略紧密相连，确保员工的工作方向和努力与组织目标保持一致。

通过设定SMART（具体、可测量、可达成、相关性、时限性）目标，使员工明确自己的工作重点和期望成果。

（2）系统性

绩效管理是一个系统性的过程，包括绩效计划、绩效监控、绩效评价和绩效反馈等多个环节，这些环节相互关联、相互促进。

通过持续的过程管理，确保绩效管理的全面性和有效性。

（3）强调沟通与反馈

绩效管理强调双向沟通，管理者与员工需要就绩效目标、工作进展和结果等进行定期交流。及时的反馈有助于员工了解自己的表现，分析改进空间，并获得必要的支持和资源。

（4）注重发展

绩效管理不仅关注员工的当前绩效，更重视员工的职业发展和长期能力提升。

通过设定发展目标和提供培训机会，激励员工不断进步，实现个人与组织的共同成长。

（5）以数据为基础

绩效管理依赖客观、准确的数据来评估员工的绩效。

通过收集和分析工作数据，如工作量、质量、效率等，为绩效评价提供可靠依据。

（6）灵活性

绩效管理需要适应组织内外环境的变化，不断调整和优化。

通过定期评估绩效管理体系的有效性，并根据实际情况进行改进，确保绩效管理的持续性和适应性。

（7）强调激励与约束

绩效管理通过设定明确的奖惩机制，激励员工积极工作，提高绩效。同时，对表现不佳的员工进行适当的约束和辅导，促进其改进和提升。

综上所述，绩效管理具有目标导向性、系统性、强调沟通与反馈、注重发展、以数据为基础、灵活性和强调激励与约束等特点。这些特点使得绩效管理成为组织管理中不可或缺的一部分，有助于提升员工绩效、推动组织发展。

资源三 绩效管理分析方法与标准

绩效管理是指将企业的远景、战略目标分解到组织和个体，并通过集合、辅导、评估和激励等环节来实现，其注重的是员工未来绩效的改善和提高，从而有助于组织战略目标的实现。

绩效评价是指对企业员工过去一定时间内的工作表现和工作成果给予考核与评判，其着眼点是对员工过去绩效的总结。从这两个概念上来看，二者的着眼点和概念的外延是不相同的，绩效评价只是绩效管理过程中的一个重要环节，绩效管理功能的正常发挥还需要其他几个环节的有效"辅助"。

一、设计目标及原则

目标：明确绩效管理的目的。绩效管理的目的是提高组织效率、激发员工潜能、促进组织和个人目标的共同实现。

设定具体的绩效指标：这些指标应与组织的战略目标紧密相连，具有可衡量性、可达成性、相关性和时限性。

原则：公平、公开、公正。确保绩效管理过程对所有员工都是公平、公开和公正的，以增强员工的信任感和归属感。

科学合理：绩效管理方案应基于科学的原理和合理的方法，确保评估结果的准确性和有效性。

灵活调整：根据组织内外部环境的变化，适时调整绩效管控方案，以适应新的发展需求。

二、绩效工作分析方法

企业做绩效考评，首先应该明确考评的目的是什么。

实际上，考评的根本目的是改善，改善员工的能力、员工的工作态度，从而改善整个团队的绩效。而团队的改善、整个组织的改善，离不开绩效分析。

第一个是绩效计划，就是制定每个岗位的指标。

第二个是绩效实施。

第三个是绩效考核，该干的活干得如何。

第四个是绩效分析，通过面谈等方式得出：员工能出色完成任务，是什么原因；员工的工作失误，活干得差，是什么原因。要把原因找到，分析出结果后，做得好的加以继承和推广，做得差的及时改善。完整分析结果最后要作为公司的基础数据加以存档，然后改善，这样才能达到绩效管理的目的。

那么，应该由谁去分析，由谁来做绩效改善？

主要是各个部门的领导，他们才是真正的主体。不要交给人力资源部去分析，人力资源部主要提供宏观的分析报告。

具体方法如下：

第一，横向比较分析法：以客体（人员、指标、部门、类别）为变量对同一考核期进行比较分析，对同一人员的各指标进行比较，分析其工作执行的平衡状况。对人员、部门、类别进行比较，是为了判断其对组织贡献的优劣次序、任务完成情况，是绩效工资、评优工作的依据；也可以通过比较得出误差，不断改进评价方法。

第二，纵向比较分析法：以客体（人员、指标、部门）为变量对不同考核期内的同一考核指标进行比较分析，寻求业绩差距及差距的原因，以达到有针对性地改善绩效的目的。主要有以下方面：单项考核指标的平均值比较，观察其有无变化、变化大小，可比较全部指标，也可以选择其中几个进行比较。例如，单项考核指标的历年变化趋势；各组考核指标历年变化比较。

分析人员应对考核指标进行多角度分析，先对单一指标进行同一条件下不同时间的分析，以确定单一指标的不足；在此基础上再进行全面多角度的分析。

绩效分析分为三个阶段：组织分析、环境分析和差距分析。

（一）组织分析

组织分析是对组成战略计划的成分的深入考查，包括对组织愿景、使命、价值、目标和策略的深入考查。这些成分可以在组织的战略规划中找到。组织分析的目的在于寻找导向，即"组织及其领导者试图实现的绩效和远景"。必须在差距分析之前进行组织分析，因为组织分析将为期望的或最佳绩效设定标准。组织分析除分析战略计划成分外，还需要分析以下因素：组织结构、中央控制系统、企业策略、关键政策、企业价值、企业文化。

通常组织分析的第一步是查看已有的文档，包括组织的战略计划、历史、议事程序、董事会会议记录、年报、入职培训材料等。第二步应该尽量从内部和外部利益相关者那里收集建议，尤其不要忽视客户的建议。成功组织的领导者运用已有和潜在客户的需求与期望的信息为组织设定进程或方向，时间、成本、组织文化和资源的可利用性是首要的考虑因素。主要的组织分析工具包括现有数据分析（extant data analysis）、采访、调查和小组活动（group processes）。

（二）环境分析

环境分析是确定支持真实绩效的现实因素并找出其中主要因素的过程。其目的并不是找出问题，而是对组织内部、外部的真实状况的评价，这些状况可以解释员工为什么做现在的工作。环境分析包括以下内容。

1. 组织环境分析

它关注组织外部利益相关者（客户、供应商、分销商、股东、管理者等）和竞争（组织运营的工业领域，如生产、保健、教育、零售等）如何影响绩效。

2. 工作环境分析

它关注组织内部支持绩效的因素（资源分配、工具、招聘和甄选政策、反馈、绩效和非绩效的结果）。

3. 工作分析

它关注工作设计（流程）层面的情况。

4. 工作者分析

它关注工作者的情况（知识、技能、能力、动机和期望）。

环境分析可以发生在绩效差距分析之前、之后和其过程之中，通常把它作为分析真实绩效整体的一部分。

（三）差距分析

绩效差距分析很像需求分析。需求分析是很有价值的工具，可以用来确定当前的结果以及期望的结果。需求分析与差距分析的主要区别如下：

（1）需求分析倾向于关注知识、技能和态度；差距分析则确定任何影响人的绩效的不足或熟练程度的因素。

(2) 需求分析倾向于关注过去和现在；差距分析还关注未来。

绩效差距可以被视为改进绩效的机遇：当真实的绩效状态没有达到期望的绩效状态时，可以改进真实的绩效状态；当真实的绩效状态达到或超越了期望的绩效状态（创新）时，可以提高或强化真实的绩效状态。

绩效差距分析的目的在于确定期望绩效状态与真实绩效状态之间当前的和将来的差距。差距分析有三个步骤：确定真实绩效状态与期望绩效状态之间的差距；找出首要差距；分析原因。

三、绩效考核方法

1. 工作标准法

把员工的工作与企业制定的工作标准、劳动定额相对照，以确定员工业绩。其优点在于参照标准明确，评价结果易于作出。缺点在于针对管理岗位人员的标准制定难度较大，缺乏可量化的指标。

2. 排序法

此方法把一定范围内的员工按照某一标准从高到低进行排列的一种绩效评价方法。其优点在于简便易行，避免了其中误差，缺点是标准单一，不同部门或岗位之间难以比较。

3. 硬性分布法

此方法和排序法有一定程度的相似，是将限定范围的员工按照某一概率分布强制分布的一种方法，这种方法的优点是避免了"大锅饭"，缺点在于概率假设不一定合乎事实，不同部门或范围中的概率可能不同。

4. 关键事件法

此方法指记录那些对部门或企业效益产生重大积极或消极影响的行为。关键事件法是由美国学者福莱·诺格（Flanagan）和伯恩斯（Baras）在1954年共同创立的，它是由上级主管者记录员工平时工作中的关键事件：一种是做得特别好的，一种是做得不好的。在预定的时间，通常是半年或一年之后，利用积累的记录，由主管者与被测评者讨论相关事件，为测评提供依据。考核者必须把被考核者在考核期内所有关键事件都记录下来，其优点在于比较客观，缺点在于工作量大，还需要一个量化的过程。

STAR法，是由四个英文单词的第一个字母表示的一种方法，由于STAR是星星的意思，所以又叫"星星法"，分成四个角记录的一个事件也要从四个方面来写（见图9-1）。

图9-1　STAR法

第一个 S 是 Situation——情境。这件事情发生时的情境是怎么样的。

第二个 T 是 Target——目标。他为什么要做这件事。

第三个 A 是 Action——行动。他当时采取什么行动。

第四个 R 是 Result——结果。他采取这个行动获得了什么结果。

（1）识别岗位关键事件。运用关键事件分析法进行工作分析，其重点是对岗位关键事件的识别，这对调查人员提出了非常高的要求，一般非本行业、对专业技术了解不深的调查人员很难在很短时间内识别该岗位的关键事件是什么，如果在识别关键事件时出现偏差，这将对调查的整个结果带来巨大的影响。

（2）识别关键事件后，调查人员应记录以下信息和资料：导致该关键事件发生的前提条件是什么？导致该事件发生的直接原因和间接原因是什么？关键事件的发生过程和背景是什么？员工在关键事件中的行为表现是什么？关键事件发生后的结果如何？员工控制和把握关键事件的能力如何？

（3）将上述各项信息资料详细记录后，可以对这些信息资料作出分类，并归纳总结出该岗位的主要特征、具体控制要求和员工的工作表现情况。

5. 目标管理法

其基本特点是考核者和被考核者一起制定工作目标，并且指导和协助考核者完成目标，并不断修正目标。这使考核者和被考核者的关系由单纯监督与被监督转变为顾问和促进者，促进了工作目标和绩效目标的实现。

6. 360 度考核法

此方法又称全方位考核法，360 度考核法是常见的绩效考核方法之一，其特点是评价维度多元化（通常是 4 个或 4 个以上），适用于对中层以上的人员进行考核。360 度考核法最早由英特尔公司提出并加以实施运用。该方法是指员工通过自己的上司、同事、下属、顾客等不同主体的反馈来了解自身的工作绩效，获取各方面的意见，清楚自己的长处和短处，从而达到提高自己的目的。

此方法是结合上述多种方法，通过不同的考核者来进行考核，在考核指标选择上尽可能量化，同时结合目标管理和一定程度上的硬性分布和强制排序。其缺点是考核工作量较大，考核周期难以选择，如图 9-2 所示。

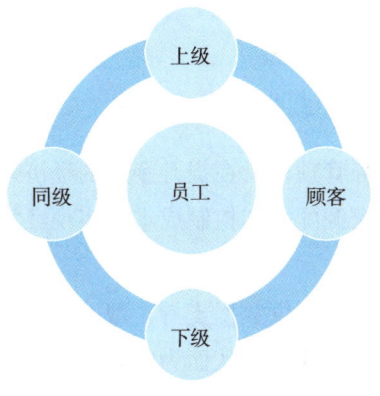

图 9-2　360 度考核法

四、注意事项

（1）确保方案的可行性：在设计绩效管理方案时，要充分考虑组织的实际情况和员工的能力水平，确保方案的可行性和有效性。

（2）加强沟通与协作：在实施绩效管理方案的过程中，要加强与员工之间的沟通与协作，共同解决遇到的问题和困难。

（3）持续改进与优化：绩效管理方案是一个持续改进和优化的过程，要根据实际情况不断调整和完善方案的内容与流程。

综上所述，绩效管理方案设计是一个系统性、综合性的工作，需要充分考虑组织的实际情况和员工的需求，确保方案的科学性、合理性和有效性。

资源四　绩效管理与财务管理关联性

绩效管理在企业中至关重要，它连接现在与未来，能够指导企业经营。绩效指标需要合理制定，考虑企业资源和条件限制。财务管理与绩效管理相结合，预算管理应用于绩效目标，形成分析和评价体系，强化风险管控。避免设定无法完成的目标，避免背离财务管理，防止消极情绪蔓延。

绩效是企业用来评价部门、个人以及整体，在一定的资源和条件下完成任务的出色程度的指标，是对企业内部各层级目标实现程度以及效率的衡量与反馈。

绩效评价的结果能够反映企业整体业绩以及各部门既定目标的完成情况，能够影响部门负责人的年度考评结果、员工职级升迁、薪资调整以及年度奖金的发放，是企业贯穿整年的重要工作。但实际工作中，绩效管理的推行并不如想象中那样顺畅。绩效指标过于复杂或过于随意，导致其与实际工作脱离，企业内部各层级员工对绩效考评的抵触情绪，令绩效管理无法发挥作用，成为企业管理制度和流程中的"孤岛"。

在财务的日常工作中，将预算管理中的分析与跟踪环节和绩效目标的反馈作用结合，形成与责任部门定期沟通复盘的机制。这种定期沟通是利用财务部门在预算差异分析中所发现的问题，发挥财务部门的价值，帮助各责任部门寻找问题解决办法、跟踪落实改善方案，避免问题发酵导致更严重后果的同时，辅助绩效目标的完成。

一、绩效管理与财务管理的关联性

目标一致性：绩效管理和财务管理都旨在提升企业的经济效益。绩效管理通过激励员工提高工作效率，而财务管理则通过优化资源配置和控制成本来实现经济效益的最大化。两者共同作用于企业的经济利益目标。

相互促进：财务管理为绩效管理提供数据支持，帮助评估员工和部门的绩效表现。财务数据可以反映员工的工作效率和部门的工作成效，从而为绩效管理提供客观依据。同时，绩效管理通过奖惩机制激励员工，提高工作效率，间接促进财务管理目标的实现。

在绩效管理中的应用：在绩效管理的各个环节中，财务管理都发挥着重要作用。例如，在绩效计划阶段，财务管理可以帮助确定绩效目标和指标；在绩效实施阶段，财务数据可以反映员工的工作进展和效率；在绩效反馈阶段，财务数据可以用于评估和调整绩效管理措施。

对企业战略的影响：财务管理和绩效管理共同服务于企业的战略目标。通过将两者有效结合，企业可以更好地实现组织战略，提升管理效率。

具体实施方式：在绩效管理中，财务管理可以通过定期的财务评估和数据分析，识别出高效和低效的部门与个人，从而为绩效改进提供依据。此外，财务数据还可以用于制定合理的薪酬和激励机制，进一步提高员工的工作积极性。

综上所述，绩效管理与财务管理在目标一致性、相互促进、具体实施方式等方面具有紧密的关联性，共同推动企业的经济效益和管理效率的提升。

二、绩效管理与财务管理的共同之处

（1）目标分解：两者都强调将总体目标进行分解，使其具体化，从而方便执行操作。

（2）组织战略目标：不论是绩效管理还是财务管理，都是围绕组织的战略目标展开的。绩效管理通过设定明确的目标、评估绩效和提供反馈来提高组织与个体的绩效水平，而财务管理则通过组织战略目标得以实现，从战略目标的制定到执行都需要财务管理的参与。

（3）全面性：两者都涉及组织内部的多个方面。绩效管理需要全员参与，而财务管理活动则涉及企业生产、供应、销售等各个环节。

三、绩效管理与财务管理的不同之处

（1）目标不同

绩效管理主要关注组织和个体的任务完成情况，强调通过设定目标、评估绩效和提供反馈来提高绩效水平。其目标是提高组织整体的运营效率、改善员工的工作表现等。

财务管理关注的是企业在财务方面的表现，如盈利能力、偿债能力、运营效率等，以及整体的财务活动，包括资金的筹集、使用、分配、监控等，以实现企业财务目标。

（2）方法和手段不同

绩效管理通过设定明确的目标、进行定期的绩效评估和反馈、提供奖励和激励、培训和发展员工等手段，来提高组织和个体的绩效水平。

财务管理更多地采用定量和定性相结合的方法，包括财务分析、财务预测、财务决策等，来管理企业的财务活动。

（3）关注点不同

绩效管理侧重于任务的完成情况，即结果导向。同时，考虑内部和外部的变量因素，以提高组织的整体利益。

财务管理侧重于资金的流动和价值形态，通过资金的收付及流动来反映商品物资的运行状况，并协调、促进、控制企业的生产经营活动。

总的来说，绩效管理和财务管理在企业中都扮演着重要的角色，但各自的目标、方法和关注点有所不同。

资源五　平衡计分卡四个维度

平衡计分卡（平稳得分纸牌）是国外20世纪90年代运用于企业内部业绩评价的一种新型方法，是对传统业绩评价体系的改革。1990年，在罗伯特·卡普兰（Robert S. Kaplan）和大卫·诺顿（David P. Norton）带领下的研究小组对12个公司进行了一年的研究，研究课题为"衡量未来组织的业绩"。该小组开展这项研究源自这样一个想法：依靠财务方法进行业绩衡量已经过时。在研究初期，小组收集了一些富于创新精神的业绩衡量方法，其中包括模拟装置公司编制的"公司计分卡"。"公司计分卡"除进行传统的财务角度的衡量以外，还对交货时间、新产品开发的效率等因素进行衡量。很快，研究小组就将重点放在这种多方面衡量业绩的计分卡上。在随后的研究工作中，小组完善了该计分卡，使其成为现在我们所说的"平衡计分卡"。它由财务、客户、内部经营过程、学习与成长四个方面组成。之所以称其为平衡计分卡，是因为它兼顾了长期目标与短期目标的衡量、财务与非财务的衡量、外部与内部的衡量等多个方面，能够多角度地为企业提供信息，综合地反映企业的业绩。

平衡计分卡作为一种战略绩效管理及评价工具，主要从四个重要方面来衡量企业（见图9-3）。

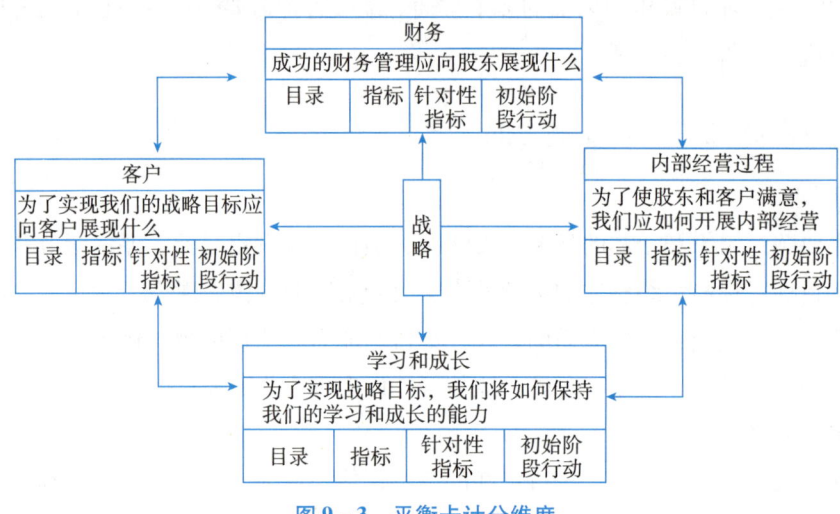

图9-3　平衡卡计分维度

一、财务维度

财务绩效量度可以显示企业策略的实施与执行对改善本期净利是否有所贡献。财务目标通常与获利能力有关，如快速的销货成长或产生现金流量等，而衡量标准往往是营业收入、资本运用报酬率或附加经济价值（Economic Value Added，EVA）。企业在不同的生命周期，有不同的财务目标，然而企业的生命周期与衡量策略的财务议题可相互结合。企业的生命周期分为三个阶段：成长期、维持期、收割期，而此三个时期的企业策略都受三个财务性议题的驱使，分别为收益成长与组合、降低成本/改进生产力、资产利用/投资策略。处于不同生命周期的企业可依照公司策略，分析出各财务性议题适合的绩效衡量指针。企业经营的直接目的和结果是为股东创造价值。尽管由于企业战略的不同，在长期或短期对利润的要求会有差异，但毫无疑问，从长远来看，利润始终是企业所追求的最终目标。

二、顾客维度

顾客是企业获利的主要来源，因此满足顾客的需求便成为企业追求的目标。在这个维度中，管理阶层确定他们希望企业竞逐的顾客和市场区隔，并随时监督企业在这些目标区隔中的表现。同时协助企业明确地传达自己的价值主张来吸引和保留目标顾客，且价值主张是核心顾客成果量度的动因。而核心顾客的量度包括顾客满意度、顾客延续率、新顾客争取率及顾客获利率等。如何向客户提供所需的产品和服务，从而满足客户需要，提高企业竞争力？客户正是从质量、性能、服务等方面，考查企业的表现。

三、内部经营过程维度

内部经营过程维度的目的在于满足股东及达成顾客维度目标，因此在制定这个维度的目标与量度时，应先做企业价值链分析，将旧有的营运流程进行改善以达到满足财务及顾客维度的目标，建立一个能解决目前及未来需求的完整内部过程价值链。企业的内在价值是指企业所拥有的资产、未来的盈利能力以及市场地位的综合体现。它是由企业的经营活动和投资活动共同创造的，是企业长期发展的基石。企业是否能建立起合适的组织、流程、管理机制？在这些方面存在哪些优势和不足？内部管理从以上方面着手，制定考核指标。

四、学习与成长维度

学习与成长维度主要着重于员工绩效的衡量，员工成长相当于企业的无形资产，有助于企业的进步。而这个维度主要的目标为其他三个维度的目标提供了基础架构，并且是驱动前三个维度获得卓越成果的动力。为了实现长期的成长与进步，确立企业的基础架构，企业的学习与成长来自三个方面：人、系统、组织程序，在其他三个维度中，往往会显示人、系统、程序的实际能力以及其和目标间的落差，企业可借学习与成长维度以达到缩小落差的目的，其衡量指标包括员工的满意度、延续率、培训、技术等。企业的成长与员工能力素质的提高息息相关，企业唯有不断学习与创新，才能实现长远的发展。

资源六 绩效管理体系薪酬分配

绩效管理体系中的薪酬分配是一个复杂但至关重要的环节，以下是对其进行的详细解释。

一、绩效管理体系

薪酬体系设计是薪酬绩效管理的核心内容之一。一个合理的薪酬体系可以为企业提高员工绩效和薪酬水平提供保障，提高员工的积极性和创造力，提高企业的整体竞争力。薪酬体系的设计应该基于员工的绩效和能力来划分薪酬等级，并针对不同等级的员工制定不同的薪酬标准。同时，需要考虑企业的盈利状况和市场竞争情况，使薪酬标准更加合理和适应企业的实际情况。

绩效考核体系是薪酬绩效管理的另一个重要方面。一个合理的绩效考核体系可以帮助企业更好地管理员工的工作绩效，发现员工的不足之处并加以改进，提高企业的整体竞争力。绩效考核体系的设计应当包含明确的评估标准和流程,并且应当根据员工所处的不同职位和级别,量身定制相应的评估指标。评估结果应当公正、透明,同时应当与薪酬体系挂钩,为员工提供明确的薪酬激励。要建立一个有效的绩效管理体系,需要经过以下步骤:

（1）设定明确的目标和指标：根据组织的战略目标和业务需求,确定明确的目标和指标,以使员工有明确的工作方向和衡量标准。

（2）制定绩效评估标准：根据岗位职责和要求,制定相应的绩效评估标准,确保评估的公正性和客观性。

（3）定期进行绩效评估：设定评估周期,定期对员工的绩效进行评估,并提供及时的反馈和指导。

（4）进行员工发展规划：根据评估结果,为员工制定个人发展规划,提供培训和发展机会,以提升员工的能力和素质。

二、薪酬分配方案的设计原则

一个合理的薪酬分配方案应该遵循以下原则：

（1）公平性：薪酬应该根据员工的绩效和贡献进行分配,确保公平和公正。

（2）竞争力：薪酬应该具有一定的竞争力,以吸引和留住优秀的员工。

（3）激励性：薪酬应该能够激励员工积极进取,提高工作质量和效率。

（4）可持续性：薪酬分配方案应该符合组织的财务可承受能力,确保组织可持续发展。

三、薪酬分配方案的实施步骤

要设计和实施一个有效的薪酬分配方案,需要经过以下步骤:

（1）薪酬调研：了解市场上同类型岗位的薪酬水平,为薪酬分配提供参考。

（2）确定薪酬结构：根据组织的需求和员工的工作内容,确定薪酬结构,包括基本工资、绩效奖金、福利待遇等。

（3）制定薪酬政策：根据绩效评估结果和员工的贡献,制定相应的薪酬政策,确保薪酬的公平和激励效果。

（4）沟通和执行：将薪酬分配方案和政策进行内部沟通与培训,确保员工对薪酬制度的理解和接受。

（5）评估和调整：定期评估薪酬分配方案的效果,根据需要进行相应调整和改进。

四、绩效工资考核分配的原则

绩效工资考核分配的原则包括：

（1）基本保障原则：保障员工的基本收入,根据干部、员工岗位和贡献度确定等级,发放基本薪酬。

（2）以岗定薪原则：对不同职级、不同责任、不同性质的岗位确定不同的薪酬,岗位变动薪酬随之变动。

（3）绩效挂钩原则：员工的收入与其所在部门为单位创造的效益、经营业绩等紧密挂钩。

（4）按劳取酬原则：员工的薪酬与其工作质量、工作数量、岗位责任等紧密挂钩。

五、绩效工资分配方案

绩效工资分配方案通常包括：

（1）仅对员工个人既定绩效工资额度进行考核和分配。

（2）与公司总的经营效益挂钩。

（3）与部门业绩挂钩。

（4）将部门经理与员工的考核和绩效工资分开进行。

此外，公司在分配绩效工资时，应确保符合相关法律法规的规定，如《中华人民共和国劳动法》等，避免出现违法违规的情况。

六、薪酬福利管理

薪酬福利管理是薪酬绩效管理的关键部分。一个合理的薪酬福利体系可以帮助企业更好地吸引和留住优秀员工，提高员工的工作积极性和士气，从而提升企业的整体竞争力。薪酬福利体系应该多元化，包括基本工资、绩效奖金、年终奖金、股权激励、弹性工作制度、培训发展机会等多个方面内容，以满足员工的多样化需求。

（一）薪酬福利管理的原则

（1）公平性原则：薪酬福利管理体系应当公平、公正，确保员工的付出得到相应的回报，避免出现同工不同酬的现象。

（2）激励性原则：薪酬体系应当具有激励性，能够激发员工的工作动力，促使员工不断追求更好的业绩。

（3）竞争性原则：薪酬水平应当与市场水平保持一定的竞争力，以吸引和留住优秀的人才。

（4）可持续性原则：薪酬福利管理体系应当与企业的长期发展相结合，确保企业的经济效益与员工的利益相协调。

（二）实践中的注意事项

强调激励和奖惩机制：对于表现优秀的员工，应当给予充分的激励和奖励；对于表现不佳的员工，应当给予相应的惩罚和警示。

建立良好的沟通机制：企业应当与员工建立良好的沟通机制，及时了解员工的需求和反馈，同时应当让员工了解企业的情况和发展方向。

不断优化和改进：企业的薪酬和绩效考核体系应当是一个不断优化与改进的过程，应当时刻关注市场的变化和员工的需求，及时进行调整和改进。

综上所述，绩效管理体系中的各项工作是一个综合性的过程，需要遵循一定的设计原则和实施步骤，并考虑多种因素。通过科学合理的薪酬绩效管理方案，可以激发员工的积极性和工作热情，提升组织的整体绩效水平。

资源七　绩效考核案例分享

案例一

私营公司绩效考核分析

背景：

小王在一家私营公司做基层主管已经3年了。这家公司以前不是很重视绩效考核，但是依靠所拥有的资源，公司的发展很快。去年，公司从外部引进了一名人力资源总监，自此，公司的绩效考评制度才开始建立起来，公司中的大多数员工也开始知道一些有关员工绩效考核的具体要求。

在去年年终考评时，小王的上司要同他谈话，小王很是不安，虽然他对一年来的工作很满意，但是他不知道他的上司对此怎么看，小王是一个比较"内向"的人，除了工作上的问题，他没有经常地和上司交往。在谈话中，上司对小王的表现总体上来讲是肯定的，同时，指出了他在工作中需要改善的地方。

小王也同意那些看法，他知道自己有一些缺点。整个谈话过程是令人愉快的，离开上司办公室时小王感觉不错。但是，当小王拿到上司给他的年终考评书面报告时，感到非常震惊，并且难以置信。书面报告中写了他很多问题、缺点等负面的东西，而他的成绩、优点等只有一点点。小王觉得这样的结果好像有点"不可理喻"。小王从公司公布的"绩效考评规则"中知道，书面考评报告是要长期存档的，这对小王今后在公司的工作影响很大。小王感到很不安和苦恼。

问题：

1. 小王的上司同他进行绩效面谈有何影响？人力资源管理部门围绕绩效面谈应做好哪些准备？
2. 根据上述案例，分析小王感到苦恼和不安的原因。
3. 根据所学，分析公司如何建立开放式的绩效考核制度。

分析：

1. 说明员工绩效面谈的作用：

（1）使考评者与被考评者对绩效考核有更加全面深入的认识。通过绩效面谈，考评者与被考评者对绩效考核的目标、考评方法、程序有进一步的认识，有利于下一轮绩效考评工作的开展。

（2）将员工绩效考核的情况反馈给员工。考评者要将员工绩效的真实信息反馈给员工本人，对员工的成绩、优点进行表扬；要指出员工的问题、缺点，使之改正。

（3）依据考评结果制订绩效改进计划。制订绩效改进计划是考评者与被考评者共同的事情，考评者要给被考评者一定的指导。

2. 表面上看，是"绩效面谈"使小王感到苦恼和不安。实际上，产生这样问题的原因可能有下列几种情况：

（1）公司的绩效考评系统：公司上下对绩效考核的目的不清。

（2）小王的上司对小王有偏见。

（3）小王的上司没有很好的绩效面谈技巧，不敢对小王谈论问题与缺点。

（4）小王的上司未提出解决问题的对策。

3. 公司要建立开放式的绩效考核制度，具体来说应当做到：

（1）考评前绩效目标制定要明确、客观、量化。

（2）考评过程要公正、公开、公平，考评者要注意员工绩效信息的收集。

（3）考评结束后要注意考评结果的反馈，考评者与被考评者要就考评的最后结果达成一致，共同制订员工的绩效改进计划。

财务人员做好绩效管理案例分析的流程

设定绩效目标：为每个岗位设定明确的绩效目标。这些目标应该与公司整体目标相一致，并且具体、可度量、可实现、相关性强、时限明确（SMART原则）。

SMART原则是彼得·德鲁克在《管理的实践》一书中提出的，其目的是帮助员工更加明确高效地工作，并为管理者提供绩效考核的目标和标准，使考核更加科学化、规范化，保证考核的公正、公开与公平。

SMART原则包括五个要素：

Specific（具体）：目标要具体明确，不能模糊不清。

Measurable（可度量）：目标要可量化，以便于评估进度和成果。

Attainable（可实现）：目标要切实可行，避免不切实际的高目标。

Relevant（相关性）：目标要与工作相关，确保目标的实现能推动工作的进展。

Time-bound（时限性）：目标要设定完成时间，确保在规定时间内完成。

沟通绩效指标：设定好绩效指标后，需要进行充分的沟通。指标设置好后不会自动起作用，需要通过沟通让下属理解目标的重要性和实现方法，确保他们愿意接受并努力达成这些目标。

绩效实施中的辅导：在绩效实施过程中，经理需要对下属进行辅导，帮助他们完成目标。包括对过程的监督和指导，确保工作没有偏离目标。

进行考评：定期对员工的绩效进行考评，并根据考评结果进行奖励或调整。考评结果应该与员工的奖金、晋升等直接相关，以激励员工努力工作。

总结与改进：每次考评后，需要对结果进行总结，提出改进措施和方法，为下一次的绩效管理提供参考。

具体案例分析：

财务共享服务中心：财务共享服务中心在绩效管理中的应用是一个典型案例。其通过详细梳理业务，将工作划分为不同类别，设计合理的绩效指标，并建立综合的考核模型。考核模型兼顾基础工作量、专项工作和质量检查，使用BI工具实现考核过程的可视化，从而更好地指导工作。

资金结算模块：资金结算作为财务共享服务中心重要的模块之一，其业务处理时效和人员稳定性对整体运作至关重要。通过精细化管理，确保资金结算的效率和准确性，从而优化整体财务管理的效果。

财务部绩效考核指标：财务部绩效考核指标包括收入预算、利润预算、应收账款管理、公司发展支持和团队管理等方面。这些指标具体、可衡量，并且与公司整体目标紧密相关，确保财务部的工作能够有效支持公司的发展。

通过这些步骤和策略，财务人员可以有效地进行绩效管理，确保每个员工都能明确自己的目标，并在过程中得到适当的指导和支持，最终实现公司的整体目标。

案例三

某中型制造企业绩效考核制度 KPI 关键绩效目标考核

背景：

为了加强和提升员工工作绩效和公司运营绩效，提高劳动生产率，增强企业活力，调动员工的工作积极性，某中型制造企业制定了绩效考核制度。

适用范围：该制度适用于公司注塑中心所有班组长及以上级别的员工。

职责：

企管办：负责制度的制定与推行。

总经办、财务部、生产部等职能部门：负责关键绩效指标（KPI）的收集整理和提报。

注塑中心副总、董事长：负责制度的审核和批准，有最终解释权。

考核内容：制度包括对员工德、能、勤、绩四个方面的考核。

5S考核：由注塑中心协同企管办和总经办根据考核内容定期稽查，每周公布一次数据，月统计结果汇总分数于次月5日前提报企管办。

目标达成考核：包括产品一次交验合格率、废品率、来料检验达成率、试模样品检验达成率、品质异常处理达成率、顾客质量投诉率、顾诉处理达成率、交货达成率、计划排单准确率、产品定额达成率、原材料利用率、安全事故达成率、标准时间达成率（调机、试模、修模等）、返修率（试模、修模等）、设备保养维修计划达成率、物料控制达成率、采购控制达成率等，各项数据由相关部门按月汇总提报企管办。

点评：该企业的绩效考核制度详细且全面，涵盖了生产、质量、物料、安全等多个方面，有助于企业实现精细化管理和持续改进。

案例四

绩效考核实际案例中的沟通与数据收集问题

背景：

某企业在实施绩效考核过程中，遇到了数据收集困难和沟通不畅的问题。

问题描述：

数据收集困难：各部门对频繁提供数据有诸多抱怨，尽管采取了"有数据就填，没有数据就写今日无数据"的方式，但收集到的数据仍然很少。

沟通不畅：HR主任在收集数据时，发现业务部门对考核不重视，导致数据提供不及时或不准确。

解决方案：

召开会议，重新梳理绩效计划表，找到该方案不能实施的原因。

明确数据提供的第一责任者和相关责任者的责任，上游部门的责任导致下游数据不能提供的，责任部门全部扣分。

确定所有的指标值和指标提供的最后期限,包括相关的责任部门。

点评:绩效考核的成功实施离不开有效的沟通和数据支持。本案例中,企业通过召开会议、明确责任、设定时间节点等方式,解决了数据收集和沟通不畅的问题,为绩效考核的顺利进行提供了保障。

案例五

唐僧师徒的绩效考核故事

背景:

唐僧师徒四人云游,飞机出现故障,飞机上只剩下三把降落伞。唐僧说:"徒儿们,我来做个考核,每人一个问题,答不上来的跳下去。第一个问题是:天上有几个太阳?悟空你来答。""一个,师父。"悟空拿着一顶降落伞走了。"第二个问题是:天上有几个月亮?"沙僧回答:"一个,师父。"沙僧拿着一把降落伞走了。这么简单的问题,八戒满怀信心窃喜之际,唐僧说:"第三个问题是:天上有几颗星星?"八戒一听晕了,直接跳下去了。

和上次一样,师徒四人继续云游,飞机又出事故了,机上同样只剩下三把降落伞,唐僧说:"为公平起见,我这次同样出三个问题,答不上来的跳下来。第一个问题悟空回答,中华人民共和国成立时间是哪年?""1949年,师父。"悟空拿一顶伞走了,第二个问题还是沙僧回答。"中国有多少人?""13亿,师父。"沙僧答完拿着一把伞走了。轮到八戒了,唐僧说:"这13亿人分别叫什么名字?"八戒答不上来,第二次又直接跳下去了。

师徒四人继续云游,飞机又出事了,还没等唐僧开口,八戒说:"师父你不用考核我们了,我这次直接跳下去了。"没等唐僧反应过来,八戒就直接跳下去了,唐僧高声说道:"阿弥陀佛,徒儿,此次我们有四顶降落伞。"

问题描述:

考核指标设置不合理:如"天上有多少星星"这样的指标,超出了八戒的能力范围。

考核目的不明确:师傅只是简单地通过考核来决定谁可以得到降落伞,而没有关注员工的成长和发展。

解决方案:

设定合理的考核指标:指标应在员工的能力范围之内,员工跳一跳可以够得着。

关注员工的成长和发展:帮助员工制订达成目标的行动计划,并帮助员工去实现。

点评:本案例通过唐僧师徒的有趣故事,揭示了绩效考核中指标设置不合理和考核目的不明确的问题。企业应关注员工的实际能力和发展需求,设定合理的考核指标,并关注员工的成长和发展。

9.3 完成岗位任务

任务一 完成关键事件法考核

张三是公司的物流主管。物流主管负责将客户从海外运过来的货清关、报关,并把货提出来,然后按照客户的需求运到客户那里,负责整个物流的顺利进行。

这家公司很小,共有20位员工,只有张三一人负责这项工作。物流工作除了她再没人懂了。

刚进行完1月考评，张三2月就发生一件事情：她80多岁的祖母在半夜里病逝了。她由祖母从小养大，祖母的病逝使她很悲伤。她为料理后事，人很憔悴，也病了。碰巧第二天，客户有一批货从美国进来，并要求清关后要当天六点钟之前准时运到，而且这是一个很大的客户。张三怎么做呢？她把家里的丧事放在一边，第二天早上九点钟准时出现在办公室，她的经理和同事都发现，她的脸色铁青，精神也不好，一问才知道家里出了事。但是，这个小女孩什么话也没说，一直做着进出口报关、清关的手续，把货从海关提出来，并且在下午五点钟就把这批货发出去了，及时运到了客户那里。然后，五点钟时她就下班走了，可公司是六点钟下班，她提前走了，回去处理祖母的丧事去了。

这是一个关键性事件。如果这件事情她的部门经理没有发现，不记下来，或者人力资源部也没有发现，那在其他员工的眼里，张三就是早退。但是，如果部门经理善于观察，问清楚是怎么回事，会发现这是很光彩的事情。如果她的祖母没有去世，那帮助客户快速办理货物运输，这是一个物流主管正常的工作，是不会记下来的。但这一天，她置个人的事情于不顾，首先考虑公司的利益，为了不让客户受损失，克服了种种困难出现在办公室里，提前完成了任务。这是要加分的一件事情，就应当把这件事情记录下来。

请同学们分析：针对此事以 STAR 去分析，该怎么做？

任务二　建立平衡计分卡

幸福婚礼用品有限公司是一家私营企业，于2005年5月经批准成立，注册资本100万元，投资总额110万元，营业执照所规定的经营范围是生产、销售婚纱礼服。该公司目前由于经营不善，生产远未达到设计的能力，处于严重的亏损状态。公司目前组织结构及相应部门负责人的情况如图所示：

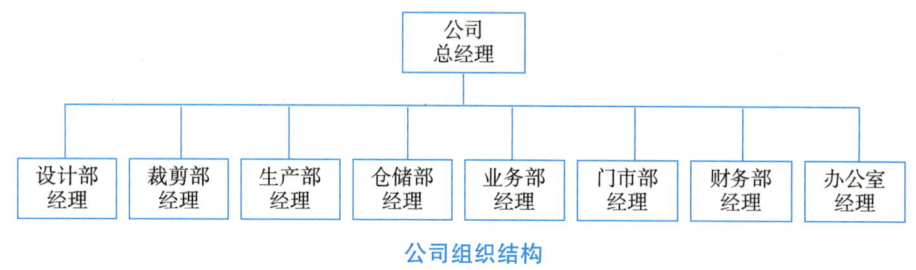

公司组织结构

1. 建立平衡计分卡框架

公司在2000年初试图通过建立平衡计分卡，摆脱公司目前的亏损状态。经总经理批示成立了以财务部经理为小组负责人的平衡计分卡小组。小组成员包括各个部门经理在内共8人，大家开始做准备工作，同时明确企业战略和确定成功关键因素。

小组的其他成员也纷纷发表了自己的意见，这几条意见放在一起，不难发现其中贯穿着一条因果关系链。要想提高投资报酬率，就要提高产销量；而要提高产销量就必须使客户满意；而要使客户满意，内部的学习与成长又必不可少。

学习与成长→客户满意→扩大产量→扭亏为盈，最后，大家认为要扭亏为盈，关键的因素包括以下四个方面：

（1）连续不断地市场调查，扩大销售，寻找新的客户；

(2)要使企业具备学习与成长的能力,能够持续快速推出令顾客满意的新款式;

(3)提高产量及产品质量;

(4)加强费用管理,降低产品成本。

为了进一步确定平衡计分卡的框架,在以上讨论的基础上发放调查表,以问卷的形式进行调查。调查内容为从长远看,为提高本企业的业绩应该做好哪些方面的工作。

对调查的反馈意见进行汇总整理后,得出公司为提高业绩应该做好以下八项工作:

(1)增加收入,降低成本,提高投资报酬率;

(2)保持现有的客户,并吸引新的客户;

(3)提高产量;

(4)进行持续的款式创新;

(5)加强售后服务;

(6)提高领导能力,完善奖惩制度;

(7)要使雇员满意,激发他们的积极性;

(8)对雇员进行必要的培训。

问题一:请根据以上八项工作归纳成财务、客户、内部经营、学习与成长四个方面,构建立平衡计分卡框架。

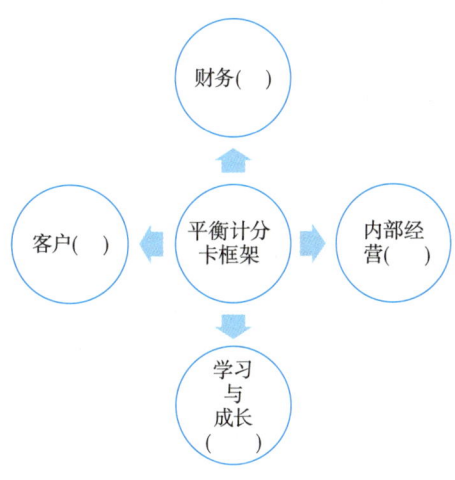

平衡计分卡框架

2. 确立财务、客户、内部经营、学习与成长四个方面的目标

为了使企业的战略具体化,明确企业的工作重点,也为了提供评价业绩的准则,我们将上述调查结果反馈给小组成员,并在小组成员之间进行沟通与交流之后,从财务、客户、内部经营、学习与成长四个方面确立了企业今后一段时期内的目标。

(1)财务方面的目标

①提高投资报酬率,实现扭亏为盈。投资报酬率反映了公司运用资产创造财富的能力,我们要把资产用于回报率高的活动,增加每一块钱的回报。

②降低成本。为了扭亏为盈,我们将通过提高生产能力利用程度降低单位生产成本,通过严格的费用审批制度等措施,减少不产生收入的费用。

③增加收入。为了扭亏为盈,我们必须增加销售收入,为此有必要重新确定业务重点。我们应在保持原有客户销售收入水平基础上,扩大对新客户的销售收入,达到增加收入的目的。

(2) 客户方面的目标

让客户满意:确立公司的目标客户群,了解其需要,通过前后一致、连贯的、快速、有效的服务实现我们对客户的承诺,消除客户服务中的错误。

公司的目标客户群确定为婚纱摄影楼。过去,公司并未对客户进行分类,在做销售工作时也就未分主次。业务部经过分析以后,将公司的客户区分为三类:婚纱影楼、婚纱出租店、举办婚礼的个人。在公司以往的销售中,这三类客户占比大致是70%、20%、10%。举办婚礼的个人在销售比重中占的比例最低,因为大多数人的想法是结婚典礼上不同的时间段,往往需要几套不同款式的婚纱礼服,租用婚纱显然要比购买婚纱经济划算,而且购买婚纱一般只能一次性使用,结婚典礼结束后便高高挂起。婚纱影楼的销售比重最高。一方面是因为婚纱摄影越来越时尚,另一方面是因为大部分婚纱影楼还兼营婚纱出租业务。业务部在对三种类型客户群作出分析后,决定把力量集中到对婚纱影楼的销售上,其次做好对婚纱出租店的销售,至于第三个客户群则不去刻意吸引他。三种客户群资料见下表:

三种客户群

婚纱影楼(70%)	通常兼营婚纱摄影、婚纱礼服出租,对婚纱礼服的款式要求多样化,对质量要求严格,经常大量购买中高档婚纱礼服,享受价格折扣
婚纱出租店(20%)	专营婚纱礼服的出租,对婚纱礼服的款式要求多样化,对质量要求严格,经常大量购买中档、低档婚纱礼服,享受价格折扣
结婚个人(10%)	少量的富裕阶层,一次性购买1~2套婚纱、礼服,不享受价格折扣,销售价格较高

(3) 内部生产经营方面的目标

①提高创新能力。确定市场目标客户群的需要,理解如何赢得这些客户。不断开发可获利的新款婚纱礼服,迎合客户的要求。

②提高生产和销售能力。在顾客要求的时间内,快速、高质量完成客户订单的生产。定期与客户联系,听取客户的意见,介绍推销我们的产品。

③提高售后服务能力。快速解决产品售后出现的质量问题,免费修补,快速满足售后顾客提出的改换款式等要求。

公司的内部经营过程包括创新、生产销售、售后服务三个部分,这与前面所介绍的内部经营过程的内容有所不同。前面介绍的内部经营过程包括创新、经营、售后服务三个部分,其中的经营是指生产并交付,必须强调生产、交付的效率。有小组成员认为销售是内部经营必不可少的一个环节,它的意义并不等同于从顾客角度所要求的及时交付,还应该从公司的角度去考虑如何开展这方面的工作。

(4) 学习与成长方面的目标

考核目标与实施内容

目标	具体考核实施内容
提高信息处理能力	

续表

目标	具体考核实施内容
培训	
完善奖惩制度	
提高雇员的满意程度	
提高领导能力	

问题二：请根据相关分析，针对考核目标与实施内容表完成你认为的学习与成长目标及实施内容。

3. 制定评价指标

根据上述四个方面的具体目标，小组确定了与之相联系的指标：

考核评价指标

四个方面	目标	指标
财务		
客户		
内部经营		
学习与成长		

问题三：请根据相关分析，制定考核评价指标表中的四个方面目标和指标。

请同学们结合案例知识点思考问题一、问题二、问题三。

任务三　项目实训：年度绩效考核表设计

【实训目标与要求】

本实训目标是培养学生运用所学知识进行员工年度考核设计的能力。其要求是：

1. 掌握考核项目及权重。
2. 能够结合公司实际情况，针对不同层级员工设计考核体系。

【实训资料】

参照模板（经理层年度考核表）。

经理级绩效考核表

考核对象：主管/（副）部长/经理（含）以上级管理人员

姓名：　　　　　　　　　　　岗位名称：　　　　　总得分：

项目及考核内容		配分	自评	上级审核
领导能力15%	善于领导部属提高工作效率，积极达成工作计划和目标	15		
	灵活运用部属顺利达成工作计划和目标	13~14		
	尚能领导部属勉强达成工作计划和目标	11~12		
	不得部属信赖，工作意愿低沉	7~10		
	领导方式不佳，常使部属不服或反抗	7以下		

续表

项目及考核内容		配分	自评	上级审核
策划能力 15%	策划有系统，能力求精进	15		
	尚有策划能力，工作能力求改善	13～14		
	称职，工作尚有表现	11～12		
	只能做交办事项，不知策划改进	7～10		
	缺乏策划能力，需依赖他人	7以下		
工作任务及效率 15%	能出色完成工作任务，工作效率高，具有卓越创意	15		
	能胜任工作，效率较高	13～14		
	工作不误期，表现符合标准	11～12		
	勉强胜任工作，无甚表现	7～10		
	工作效率低，时有差错	7以下		
责任感 15%	有积极责任心，能彻底完成任务，可放心交代工作	15		
	具有责任心，能完成任务，可交付工作	13～14		
	尚有责任心，能如期完成任务	11～12		
	责任心不强，需有人督导，亦不能如期完成任务	7～10		
	无责任心，时时需督导，也不能完成任务	7以下		
沟通协调 10%	善于上下沟通平衡协调，能自动自发与人合作	10		
	乐意与人沟通协调，顺利完成任务	8～9		
	尚能与人合作，达成工作要求	7		
	协调不善，致使工作较难开展	5～6		
	无法与人协调，致使工作无法开展	5以下		
授权指导 10%	善于分配权力，积极传授工作知识，引导部属完成任务	10		
	灵活分配工作或权力，有效传授工作知识完成任务	8～9		
	尚能顺利分配工作与权力，指导部属完成任务	7		
	欠缺分配工作权力及指导部属之方法，任务进行偶有困难	5～6		
	不善分配权力及指导部属之方法，内部时有不服及怨言	8～9		
工作态度 10%	品德廉洁，言行诚信，立场坚定，足为楷模	10		
	品行诚实，言行规矩，平易近人	8～9		
	言行尚属正常，无越轨行为	7		
	固执己见，不易与人相处	5～6		
	私务多，经常利用上班时间处理私事，或擅离岗位	5以下		
成本意识 10%	成本意识强烈，能积极节省，避免浪费	10		
	具备成本意识，并能节约	8～9		
	尚有成本意识，尚能节约	7		
	缺乏成本意识，稍有浪费	5～6		
	无成本意识，经常浪费	5以下		

备注：关于"工作任务"这个项目，必须另附上工作计划及工作总结供参考和审核。

考核人签名及日期： （副）总经理确认及日期：

【实训提示】

1. 以浙江长征家具制造有限责任公司业务人员为模板（规模1000万元，业务人员占总人数的40%），进行年度绩效考核设计。

2. 需要注意权重系数。

【实训成果提交】

文档格式：

1. 编制一套比较完整的业务人员年度绩效考核表。

2. 文档统一以 Word 2010 或 Word 2007 版本为准。

3. 在制度后面署名，某小组：张三、李四、王五。

4. 组长在各成员名字下面按贡献大小打系数。

5. 成果文档名：制度名（某班某组）。

6. 小组文件夹包括实训成果和参考资料两部分，文件夹名（某班某组）。

实训成果模板如下：

项目名称	普通员工年度绩效考核
任务情境	以浙江长征家具制造有限责任公司普通员工为考核对象（规模1000万元，50人），公司业务及人员都递增10%（其他条件可参照中小型企业为例自拟）
任务目标	设计业务人员年度绩效考核表
任务点拨	人数占比 年度盈利 权重系数
绩效考核表 （可另行附件）	
点评	

9.4 课后训练

问题一：绩效管理的工具有哪些？

问题二：绩效管理的基本流程如何设计？